COLETIVISMO DE DIREITA
A OUTRA AMEAÇA À LIBERDADE

COLETIVISMO DE DIREITA
A OUTRA AMEAÇA À LIBERDADE
JEFFREY A. TUCKER

Apresentação à Edição Brasileira por Raphaël Lima
Prefácio à Edição Norte-americana por Deirdre McCloskey
Posfácio à Edição Brasileira por Yago Martins
Tradução por Paulo Polzonoff

LVM EDITORA

Impresso no Brasil, 2019

Título original: *Right-Wing Collectivism: The Other Threat to Liberty*
Copyright © 2017 by Jeffrey A. Tucker

Os direitos desta edição pertencem ao
Instituto Ludwig von Mises Brasil
Rua Leopoldo Couto de Magalhães Júnior, 1098, Cj. 46
04.542-001. São Paulo, SP, Brasil
Telefax: 55 (11) 3704-3782
contato@mises.org.br · www.mises.org.br

Editor Responsável | Alex Catharino
Tradução | Paulo Polzonoff
Revisão da tradução | Tomás Bernardo / BR 75
Revisão ortográfica e gramatical | Moacyr Francisco e Márcio Scansani / Armada
Preparação dos originais | Alex Catharino
Revisão final | Márcio Scansani / Armada
Produção editorial | Alex Catharino
Capa | Victor Moura
Projeto gráfico | Rogério Salgado / Spress
Diagramação e editoração | Spress Diagramação
Elaboração do índice remissivo | Márcio Scansani / Armada
Pré-impressão e impressão | Rettec

Dados Internacionais de Catalogação na Publicação (CIP)
Angélica Ilacqua CRB-8/7057

T826c   Tucker, Jeffrey A.
   Coletivismo de direita : a outra ameaça à liberdade / Jeffrey A. Tucker ; apresentação à edição brasileira por Raphaël Lima ; prefácio à edição norte-americana por Deirdre McCloskey ; posfácio à edição brasileira por Yago Martins ; tradução de Paulo Polzonoff. -- São Paulo : LVM Editora, 2019.
   336 p.

   Bibliografia
   ISBN: 978-85-93751-31-8
   Título original: Right-wing collectivism: the other threat to liberty

   1. Ciências sociais 2. Política e governo 3. Democracia 4. Coletivismo 5. Fascismo 6. Populismo 7. Liberalismo I. Título II. Lima, Raphaël III. McCloskey, Deirdre IV. Martins, Yago V. Polzonoff, Paulo

19-0795   CDD 300

Índices para catálogo sistemático:
1. Ciências sociais   300

Reservados todos os direitos desta obra.
Proibida toda e qualquer reprodução integral desta edição por qualquer meio ou forma, seja eletrônica ou mecânica, fotocópia, gravação ou qualquer outro meio de reprodução sem permissão expressa do editor.
A reprodução parcial é permitida, desde que citada a fonte.

Esta editora empenhou-se em contatar os responsáveis pelos direitos autorais de todas as imagens e de outros materiais utilizados neste livro.
Se porventura for constatada a omissão involuntária na identificação de algum deles, dispomo-nos a efetuar, futuramente, os possíveis acertos.

SUMÁRIO

Apresentação à Edição Brasileira 13
   Raphaël Lima

Prefácio à Edição Norte-americana 19
   Deirdre Nansen McCloskey

Coletivismo de Direita

Introdução do Autor 31

Parte I
O Cenário

Capítulo 1
A Violência em Charlottesville 43
1 - O grupo 44
2 - O mito da estátua 45

3 - As raízes históricas 45
4 - Propagandistas do mal 46
5 - O código genético 48
6 - Nosso dever 48

Capítulo 2
Lições da Marcha de Charlottesville 50
1 - Estátuas derrubadas... 51
2 - Repulsa pública 53
3 - Ruína governamental.. 54
4 - Impulso à esquerda 55
5 - O legado de Trump 56

Capítulo 3
Meu Almoço com um Nazista 58
1 - Nazistas existem 59
2 - Despedidas... 62

Parte II
A Política

Capítulo 4
O Neorrevanchismo 67
1 - Distopia x utopia.. 68
2 - O que faz com que esse lugar funcione?........... 70
3 - Diminua o Estado 71
4 - A política do revanchismo 72

Capítulo 5
Trumpismo: A Ideologia.. 75

Capítulo 6
Despertando para a Realidade do Fascismo......... 82
1 - Vocabulário político 83
2 - O fascismo é real... 84
3 - A análise de Douthat.. 86
4 - Por que agora e não antes? 87
5 - Ele pode ganhar? 88

Capítulo 7
Os Dois Lados da Tirania 90
1 - De volta ao passado... 91
2 - O *marketing* do controle 92
3 - Substitua o fracasso pelo fracasso 93
4 - Últimos suspiros 94

Capítulo 8
Você Sabe o Que É uma Nação?........................... 95
1 - Então o que é uma nação? 99

Capítulo 9
Por que Trump está Travando uma Guerra contra o Freedom Caucus?.. 101
1 - Reforma ruim 102
2 - O contexto mais amplo 103
3 - Inimigos naturais... 104

Parte III
A História

Capítulo 10
A Ciência Política Mata 109
1 - Nada para o acaso 110

2 - Mantenha-os longe 112
3 - A política da eugenia 113
4 - A economia entra em cena 114
5 - Mulheres também 116
6 - A lição que não aprendemos 117

Capítulo 11
Por que o Holocausto Deveria Ser Importante para Você 120
1 - Equívocos 121
2 - As raízes profundas do Holocausto 123
3 - O que podemos aprender? 125

Capítulo 12
O Conceito Intelectual da Ideologia do QI 127
1 - O QI como ferramenta de planejamento central .. 128
2 - Antiliberal na essência 130

Capítulo 13
O Plano Eugenista do Salário Mínimo 137

Capítulo 14
As Origens Misóginas da Lei Trabalhista Norte-americana 146
1 - O trabalho feminino não é novidade 147
2 - A lei intervém 148
3 - A inferioridade das mulheres 149
4 - A Suprema Corte se intromete 150
5 - O estranho e horrível "Parecer Brandeis" 151
6 - O sonho de Florence Kelley das mulheres desocupadas 152
7 - Medo das mulheres na Prússia 154
8 - Isso é uma sátira? 156

9 - Feministas contra a revolução 157
10 - Restrição se torna liberação? 159

Parte IV
A Filosofia

Capítulo 15
Cinco Diferenças entre a Extrema
Direita e o Libertarianismo 163
1 - A força motriz da história 164
2 - Harmonia x conflito 165
3 - Ordem planejada x ordem espontânea 167
4 - Comércio e migração 168
5 - Emancipação e progresso 169
6 - Conclusão 170

Capítulo 16
A Pré-história da Extrema Direita 171
1 - Liberalismo, mas não ainda 179

Capítulo 17
Fichte, Ruskin, Chamberlain, Gentile e Eliot:
Defensores do Controle Fascista 182
1 - A bifurcação na estrada 193

Capítulo 18
Thomas Carlyle, Fundador do Fascismo 195
1 - Carlyle, o protofascista 196
2 - O autoritarismo de direita do século XIX 197
3 - Nada é mais grandioso do que o Estado 199
4 - A ciência sinistra 201
5 - O profeta do fascismo 202
6 - Hitler e Carlyle 204

Capítulo 19
O Ressentido Barão do Fascismo do Século XX.... 205
1 - O barão 206
2 - Quem foi Evola?... 207
3 - O demônio 208
4 - Coração das trevas.. 208
5 - O problema das mulheres 210
6 - Flerte com os nazistas 213
7 - Paraíso perdido... 215
8 - O encanto do gnosticismo.................................... 216
9 - Evola vive 217

Capítulo 20
Lutamos para nos Sentir Vivos........................... 218
1 - *Clube da Luta* 219
2 - Prevendo o futuro... 221
3 - O argumento 222
4 - O drama perdido e recuperado 223
5 - Mas e quanto ao drama?..................................... 225

Parte V
O Futuro

Capítulo 21
O Ocidente é uma Ideia Portátil,
Não Sangue e Solo... 229
1 - O discurso na Polônia 230
2 - Dois inimigos... 231
3 - Onde está a liberdade? 233
4 - Ouvindo alertas.. 234
5 - O problema com o universalismo 235
6 - A verdadeira alternativa liberal 236
7 - Os neomoderados.. 236

Capítulo 22
A Economia de Esquerda Não Se Compara ao Ressentimento da Extrema Direita **238**
1 - Autocrítica...................................... 239
2 - O "paradoxo da social-democracia"................ 242
3 - A esquerda não tem resposta........................ 244
4 - Acompanhando o progresso 246

Capítulo 23
Abra os Olhos: A Social-democracia Está em Colapso................................. **248**
1 - As origens do problema............................... 249
2 - Uma breve paz................................. 251
3 - O problema essencial..................................... 252
4 - Chega de concordância................................. 255

Capítulo 24
A Implosão do Partido Republicano e o Renascimento do Liberalismo (Clássico) **257**
1 - Trabalhista, *tory* e liberal.............................. 259
2 - O Partido Liberal... 260
3 - A diáspora liberal.. 261
4 - A união de *tories* e liberais 262
5 - O divórcio *tory*-liberal no século XXI 263
6 - O liberalismo se define.................................... 264

Capítulo 25
Resgate a palavra "liberal" **266**

Anexo

Bibliografia e Notas Biográficas.......................... **275**

1 - Mises, o antifascista 276
2 - F. A. Hayek, o antifascista 277
3 - John T. Flynn, o antifascista 279
4 - A terrível história 280
5 - Progressismo é racismo 281
6 - Arrogância e estatismo 282
7 - O que há num nome? 284
8 - Escravos de filósofos 285

Posfácio à Edição Brasileira

Os Riscos do Coletivismo Moral 299
 Yago Martins
1 - Os Limites do Deus que Falhou:
Dos Excessos de Democracia 301
2 - Em Busca da Democracia Cósmica:
Dos Direitos Humanos 305
3 - A Ontologia do Coletivismo:
Dos Conflitos de Liberdade 309
4 - Conclusão: Do Cristianismo como
Inimigo da Democracia 314

Índice Remissivo e Onomástico 319

APRESENTAÇÃO À EDIÇÃO BRASILEIRA

Uma das melhores peças publicitárias que já vi na minha vida foi um carro batido, retorcido além de qualquer reconhecimento, com parte do seu interior destruído e o volante quebrado. Em cima dos frangalhos estava uma simples placa: não beba e dirija. Não à toa, o carro estava dentro de uma universidade, entre um estacionamento e um bar, um aviso simples, barato e didático.

O livro *Coletivismo de Direita*, escrito por Jeffrey Tucker, é muito similar ao carro batido. A obra é um lembrete do que aconteceu das outras vezes em que um conjunto de ideias começou a ser defendido, primeiro de maneira inocente, casual ou até acidental, e depois de maneira mais sistemática, até chegar às suas últimas consequências lógicas. Essa ideia é o coletivismo de direita.

Essa mentalidade vem crescendo no Brasil, e começando a tomar formas cada vez mais perturbadoras. Ainda estamos muito longe de um problema grave, mas é justamente por esse motivo que devemos expor e criticar tal mentalidade agora, antes que se enraíze e entre em metástase.

Na verdade, é perfeitamente compreensível que estejamos lidando com esse problema agora. É um inegável avanço que na última década dezenas de milhões de brasileiros tenham acordado para o que é o socialismo. Aprendemos com o exemplo de nossos vizinhos venezuelanos as consequências da intervenção estatal, e recuamos aterrorizados diante de suas consequências. Muitos desses que recuaram conseguiram entender o motivo técnico pelo qual o socialismo não funciona: a impossibilidade do planejamento estatal de uma economia, do cálculo econômico, e a extrema distorção que intervenções econômicas causam.

O problema é para onde recuaram, ou de certa forma, que não recuaram o suficiente. Demos um passo para fora do socialismo, mas poucos reconheceram que ainda estamos com os pés firmemente plantados nas ideias coletivistas, sem saber o que são, ou quais são as suas consequências. Não basta entender que o socialismo é uma ideologia destrutiva, nem basta entender os motivos econômicos por trás disso. É fundamental reconhecer algo mais profundo: que este plano econômico é posto em prática, mesmo com toda a destruição humana que causa porque seus executores coletivistas não consideram a vida do indivíduo como valiosa.

Para o individualista, todos os indivíduos têm direitos inalienáveis, entre eles a vida, a propriedade e a busca de sua própria felicidade, sendo essa busca a sua orientação. Para ele o indivíduo é seu próprio objetivo, e não uma engrenagem numa máquina. É o indivíduo livre que constrói instituições, que guia sua própria vida, que empreende, ama, descobre e cria. Toda morte é uma tragédia. Toda vida é um objetivo e um potencial.

APRESENTAÇÃO À EDIÇÃO BRASILEIRA

O coletivista crê no exato contrário, com várias interpretações diferentes das conclusões lógicas. Para ele o indivíduo não tem direitos. Ele é um incômodo, uma imperfeição do maquinário que é o coletivo maior, seja ele a nação, o proletariado, a raça, o sangue ou o credo. Bom é o indivíduo que não discorda, abaixa a cabeça e coopera. O que se recusa a fazer isso é equivalente à grama numa plantação de milho, é algo indesejado que deve ser removido e cuja morte não deve ser lamentada, e sim celebrada. É por isso que socialistas de todos os tipos não têm reservas sobre morticínios. Para eles, isso é como trocar as peças de um motor, é como trocar as cordas de um violão.

E é por isso que é impossível rejeitar o socialismo sem rejeitar o coletivismo. Seria o mesmo que beber e dirigir uma motocicleta ao invés de um carro, já que o resultado será praticamente indistinguível. O problema de se manter a posição coletivista, porém anti-socialista, é que por falta de alternativas somos empurrados para a posição do coletivismo de direita, e a consequência lógica disso é o fascismo e o nazismo.

Isso não quer dizer que todos os que mantêm posições coletivistas e não se identificam como socialistas são, necessariamente, nazistas ou fascistas. Na verdade, são quase todas pessoas de boa fé, mas ignorantes da realidade do que defendem. Não percebem as consequências lógicas de ser contra a ideia de que cada indivíduo deve ter controle sobre a própria vida.

É perdoável que o brasileiro caia na armadilha coletivista. Nossa bandeira carrega o lema positivista, uma vertente coletivista, do "ordem e progresso", e praticamente toda a nossa estrutura institucional foi formada por Getúlio Vargas (1882-1954), o fascista brasileiro mais amado por socialistas. Vivemos sob vários regimes no último século, mas todos trataram o indivíduo como um erro, um incômodo ou um degenerado estúpido. A livre-iniciativa nunca foi libertada no país, para que existisse memória, saudade ou literatura sobre os efeitos dela, estando sempre estrangulada num canto, e com qualquer desenvolvimento econômico sendo rapidamente atribuído ao trabalho de um político. Somando isso, propor ao brasileiro viver fora do coletivismo é quase como propor a um peixe que viva fora da água. Estamos tão acostumados com a ideia de que somos nada e que o Estado é tudo que o coletivismo não parece uma ideia e sim um fato da realidade.

E é perdoável que o brasileiro caia na armadilha coletivista de direita ao abandonar a esquerda. Fazer com que um coletivista oscile da direita para a esquerda é muito fácil, quase trivial. De fato, a maior intriga política na Alemanha de Weimar, no período entre as guerras, era justamente entre fascistas e comunistas, com membros oscilando entre os dois partidos com uma fluidez impressionante. Uma vez que uma pessoa despreza a liberdade de outros, a discussão sobre como amarrá-las é uma discordância técnica, pois os maiores debates já estão pacificados. É justo por isso que fascistas e comunistas são tão semelhantes aos olhos do observador mediano.

O que não é perdoável é negligenciar o enorme risco de não conhecer as origens e consequências lógicas de uma ideia, sob risco de ser o famoso "idiota útil". Pessoas podem trabalhar muito duramente para no futuro descobrirem que foram o vetor de sua própria destruição. Esta é a função do trabalho de Jeffrey Tucker neste livro: mostrar o que é o coletivismo de direita e lhe perguntar se é realmente isso que você defende e se é com essas pessoas que você quer fazer causa comum.

Colocar um coletivo acima do indivíduo necessariamente significa e exige a completa submissão do indivíduo.

APRESENTAÇÃO À EDIÇÃO BRASILEIRA

Não pode haver meio termo, porque um dos dois deve ter o poder de decisão final. Se o indivíduo tem esse poder, pode se associar e deixar de se associar quando bem entender, pode delegar poderes e tomá-los de volta quando bem entender. Se o coletivo tem o poder de decisão final, então o indivíduo é sua propriedade, para fazer dele o que bem entender. Nazistas entendiam isso perfeitamente bem, comunistas também.

É por isso que fascistas e comunistas de todos os tipos concordavam em odiar mortalmente o liberalismo. Para eles a noção do livre comércio, da busca da própria felicidade, da interação com todos sem discriminação e a sociedade sem planejamento são aberrações disgênicas que devem ser exterminadas.

E é por isso que ainda estamos dentro de uma boa margem de segurança no campo das ideias. Neste livro, Tucker adverte contra a *Alt-Right*, o movimento coletivista de direita que surgiu em conjunto com Donald Trump, primariamente nos Estados Unidos, mas com patas na Europa. Entre suas várias ideias, estão a rejeição ao livre-comércio, o papel do governo via Banco Central, regulações, tarifas e barreiras em guiar a economia e escolher quais empresas e ramos devem ter sucesso, além de um antagonismo racial e contra a imigração. Tucker alerta que estas ideias estão perigosamente próximas das ideias fascistas, e que muitos já cruzaram o Rubicão.

No Brasil a direita coletivista ainda está relativamente longe dessas ideias. Curiosamente, muitos membros dela defendem uma grande ou maior liberdade de mercado, e ainda defendem direitos civis, embora em maneira reduzida. O perigo é que, com o tempo, estes partidários perceberão que não é possível defender um coletivo e defender a liberdade do indivíduo ao mesmo tempo. Um deles precisa sair da sala.

É por isso que a leitura de *Coletivismo de Direita*, e tantas outras no futuro, são necessárias nesse crucial momento de movimentação intelectual e política no Brasil. Precisamos defender vigorosamente o direito do indivíduo de cuidar de sua própria vida. Precisamos demonstrar extensiva e detalhadamente que o progresso é melhor obtido quando os indivíduos são deixados em paz para construir suas próprias instituições. E precisamos lembrar o que acontece quando você bebe e dirige, ou no caso, o que acontece quando a população acredita que precisa de um líder forte, de um guia para a nação e que o indivíduo não é capaz ou não tem o direito de cuidar de sua própria vida.

Raphaël Lima
YouTuber criador do canal *Ideias Radicais*

PREFÁCIO À EDIÇÃO NORTE-AMERICANA

"P opulismo". O nome até que não soa mal, ao menos para as pessoas incapazes de se lembrar do passado. Por que a vontade do *povo* não deve se sobrepor a tudo? Sem dúvida o resultado de uma eleição é a *volonté générale* (vontade geral), disse Jean-Jacques Rousseau (1712-1778), acreditando ter resolvido o problema da falta de liberdade no coletivismo. Sem dúvida o populismo é algo bom e aplicável a todos? Alguém pode até ter essa sensação, ao menos até que surjam lembranças vagas de Huey Long (1893-1935), de Juan Perón (1895-1974) ou de Benito Mussolini (1883-1945).

Jeffrey Tucker, em seu brilhante livro *Coletivismo de Direita*, chama o populismo de direita pelo seu nome verdadeiro: fascismo ou, em sua manifestação alemã nacional-socialista, nazismo. A palavra "fascismo", claro, foi corrompida pelo uso disseminado dela pela esquerda, bem como por niilistas antifascistas que jogam pedras e insultam a polícia e por manifestantes pacíficos que protestam contra o presidente

Donald Trump. Tucker "limpa" a palavra para usá-la hoje. É a palavra exata de que precisamos. Urgentemente.

Numa prosa elegante e com profundo conhecimento histórico, Tucker conta como os gêmeos antiliberais criados por volta de 1820 por Georg Wilhelm Friedrich Hegel (1770-1831) se separaram. Prússia e Rússia, pode-se dizer. Qualquer coisa, menos a Inglaterra. O gêmeo da direita, de Thomas Carlyle (1795-1881) até recentemente o *Breitbart News*[1], exaltava o Estado com o nacionalismo. O gêmeo da esquerda, de Karl Marx (1818-1883) até recentemente a *MSNBC*, exaltava o Estado com o socialismo. De qualquer forma, o Estado, com seu monopólio da violência, era exaltado. O liberalismo inglês – que nos deu nossas liberdades e riquezas – exaltava os indivíduos e seus acordos voluntários. Como o ultraliberal Adam Smith (1723-1790) afirma em 1776, aquilo de que precisamos e por um tempo tivemos era *"o plano liberal de igualdade* [e posições sociais], *liberdade* [na ação econômica] *e justiça* [em questões legais]".

Tucker faz soar o alarme contra o trumpismo-putinismo ao redor do mundo, da Hungria às Filipinas. Ele nega o mito de que o "fascismo" está fora de moda porque foi bravamente derrotado em 1945 pela esquerda. Nossos amigos da esquerda (e falo com sinceridade: tenho muitos) imaginam que ainda lutam contra o fascismo, aliados com o simpático tio Joseph Stalin (1878-1953), fumando seu cachimbo. Na verdade, eles praticam uma versão à esquerda de fascismo. Como George Orwell (1903-1950) descobriu na Guerra Civil Espanhola e registrou no livro *Animal Farm* [*A Revolução dos Bichos*][2], de

---
[1] *Site* de notícias ligado à extrema direita norte-americana. (N. T.)
[2] Em português a obra está disponível na seguinte edição: ORWELL, George. *A Revolução dos Bichos*. Trad. Heitor Aquino Ferreira. São Paulo: Companhia das Letras, 2007. (N. E.)

PREFÁCIO À EDIÇÃO NORTE-AMERICANA

1945, a esquerda é tão autoritária quanto a direita. Ambas usam o poder do Estado para oprimir o povo. Como registra Tucker, depois de 1989, as maiores ameaças de opressão vêm tanto da direita quanto da esquerda. A ameaça fascista não vem do Muro de Berlim, e sim do Muro de Trump.

O liberalismo de verdade derruba muros de tirania e impostos, assim como os migratórios, de censura e restrições profissionais. Ele se opõe aos gêmeos autoritários e seus muros esplêndidos. Tucker pede aos liberais humanistas que se manifestem e exponham seus princípios, centrados no povo. Que deixem de acreditar que são "conservadores" e que, por isso, devem tolerar um pouco de fascismo para o bem de uma reforma tributária.

Um apresentador da *MSNBC* perseguiu um colega do libertário Cato Institute, a quem considerava "conservador", e não o deixou falar. O convidado conseguiu dizer que *não era* conservador. O argumento se perdeu e o programa foi interrompido por um comercial. O homem do Cato, e Jeffrey Tucker, o homem da Foundation for Economic Education (FEE), e Rose Wilder Lane (1886-1968), e Friedrich August von Hayek (1899-1992), e Milton Friedman (1912-2006) são todos liberais, não conservadores e nem progressistas. Os liberais se opõem aos gêmeos da ação violenta do Estado.

Ainda assim, os gêmeos feios e violentos continuam populares. A recente popularidade do gêmeo fascista preocupa Tucker. E deveria preocupar você também.

Por que, tanto à direita quanto à esquerda, o Estado é o ator principal no drama político e econômico? Por que a maioria das pessoas adora esse drama?

Um motivo é a antiga e primitiva suspeita de que um acordo realizado no mercado é injusto. Essa suspeita fazia algum sentido no mundo de soma zero onde a maioria das pessoas vivia até o século XIX. O sociólogo Georg Simmel (1858-1918) escreveu sobre a questão em 1907:

> As massas - da Idade Média até o século XIX - achavam que havia algo errado com a origem das grandes fortunas. [...] histórias de horror se espalhavam sobre a origem das fortunas dos Grimaldi, Medici e Rothschild [...] como se um espírito demoníaco estivesse agindo.

São as massas, os populistas, *hoi polloi*[3], que mantêm tais visões. Um carcereiro do século XIII desprezou os pedidos de clemência de um rico: *"Ora, senhor Arnaud Teisseire, o senhor se regozijou com tanta opulência! [...] Como poderia ter vivido sem pecado?"*

Ainda assim, num acordo voluntário, ganham o comprador e o fornecedor. Ambos lucram. Não há perdedores. Mas, de acordo com o caráter do ganho mútuo, as duas partes podem ter um ganho *a mais*. Sempre há essa lacuna incômoda. O homem comum chama o ganho de seus fornecedores de itens básicos e habitação de "lucro" e se ressente por não ficar com uma parcela maior. Ele não pensa que está recebendo um tipo de lucro - do contrário, não teria concordado com o negócio. Do ponto de vista do fornecedor, o comprador é alguém que realiza um lucro. Os dois lados lucram. Economistas marshallianos chamam a diferença entre a disposição de pagar e a disposição de receber de "a soma do excedente do consumidor e produtor". Os marxistas a chamam, com mais ênfase e desaprovação, de "exploração" ou "mais-valia". De qualquer forma, este é o ganho social da transação - o valor criado pela transação - a ser de alguma forma revertido a você a partir do lucro da transação e do

---

[3] Expressão grega que significa "os muitos". (N. T.)

PREFÁCIO À EDIÇÃO NORTE-AMERICANA

fornecedor. Reclamamos. Fizemos o melhor negócio possível? Ou ele me fez de bobo? Ele é um capitalista malandro? Por que não me ofereceu mais?

Quando a democracia começou a prosperar e a hierarquia começou a morrer, começamos a acreditar que havia uma solução disponível. O velho preconceito contra o comércio dá origem à noção moderna de que o Estado resolverá a questão, nos dando toda a dignidade e sustento de que precisamos. Em 1600, ninguém acreditava em tal absurdo, porque era óbvio que o Estado era constituído por um bando de ladrões nas mãos dos quais caímos. Do ponto de vista de um único cidadão, na verdade, as dádivas do Estado realmente parecem deliciosos almoços grátis. Estradas. Escolas públicas. Um belo posto do correio, com um gentil carteiro. Eles aparecem do nada. Sem custo. Não há transação viciada, ou trabalho.

Em segundo lugar, tal fantasia de um Estado benevolente oferecendo dádivas gratuitas, seja ele governado por um ente planejador central do socialismo ou pelo *Führer* do nacionalismo, tem outro (e agora exclusivamente moderno) apoio narrativo. A nova narrativa vai contra a verdade econômica de que o mundo moderno surge do comércio incrivelmente ramificado com estranhos. "Não, não", responde a narrativa. "Somos todos membros de uma família amorosa. Vamos progredir juntos".

Quando vivíamos em fazendas e sabíamos de onde vinha a carne, ninguém sonhava com o socialismo. Sabíamos que o preço da carne era importante e podia representar nosso sucesso ou fracasso. Sabíamos que a renda vinha do trabalho. Sentíamos na pele a diminuição dos retornos e a universalidade da escassez. Meus alunos que vêm de fazendas ou pequenas empresas nas quais há participação de crianças conseguem entender economia muito bem. Os outros, não – e me incluo nesse grupo. Quando a renda começou a vir maciça e misteriosamente do escritório, começamos a pensar que o problema não era a produção, e sim a distribuição, como numa adorável mesa de jantar com a família. Passe as batatas, Helen. Claro, John. Coma mais um pouco.

As políticas suecas em 1928 passaram do liberalismo e a um socialismo hesitante quando Albin Hansson (1885-1946) fez seu clássico discurso no Parlamento recomendando a *folkhemmet*, a "casa do povo":

> Há igualdade, respeito, cooperação e prestimosidade em nosso lar. Aplicados ao lar maior do povo e dos cidadãos, isso significaria romper todas as barreiras sociais e econômicas que hoje separam os cidadãos em privilegiados e abandonados, governantes e governados, ricos e pobres, proprietários e desprovidos, exploradores e explorados.

Quando percebe quão pobres são as pessoas de sua vizinhança, um jovem generoso naturalmente tem o desejo de abrir sua carteira, ou melhor, a carteira do papai. É nessa idade – catorze ou dezesseis anos – que formamos nossa identidade política, que raramente mudamos. Por outro lado, numa sociedade primitiva hierárquica de escravos e donos de escravos, o jovem dono de escravos não sente a mesma culpa porque os pobres estão destinados à escravidão. No entanto, assim que o caráter natural da hierarquia foi questionado, como aconteceu na Europa ao longo do século XVIII, deu-se primeiro passo para o socialismo, ou, se você preferir, depois de um tempo, o nacional-socialismo. Nossas famílias são pequenas economias socialistas, com a mamãe assumindo a forma de ente planejador central. Legal.

PREFÁCIO À EDIÇÃO NORTE-AMERICANA

"*O familhismo amoral*", observou o cientista político Edward Banfield (1916-1999) em 1958, caracteriza uma sociedade pré-moderna. Ele protege os membros da família, mas engana e mata todos os demais. Assista à série *Os Sopranos*, que foi ao ar entre 1999 e 2007. Uma sociedade moderna em sua versão autoritária amplia a família para a nação, o *folkhem*. Traímos os chefes e assassinamos os inimigos, *en masse*.

Você precisa do livro *Coletivismo de Direita* de Jeffrey Tucker. Você precisa se preocupar. Se você é mesmo um liberal, precisa saber de onde vem o nacional-socialismo para identificá-lo e devolvê-lo às sombras. Agora.

Deirdre Nansen McCloskey
Distinguished Professor de Economia, História, Inglês e Comunicação na University of Illinois at Chicago (UIC)

COLETIVISMO DE DIREITA

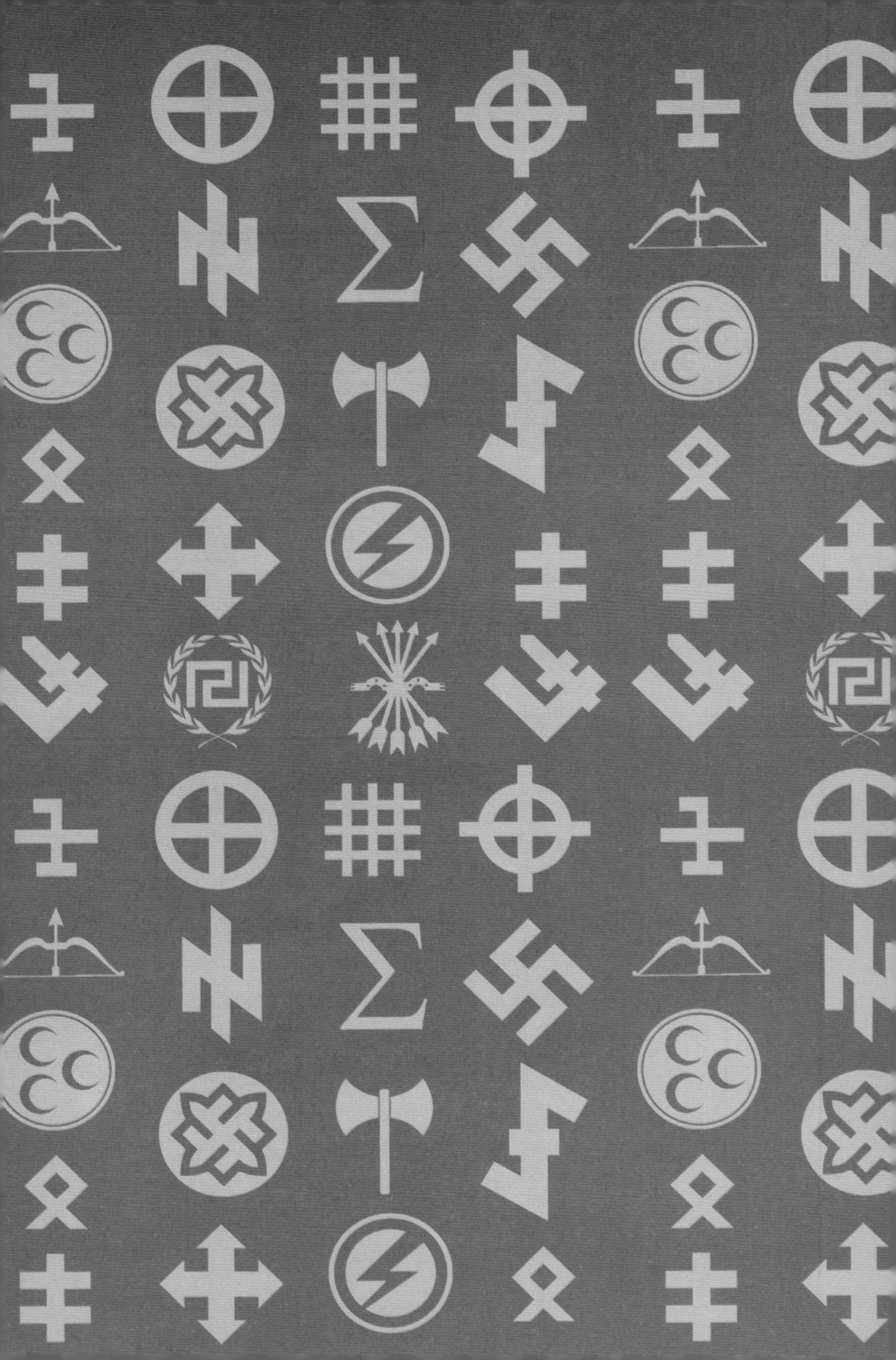

Aos socialistas de todos os partidos

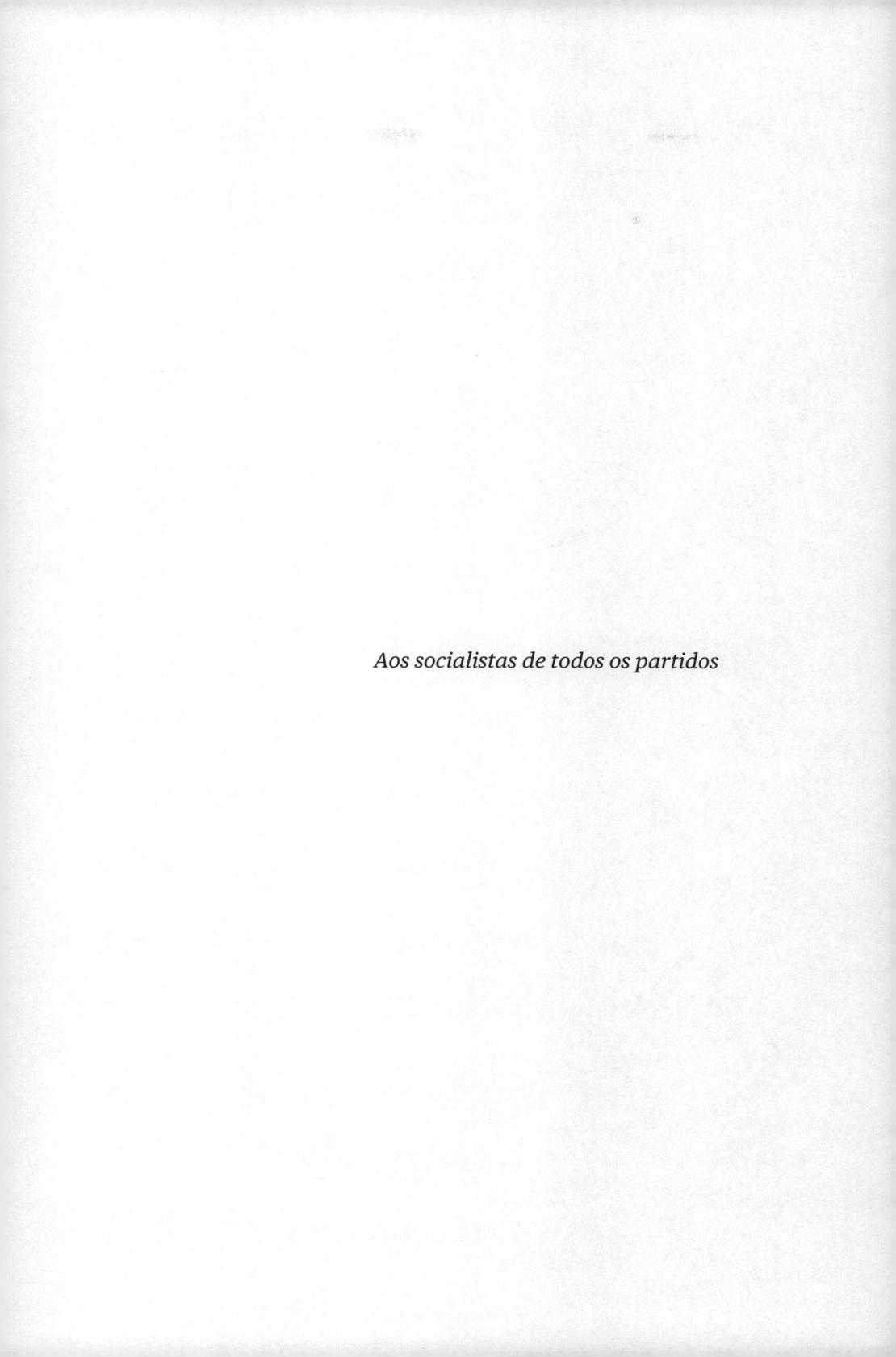

INTRODUÇÃO DO AUTOR

Em 11 e 12 de agosto de 2017, em Charlottesvile, Virgínia, centenas de jovens, na maioria homens, se reuniram no centro da cidade antes frequentada por Thomas Jefferson (1743-1826). Eles carregavam tochas e bandeiras nazistas e supremacistas, gritando ameaças genocidas a outros grupos. Estavam ali para protestar contra a remoção de uma estátua do general Robert E. Lee (1807-1870), de acordo com uma decisão da câmara municipal.

    Mas, de acordo com os organizadores, o objetivo da manifestação "Unite the Right" [Unir a direita] era maior. Era para ser o despertar de um novo movimento. O uso do termo "direita" aqui é fascinante, porque os organizadores consideravam que o termo incluía a Ku Klux Klan e os autoproclamados nazistas. A manifestação foi uma espécie de trauma para muitas pessoas – de todo o mundo –, porque até então poucos tinham compreendido as forças sociais destrutivas e violentas que fervilhavam sob a superfície do cotidiano norte-americano.

O que é essa coisa com a qual nos deparamos, esse movimento estranho que está vivo e crescendo na Europa e nos Estados Unidos? O que essas pessoas querem? Qual a sua origem ideológica? Podem mesmo ser consideradas de "direita"? Caso sim, em que sentido? Este livro busca responder a essas perguntas.

A ascensão da chamada "extrema direita" é o acontecimento ideológico mais inesperado do nosso tempo. A maioria das pessoas da geração atual ignora a abrangência histórica do lado intelectual do coletivismo de direita. Ele representa o renascimento da tradição do pensamento coletivista que pode à primeira vista parecer um híbrido, mas que prevaleceu claramente no período entre as duas guerras mundiais. Ele é anticomunista, mas não pelos motivos mencionados durante a Guerra Fria, isto é, porque o comunismo se opunha à liberdade de acordo com a tradição liberal. O coletivismo de direita também se opõe ao liberalismo tradicional, bem como ao livre comércio, à liberdade de associação, à migração e ao capitalismo compreendido como um livre mercado. Ele gira em torno da Nação e do Estado como os princípios de organização da ordem social – e tende a defender o governo de um só homem –, mas se posiciona em oposição ao esquerdismo tradicional.

Conhecemos alguns líderes fascistas de meados do século XX, mas sabemos pouco sobre a orientação ideológica que os levou ao poder e sobre as ideias que eles deixaram sobre a mesa para as gerações futuras. Em geral, e até recentemente, parecia que o fascismo tinha desaparecido da história. Enquanto isso, as perspectivas da social-democracia entraram em decadência e algo surgiu para preencher o vácuo. O quê? E de onde vem isso? Para onde está nos levando?

Este livro busca esclarecer essa questão, explicar do que se trata tal movimento e por que todos os que realmente amam e anseiam pela liberdade clássica precisam ser capazes de identificar seus inimigos quando estes assumem uma forma desconhecida. Precisamos aprender a reconhecer a linguagem, os pensadores, os temas e os objetivos de um *ethos* político que é acertadamente chamado de fascismo.

Por que eles usam a designação "direita"? Essa é uma pergunta que faz sentido, porque a história da direita e da esquerda é muito complicada e as definições estão em constante transformação. Se por esquerda você se refere a tudo o que tende ao despotismo e por direita tudo o que tende à liberdade, a forma como uso o termo "direita" aqui não fará sentido para você. E isso gera um problema. Não faz muito sentido descrever, por exemplo, Karl Marx (1818-1883) ou Carl Schmitt (1888-1985) como de "esquerda", já que todo o aparato ideológico de Schmitt se baseia na oposição a Marx. E isso tampouco explica por que algumas das mais bem-sucedidas tiranias do século XX surgiram em oposição ao comunismo e se transformaram em algo tão perigoso quanto a ideologia a que se opunham.

Usarei o termo "direita" com base no fato de que tais movimentos se apropriam de certos temas direitistas para fins despóticos. Eles denunciam a esquerda decadente e "degenerada" e falam de família, fé, nação e propriedade. Mas, essa retórica não é empregada no interesse da liberdade burguesa, e sim para atrair um público-alvo específico de classe média. Eles reclamam do controle da mídia e da academia pela esquerda, mas não têm interesse em permitir o máximo de liberdade pessoal e econômica, e sim em restringir a liberdade em nome da nação, do Estado, dos laços de sangue, terra, trono e altar. A maioria dessas pessoas foi levada a isso pela percepção de que o esquerdismo está em ascensão e precisa ser combatido; na verdade, esta é a origem dos movimentos fascistas dos últimos cem anos. Mas o que eles realmente querem é algo diferente de liberdade; é uma nova forma de controle social e econômico.

Uma característica marcante do coletivismo de direita é sua obsessão pela demografia. Isso combina com a ideologia como um todo, que se atém não à classe, e sim a temas de identidade que geralmente se referem a raça e etnia. Sobre o nazismo, Ludwig von Mises (1881-1973) escreveu em 1947, no livro *Planned Chaos* [*Caos Planejado*][4], que este movimento político *"buscava abolir o laissez-faire* não apenas na produção de bens materiais, mas também na produção de homens". Isso vale para a maioria das formas de fascismo: ele tenta resolver temas difíceis por meio de várias estratégias, do controle migratório à eugenia, passando pelo controle de natalidade. A anarquia na geração de seres humanos não é tolerada. Estranhamente, isso faz sentido. Se há um desejo de controlar a ordem social, controlá-la de verdade, é preciso começar controlando a demografia.

Nossa geração tem pouca experiência real para lidar com os movimentos reacionários e seus efeitos. O que tentarei mostrar é que tal pensamento direitista tem raízes profundas que remontam ao início do século XIX, quando os seguidores do filósofo Georg Wilhelm Friedrich Hegel (1770-1831) se dividiram em direita e esquerda, dependendo da crença de que o Estado prussiano e a igreja eram ou não o ápice da evolução cultural. Os direitistas tendiam a um lado e os esquerdistas a outro. Ambos propuseram uma revolta contra a revolução liberal que alterou fundamentalmente a estrutura social e demográfica da sociedade ocidental.

---

[4] Em língua portuguesa a obra está disponível na seguinte edição: MISES, Ludwig von. *Caos Planejado: Intervencionismo, Socialismo, Fascismo e Nazismo*. Apres. Richard M. Ebeling; Prefs. Bruno Garschagen, Leonard E. Read, Christopher Westley; Posf. Ralph Raico. São Paulo: LVM, 2017. (N. E.)

Esquerda e direita, em vários países diferentes, propuseram formas de lidar com o que consideravam um desastre em progresso. Cada qual tinha sua própria versão de revanchismo, isto é, um objetivo de reconquistar territórios que acreditavam terem sido tomados, uma exigência de controlar o que fora perdido para a liberdade. Em outras palavras, essas são as pessoas que queriam exumar o cadáver de Adam Smith (1723-1790) e enforcá-lo.

O que chamo de coletivismo de direita realmente representa uma tradição de pensamento semicoerente: a linguagem, os temas, os ressentimentos, as soluções e visões foram consistentes por quase dois séculos e se intensificam década após década. Investigo tal tradição ao longo deste livro.

Quero acrescentar uma advertência quanto a Donald Trump, até porque alguns capítulos aqui tratam de sua visão de mundo e administração. Tenho sido direto na explicação das origens quase fascistas de algumas características de suas diretrizes. O livro republica um ensaio que escrevi em julho de 2015, assim que teve início a campanha presidencial. Eu tinha acabado de reler *Omnipotent Government* [*Governo Onipotente*][5], de Ludwig von Mises, lançado em 1944, no qual se encontra a sua discussão mais atenta e abrangente sobre as ideologias fascista e nazista. As semelhanças temáticas e políticas são notáveis. Nesse dia, percebi que era preciso falar mais sobre o assunto. Mas seria fácil demais caracterizar este livro como um tratado oposicionista. Não se trata disso. Nem tudo o que Trump defende é ruim, nem tudo o

---

[5] A obra será lançada em português no segundo semestre de 2019 pela LVM Editora. Em inglês o livro está disponível na seguinte edição: MISES, Ludwig von. *Omnipotent Government: The Rise of the Total State and Total War*. Ed. e pref. Bettina Bien Greaves. Indianapolis: Liberty Fund, 2011. (N. E.)

que a sua administração propõe deve ser combatido. Em verdade, na medida em que qualquer líder ou regime defenda um grau maior de desregulamentação ou corte de impostos (ideias lançadas posteriormente na campanha) ou relações pacíficas com outros países, isso é algo que qualquer defensor do liberalismo tradicional deveria apoiar, a despeito de questões partidárias. Mas, o que está na essência da filosofia de governo e o que é um verniz criado só para tornar o restante mais palatável ao máximo de pessoas possível? Esta é uma questão mais profunda.

O que proponho é um entendimento maior da ideologia com a qual lidamos aqui e uma consciência maior por parte dos defensores da liberdade que não fazem parte do espectro direita/esquerda, com uma atenção especial à parte mais negligenciada desse espectro. Depois que você entender isso, livros como *The Road of Serfdom* [*O Caminho da Servidão*][6] de F. A. Hayek (1899-1992), lançado em 1944, farão muito mais sentido. O alerta de Hayek tinha a ver com a relação simbiótica entre as formas à direita e esquerda de totalitarismo e a dinâmica fracassada entre ambas.

Em 1956 (a data é importante), o fundador da Foundation for Economic Education (FEE) Leonard Read (1898-1983), escreveu o seguinte:

> "Esquerda" e "direita" são termos que descrevem posições autoritárias. A liberdade não tem relação horizontal com o autoritarismo. A relação do libertarianismo com o autoritarismo é vertical; trata-se da

---

[6] Uma nova edição em português será lançada pela LVM Editora para substituir a seguinte atualmente disponível: HAYEK, F. A. *O Caminho da Servidão*. Trad. Ana Maria Copovilla, José Ítalo Stelle e Liane de Morais Ribeiro. São Paulo: Instituto Ludwig von Mises Brasil, 6ª ed., 2010. (N. E.)

podridão dos homens que escravizam outros homens. [...] Qual é exatamente a diferença entre comunismo e fascismo? Ambos são formas de estatismo, de autoritarismo. A única diferença entre o comunismo de Stalin e o fascismo de Mussolini é um detalhe insignificante na estrutura organizacional. Mas um é "de esquerda" e o outro é "de direita"! O que resta ao libertarianismo num mundo de vocabulário proposto por Moscou? O libertarianismo é, na realidade, o contrário do comunismo. Sim, se o libertário emprega os termos "esquerda" e "direita", ele cai na armadilha semântica de se tornar um "direitista" (fascista) só por não ser um "esquerdista" (comunista). Este é o cemitério semântico dos libertários, um instrumento lexical que exclui a sua existência. Enquanto os homens ligados a Moscou continuarem com isso, há motivos de sobra para os libertários evitarem tais termos.

O que Read provavelmente não poderia ter imaginado é que tal terminologia sobreviveria à Guerra Fria e voltaria com força no século XXI. Mais do que isso, ele ficaria surpreso ao ver tantos libertários confusos quanto a onde se encaixar na estrutura esquerda/direita. A resposta é que não nos encaixamos. Mas para perceber isso precisamos saber mais.

E lembre-se de que isso não é apenas um joguinho intelectual. Estamos numa encruzilhada na história da liberdade. Temos hoje a tecnologia que permite uma liberdade e empoderamento sem precedentes a todos. Temos Estados preexistentes que nos contêm. Temos estruturas de poder que procuram justificativas para seu governo. Como digo neste livro, o Estado social-democrata do bem-estar e do planejamento centralizado está cansado, desgastado e é cada vez mais impopular. A pergunta é: o que o substituirá?

Será a liberdade ou uma forma diferente de controle social e econômico? Por isso é que o coletivismo de direita é importante agora. Ele pretende se tornar a estrutura ideológica dominante capaz de atrasar e reverter o progresso que fizemos (em geral por meio da tecnologia, e não da mudança política) rumo à liberdade universal. Parece inconcebível que possamos repetir a história dos anos entreguerras de uma forma ligeiramente diferente, mas nada é impossível quando as más ideias vencem as boas.

***

Nos últimos dois anos, as páginas do *site* FEE.org (do qual sou editor) cobriram este tema detalhadamente. A maior parte dos ensaios deste livro apareceram primeiro no *site* da FEE como parte de seu conteúdo diário. Posso falar em nome de todos os colaboradores da FEE ao agradecer o corpo diretor, os doadores, a equipe e os leitores do *site* pelo apoio a esta grande instituição que mantém sua posição em defesa da liberdade desde a sua fundação, em 1946.

Além disso, muitas pessoas contribuíram imensamente para a minha compreensão do assunto, por meio de sugestões de leitura. Há muitos a agradecer, mas gostaria de fazer uma menção em particular ao auxílio intelectual de Dan Sanchez, Lawrence Reed, Wayne Olson, Richard Lorenc, Tom Palmer, Stephan Kinsella, Laurie Rice, Steve Horwitz, Jonah Goldberg, Thomas Leonard, Deirdre McCloskey e vários outros comentaristas nas redes sociais que reagem continuamente aos meus textos.

Vivemos tempos difíceis para a filosofia liberal. Só podemos enfrentar isso por meio de uma compreensão maior das nossas lutas passadas e desafios futuros. Aqueles que realmente amam o enobrecimento humano por meio da liberdade precisam saber melhor quem somos, o que conquistamos no passado e o que será necessário fazer para defender racional e persuasivamente a liberdade contra a esquerda e a direita, em defesa de algo belo e sincero que pode renovar a face da Terra.

Jeffrey A. Tucker

PARTE I
O CENÁRIO

CAPÍTULO 1
A VIOLÊNCIA EM CHARLOTTESVILLE

A imensa maioria dos norte-americanos não tem nenhum interesse nas batalhas de rua entre a ultradireita (mais bem descrita hoje em dia em termos pungentes) e os manifestantes a ela contrários. A maioria das pessoas tem problemas normais, como pagar as contas, cuidar dos filhos, ter acesso à saúde, viver sob as dificuldades normais, e elas querem que esses malucos desapareçam. Assim, é claro que estão surpresas com as cenas de jovens nas ruas de uma cidade pacata com uma universidade fundada por Thomas Jefferson gritando: "Judeus não nos substituirão".

Trata-se de algo difícil de ver e ouvir. Mas essas coisas não vão desaparecer. Para algumas pessoas com a mente tomada por ideologias violentas, o que aconteceu até aqui não é o bastante. Elas imaginam que, com suas marchas, bandeiras, uniformes, *slogans*, hinos, gritos e armas, provocarão uma mudança histórica em seu favor e contra aqueles que odeiam. Na verdade, o que está acontecendo agora, com a perda real de propriedades e vidas, vai além da política normal e pressagia algo terrível do passado, algo que a maioria de nós acreditava que jamais se repetiria.

O que provoca tal fenômeno? Não se trata aqui de pessoas más. Muitos dos jovens envolvidos nesse movimento foram criados em bons lares e, sob condições normais, jamais fariam mal a alguém. Trata-se de más ideias. Elas invadem o cérebro e fazem com que as pessoas imaginem coisas que não existem. É como uma doença que a pessoa não sabe que tem. Assim, elas espumam de ódio sem motivo aparente, desejam o extermínio de quem jamais fez algo de errado e imaginam resultados insanos para disputas sociais que jamais poderão se concretizar.

1 - O GRUPO

O caráter implausível das ideias dessas pessoas está oculto pela psicologia do grupo. Elas se reúnem em torno de pessoas que pensam as mesmas coisas e com as quais compartilham ressentimentos e sonhos dos poderes que podem adquirir se agirem com ousadia, coragem e determinação. Inventam bodes expiatórios (negros, judeus, mulheres, antifascistas, *gays* e o governo que supostamente concede privilégios a esses grupos) e começam a acreditar que a única forma de progredir é destruir esses inimigos numa espécie de revolução grandiosa, depois da qual tomarão o poder e governarão para sempre.

Sim, sei que parece loucura. Mas uma das coisas que aprendemos com a história é que não há ideia louca o bastante para um grupo infectado com o desejo de governar. Quaisquer meios poderão ser utilizados para atingir um objetivo profundamente gravado na imaginação fértil do participante do grupo que encontra um senso de missão e sentido em uma luta qualquer.

2 - O MITO DA ESTÁTUA

Boa parte da cobertura da imprensa sobre a violência em Charlottesville, Virgínia, diz que tudo começou com uma disputa quanto ao destino de uma estátua do general confederado Robert E. Lee que fica no centro da cidade. A câmara municipal votou por derrubá-la; os manifestantes, para que ela permanecesse como um símbolo de orgulho e domínio (o que é absurdo, uma vez que o general Lee repudiaria a ideologia que essas pessoas representam). Na verdade, a disputa pela estátua é uma distração da motivação real.

A verdade é que temos aqui a expressão explosiva de uma ideia gestada num movimento maligno que vem acumulando pressão há muito tempo. Depois da Segunda Guerra Mundial, muitos imaginavam que a ideologia nazista tinha sido eliminada da Terra e que a única ideologia totalitária que permanecia como ameaça à liberdade era o comunismo. Isso talvez tenha sido verdade por algumas décadas, mas as coisas começaram a mudar nos anos 1990, quando novas e violentas formas de estatismo começaram a surgir.

3 - AS RAÍZES HISTÓRICAS

Nos últimos dois anos, escrevi sobre as raízes históricas dessa manifestação violenta que pode ser descrita como nazismo, fascismo, extrema direita, supremacia branca, nacionalismo branco, neorreacionarismo ou o meu termo preferido e mais técnico (tomado emprestado de Ludwig von Mises), hegelianismo de direita.

As pessoas me perguntam por que passei tanto tempo e gastei tanta energia vasculhando as obras de pessoas como Johann Gottlieb Fichte (1762-1814), Friedrich List (1789-1846), Houston Stewart Chamberlain (1855-1927), Thomas Carlyle (1795-1881), John Ruskin (1819-1900), Charles Davenport (1866-1944), Oswald Spengler (1880-1936), Carl Schmitt (1888-1985), Julius Evola (1898-1974), Giovanni Gentile (1875-1944), entre outras. Todas essas ideias existiam antes de Adolf Hitler (1889-1945) e dos nazistas – e provocaram danos enormes ao mundo muito antes do Holocausto – e persistem depois deles.

O fato é que possivelmente nenhum dos manifestantes em Charlottesville leu esses pensadores e muito menos a resposta liberal tradicional a esta forma direitista de antiliberalismo. Como se pode confiar neles?

Ideias são estranhamente mágicas, como um DNA espiritual capaz de viajar no tempo, indo de um cérebro a outro como uma mutação genética de consequências sempre imprevisíveis. John Maynard Keynes (1883-1946) estava certo ao dizer que a maioria dos políticos é escrava de algum economista morto; da mesma forma, estes bandidos violentos são escravos de algum filósofo morto que temia a ascensão da liberdade universal durante o século XIX e estava determinado a contê-la.

4 – Propagandistas do mal

Ao mesmo tempo, deve haver alguma forma de transmitir tais ideias. Os líderes deste movimento agem com eficiência, mas há uma raiz mais profunda. Tenho relutado em mencionar esta que pode ser a característica mais influente da ascensão da direita estatista nas últimas décadas, mas, já que estamos envolvidos nisso, chegou a hora. O livro é *The Turner Diaries* [*O Diário de Turner*][7], lançado em 1978 e escrito por Andrew MacDonald, que na verdade é o pseudônimo de William L. Pierce (1933-2002), um médico brilhante cuja mente foi tomada pela ideologia nazista, justamente porque ele mergulhou nos autores acima mencionados.

Não recomendo a leitura deste livro. Você não poderá deixar de tê-lo lido. Este é o mapa do tesouro dos nazistas. Lembro-me da primeira vez que o li. Fiquei profundamente impressionado e assim comecei a perceber a tarefa que temos diante de nós: combater este horror com toda a nossa energia intelectual.

O livro conta a história de um grupelho de brancos que se dispõem a reverter a história com uma série de assassinatos, começando com os judeus, negros e comunistas e depois, inevitavelmente, com os defensores da classe mercantil e libertários (eles nos odeiam profundamente também). O que você percebe já no início é que este movimento é absolutamente socialista, só que de uma forma diferente dos socialistas de esquerda mais famosos. Eles não usam camisas vermelhas, e sim marrons, por isso têm um objetivo diferente. Não se trata de luta de classes. Trata-se de luta de raças, religiões, gênero e nacionalidades.

---

[7] O livro foi recentemente publicado em língua portuguesa na seguinte edição: PIERCE, William Luther. *O Diário de Turner*. Omnia Veritas Ltd, 2018.

A editora Omnia Veritas Ltd, que publica livros principalmente em inglês, em francês, em italiano e em espanhol, disponibilizou até o momento em português apenas o livro *Mein Kampf* [*Minha Luta*] de Adolf Hitler (1889-1945) e este romance. Esta casa editorial tem como principais destaques no seu catálogo as obras de René Guénon (1886-1951) e de Julius Evola (1898-1974), além de *Minha Luta*, que lançou em 10 idiomas diferentes. (N. E.)

E o que acontece? Eles conquistam as massas com muito sangue, controlam o governo, estabelecem um Estado socialista com um planejamento central, tomam conta do arsenal nuclear e matam todos os não brancos do mundo. Desculpe por ter contado o final.

5 – O CÓDIGO GENÉTICO

Por que alguém seguiria um livro tão macabro? Mais uma vez, a mente humana é capaz de imaginar coisas horríveis, e o que imaginamos ser verdadeiro influencia as ações. Ideias, como se diz, têm consequências. Assim, qualquer um que acompanhasse a propagação destas ideias ao longo das últimas décadas percebia para onde elas estavam nos levando.

O que acontece agora? A tragédia está posta, com o movimento burguês de esquerda prestes a agir contra a ameaça crescente do outro lado e um governo pronto para explorar o conflito entre os dois lados para suprimir ainda mais os direitos humanos e as liberdades. É a tempestade perfeita.

6 – Nosso dever

A pergunta é: o que fazer agora? A resposta está na origem do problema. A confusão toda começou com ideias más. A única forma possível – e a mais poderosa – é combater ideias más com ideias boas. Todos precisamos entrar na batalha intelectual como nunca antes. Quais são estas ideias boas?

O progresso dos últimos quinhentos anos nos mostra com precisão quais são as ideias boas: harmonia social, direitos humanos, a aspiração à dignidade universal, a convicção de que podemos trabalhar juntos num objetivo em comum, a economia de mercado como meio de se alcançar a paz e a prosperidade e, acima de tudo, a beleza e o poder da ideia da liberdade em si.

    Que nenhum de nós – todos os que amam a paz, a prosperidade e o progresso humano – se desespere, mas que se dedique mais uma vez à missão de substituir as ideias más pelas boas. Nossos antecessores nesta missão enfrentaram chances bem menores e venceram, e eles são muito menos numerosos do que nós. Também podemos vencer, desde que pensemos, falemos e ajamos com coragem e convicção em defesa de tudo o que é belo e verdadeiro. É assim que o ciclo de violência direita/esquerda será substituído pelas aspirações mais nobres do coração humano.

CAPÍTULO 2
LIÇÕES DA MARCHA DE CHARLOTTESVILLE

Uma regra dos movimentos políticos e sociais é que eles não são capazes de controlar completamente as consequências de seus atos. Ações provocam reações, muitas delas imprevistas e certamente não intencionais. Isso se dá porque nenhum grupo, por mais poderoso que seja, é capaz de controlar a mente humana dos que não compartilham da mesma causa.

Por isso é que tantos movimentos guiados por um *ethos* de revolta e intenções revolucionárias geraram tantos problemas imprevistos que geralmente contrariavam seu objetivo primário.

O mesmo se dá com os manifestantes do Unite the Right (extrema direita, fascista, supremacista branca, revanchista, nazista e assim por diante) que se aglomeraram na pacata cidade de Charlottesville, na Virgínia, em agosto.

Donald Trump e muitos outros gostam de dizer que havia "pessoas boas" se manifestando também, mas isso é ignorar o próprio título da manifestação. A ideia de "direita unida" quer dizer que todos os que participavam estavam deixando de lado suas diferenças com os nazistas e a Ku Klux Klan a fim de alcançar o objetivo de se tornar uma presença política nacional (a controvérsia quanto à estátua de Robert E. Lee era apenas uma desculpa).

As consequências da marcha foram bem diferentes do que eles imaginavam.

1 - Estátuas derrubadas

Há poucos anos, a ideia de derrubar estátuas de generais confederados em todo o sul dos Estados Unidos era algo impensável. Charlottesville foi um teste: talvez essa estátua de Lee devesse ser derrubada simplesmente porque parecia distrair as pessoas do progresso que os cidadãos almejavam e funcionar como um lembrete desnecessário de um passado sofrido. A câmara municipal votou por removê-la. Isso deu origem às manifestações.

Só para deixar claro, há argumentos defensáveis para reconhecer os mortos confederados. Mas os manifestantes não saíram de uma sociedade de defesa da cultura como a Sons of Confederate Veterans - meu bisavô foi um médico das tropas sulistas e fui batizado em homenagem a Jefferson Davis (1808-1889) -, e sim dentre os mais amargurados e violentos ideólogos da direita linha-dura e antiliberal. Essa relação alimentou ainda mais o movimento antiestátua entre os ativistas, e hoje em dia nenhum monumento está seguro. Eles estão sendo derrubados na calada da noite, por todo o país, abatidos por câmaras municipais em todo o Sul e condenados como nunca antes. Provavelmente nenhum sobreviverá a isso.

As estátuas devem ou não continuar onde estão? Essas estátuas têm uma história complexa. Elas não foram erguidas para homenagear confederados mortos depois da guerra nem mesmo ao fim da Reconstrução. A maioria delas apareceu no começo dos anos 1920, para informar que a liberalização das relações inter-raciais ocorrida entre 1880 e 1900 não voltaria a acontecer. O progresso e a normalidade seriam substituídos por um movimento "progressista"/racista/estatista centrado em novas leis de eugenia, separação geográfica, supremacia branca, exclusão forçada, segregação estatal e assim por diante – políticas apoiadas não pelo povo, e sim por elites brancas infectadas pelo medo demográfico e pela pseudociência. Foi assim que um movimento começou a erigir tais estátuas, não para celebrar a história, e sim como um símbolo de intimidação e de controle estatal das relações humanas.

A estátua de Charlottesville foi erguida no mesmo ano em que as restrições à migração entraram em vigor por motivos claramente eugenistas e quando as leis Jim Crow[8] eram severas e todo um grupo populacional enfrentava o que parecia ser uma tentativa de extermínio (isto não é um exagero, e sim uma descrição de uma realidade bem documentada).

Em outras palavras, Lee (uma figura de muitas formas trágica) estava sendo usado por um movimento mal-intencionado que provavelmente jamais teria apoiado, a despeito de todos os seus problemas. Então a controvérsia quanto à permanência ou derrubada da estátua não tem a ver com a guerra que ocorreu meio século antes de o monumento ser erguido como símbolo de controle racial. Estamos lidando com a memória aqui. É algo bastante semelhante a como os

---

[8] Leis que institucionalizaram a segregação racial nos Estados Unidos, e permaneceram em vigor até 1965. (N. T.)

neonazistas de hoje abusam do legado trágico do general em nome de seus objetivos perigosos.

2 – Repulsa pública

Durante a campanha presidencial de 2015, Hillary Clinton atacou as pessoas "deploráveis" que apoiavam Trump, incluindo racistas e fascistas. O resultado foi um escândalo: parecia que ela estava chamando todos os apoiadores de Trump de deploráveis. Na verdade, os apoiadores de Trump – e muitos eram apenas pessoas enojadas com as políticas do antecessor que desejavam uma mudança fundamental no governo – assumiram o nome de "deploráveis".

A maioria das pessoas naquela época – sem esquecer que as pessoas comuns não seguem o *4chan* ou *Twitter* – não tinha ideia da existência do movimento burguês de ideólogos violentos de direita que se reunia na ocasião, usando Trump para realizar seus objetivos.

A marcha Unite the Right em Charlottesville mudou tudo. O que vimos nos vídeos *online* e no noticiário era o que parecia uma perigosa força paramilitar, formada apenas por pessoas de fora da cidade, com ideias semelhantes às do período entreguerras, carregando tochas, insígnias e bandeiras ao estilo nazista e gritando *slogans* antissemitas e racistas. Não era como um protesto do movimento Tea Party. Era algo bem diferente e realmente assustador para os moradores daquela cidade idílica.

Em outras palavras, aquilo parecia mesmo deplorável. Foi assim que este movimento emergiu na corrente dominante. Mas, em vez de alimentar algum tipo de revolução branca, ele teve um resultado oposto. O movimento parece antiamericano, cheio de ódio e falta de civilidade, verdadeiramente perigoso à ordem pública e de origem estranha. Aquilo não se parecia nada com liberdade de expressão; parecia uma ameaça. Não se tratava de exigir liberdade, mas de exigir poder.

Isso explica a surpresa e a desorientação dos analistas conservadores e republicanos que não queriam ter nada a ver com essas pessoas e as ideias por trás delas. Do meu ponto de vista, isso é muito bom. Do ponto de vista do movimento, supostamente não era o que eles pretendiam.

O que me fascina é como essas pessoas chegaram a um ponto sem volta, esquecendo-se de tomar cuidado com reflexões do tipo: "você acha inteligente desfilarmos por aí exatamente como as pessoas contra as quais os Estados Unidos lutaram e derrotaram há apenas setenta anos?"

Para entender isso, é preciso mergulhar na psicologia de grupo que leva ao surgimento de tais movimentos fanáticos – algo complicado demais para abordar aqui.

3 - Ruína governamental

Os manifestantes usaram as leis de porte de armas da Virgínia e as leis que protegem a liberdade de expressão e de associação em proveito próprio. Eles também pediram que se tolerassem suas ideias a fim de serem ouvidos. A ACLU[9], acredito, estava certa em lutar pelo direito à expressão dos manifestantes.

Dito isso, essa marcha não tinha nada a ver com os direitos humanos; era uma marcha que ameaçava os outros e exigia poder. Ela gerou investigações do Departamento de Justiça, demissão do corpo diretor da ACLU e um

---
[9] União Americana pelas Liberdades Civis. (N. T.)

questionamento generalizado sobre como este fiasco que produziu tanta balbúrdia pôde ser tolerado.

É quase certo que veremos um aumento da vigilância oficial sobre grupos de ódio, de monitoramento das nossas comunicações *online*, de restrições às organizações políticas – tudo como reação e com o apoio do público apavorado.

São exatamente eventos como esse que fazem com que as pessoas percam as liberdades. Se os participantes da marcha Unite the Right realmente acreditavam lutar por liberdade, conseguiram exatamente o contrário. Mas há um detalhe: grupos como esse prosperam quando perseguidos. Eles nunca desaparecem, sobretudo este grupo, porque boa parte de sua motivação tem a ver com a opressão e perseguição. Se os transformarmos em vítimas, eles prosperarão ainda mais.

4 – Impulso à esquerda

A verdadeira tragédia das muitas reações à manifestação era a escolha falsa que ela propunha: que a única alternativa à extrema direita eram os antifascistas de esquerda. Ou o contrário: se você odeia os antifascistas esquerdistas, você não tem opção a não ser apoiar a extrema direita. Isso é pura bobagem. A maioria das pessoas que se opuseram ao que parecia ser uma invasão nazista eram cidadãos comuns, não antifascistas. Não há nada de "esquerdista" em não gostar da visão de nazistas ocupando espaços públicos.

Foi muito inspirador ver a reação da classe mercantil, condenando o racismo e o fascismo com veemência. Os negócios adoram a paz e a amizade, não o ódio e agitação civil.

Mas, politicamente, não se tem certeza se essa reação encontrará uma voz. A maioria das pessoas que se opõem à ascensão do movimento nazista nos Estados Unidos é de esquerda, e a consequência pode na verdade impulsionar os seguidores de Bernie Sanders, já que a revolta leva à aceitação do aparente oposto.

Por acaso, é justamente por isso que é tão importante que os libertários se expressem com uma convicção sincera e corajosa. Simplesmente não podemos permitir que a esquerda seja a única voz ideológica de oposição.

5 - O legado de Trump

Talvez seja cedo demais para dizer o que marcará o legado de Trump na presidência, mas a defesa que ele fez dos manifestantes e a soma dos elementos maus deles com outros maus elementos que se opõem a eles parece um bom candidato. Foi exatamente a reação que os aspectos mais indefensáveis da extrema direita queriam. Assim, não foi nenhuma surpresa que até mesmo alguns dos antigos defensores de Trump o tenham abandonado nos dias seguintes.

Você não pode abdicar de sua credibilidade em temas como direitos humanos e a dignidade da vida e esperar manter o apoio político no longo prazo. Avançamos muito rumo à paz e à liberdade universal para isso. O futuro é próspero, não sombrio e sanguinolento, como os manifestantes e seus apoiadores imaginam.

Muitas pessoas previram as consequências da abordagem de Trump, mas algo parece diferente agora. Isso é muito triste, porque Trump tem boas ideias - ideias que evidentemente não são tão importantes para ele - e representa várias boas causas (em defesa das quais ele fez muito pouco) para deixar isso acontecer. Mas, quando você opta por morrer numa montanha de intolerância e preconceito, não há credibilidade o suficiente para mais nada.

Nenhum movimento baseado na aspiração de controle e opressão é capaz de prever as consequências de suas atividades ao longo do tempo. Neste sentido, a extrema direita fez um desserviço a si mesma e talvez a todos os demais.

A pergunta é: o que as pessoas que amam os direitos humanos e a liberdade farão quanto a tudo isso? No final das contas, a única resistência verdadeira vem do que acreditamos e de como vivemos nossas vidas. Vimos aquilo que não amamos. A questão é se podemos descobrir e construir aquilo que realmente amamos.

CAPÍTULO 3
MEU ALMOÇO COM UM NAZISTA

A faculdade me deixou profundamente consciente e desdenhoso da ideologia socialista de esquerda. Ela estava presente em todas as disciplinas: história, psicologia, sociologia, ética e até mesmo economia. A alternativa que eu conhecia era chamada de "extrema direita" ou conservadorismo/libertarianismo.

Era o tempo da Guerra Fria. Tudo era simples. Ser a favor dos Estados Unidos significava defender a liberdade e não ser de esquerda. Os inimigos culpavam os Estados Unidos por tudo e nunca deixavam de suprimir a liberdade.

Onde os nazistas se encaixam? Eles não importam, a não ser como questão histórica. Matriculei-me numa disciplina sobre a Segunda Guerra Mundial. A impressão que tive era a de que os nazistas foram um culto que saiu do nada, matou muita gente e foi aniquilado pelas tropas aliadas. E este foi o fim. Houve pouca discussão sobre a estrutura ideológica, seu significado e importância. Foi somente um grupo que apareceu e desapareceu.

1 - Nazistas existem

As coisas seguiram assim para mim até um estranho almoço que tive em Alexandria, Virgínia. Anos se passaram. Talvez eu tivesse 26 anos. Um jornalista em Washington, D.C., um conhecido com opiniões estranhas que eu não sabia identificar direito, organizou o encontro. Ele me falou de uma rica filantropa que eu realmente precisava conhecer. Ela me traria bons contatos.

Eu não sabia direito do que se tratava, mas me interessei.

Cheguei ao salão de chá bem iluminado e elegante, com os garçons agitados servindo a clientela rica. Sentei-me e esperei, até que alguém me tocou no ombro.

- Jeffrey Tucker?
- Sou eu - disse, e me levantei para cumprimentar uma bela mulher na casa dos sessenta anos, maravilhosamente vestida e com todos os sinais de "berço de ouro", como se diz, além da clássica "beleza que o dinheiro pode comprar". Puxei a cadeira para ela se sentar. Pedimos sanduíches e chá e começamos a conversar.

Começamos falando sobre o problema do esquerdismo e como ele era horrível. Fiquei intrigado com a cadência educada da fala dela. E como ela mexia as mãos. E seus olhos ávidos e belos. Seu perfume. E como ela sorria e se conectava a mim de uma forma muito pessoal. Estava gostando disso, de me sentir especial.

A conversa começou a tomar outro rumo aos poucos. O problema não era apenas a esquerda, e sim as elites mundiais. São elas que estão por trás da cultura corrompida em Hollywood e toda a mídia. O poder delas é ruim, explicou minha interlocutora, mas o problema mesmo está no sistema bancário e no mundo financeiro que elas controlam.

Eu não entendia o que ela queria dizer com "elas", mas não gostava de todos os filmes a que assistia, então aceitei o ataque a Hollywood. E tampouco gostava do Fed. Respondi nos dois casos com um argumento a respeito dos problemas do governo. Ela cuidadosamente me explicou que o problema não está no governo, e sim nas pessoas que ocupam o governo e que estão construindo um mundo que beneficia apenas uma única tribo.

Eu ainda não tinha compreendido direito. Por fim, ela afirmou sem rodeios:

– O problema de verdade, Jeffrey, e espero que você venha a compreender melhor isso, são os judeus.

Certo, agora eu estava revirando os olhos. Aqui vamos nós de novo com essa loucura. Eu já tinha ouvido esse tipo de bobagem antes, mas em geral de gente sem educação que não tinha tido sucesso na vida e parecia acostumada ao ressentimento de classe. Era tedioso e idiota. Devo dizer, contudo, que nunca tinha ouvido alguém com a beleza e inteligência daquela mulher falar assim. Achei isso mais constrangedor do que qualquer outra coisa.

Não discuti com ela, até porque nem sabia por onde começar. Eu não entendia direito a visão de mundo dela, de onde ela vinha, o que queria dizer, o que ela pretendia falando aquilo. No mundo em que cresci, não prestava atenção a judeus ou não judeus nem nada relacionado a este assunto.

Acima de tudo, parei e me perguntei: por que estou almoçando com essa pessoa?

Ela mudou de assunto para falar de sua vida. O marido lhe deixara bastante dinheiro. Ela construíra seu próprio império filantrópico. Apoiava jornalistas, revistas, instituições, conferências. Era extremamente cuidadosa com seus gastos, explicou-me, tomando todo o cuidado para ajudar pessoas e instituições que conheciam o problema e tinham a solução.

Agora eu entendia o rumo da conversa. Ela estava me recrutando, me testando. Talvez, se estudasse e aprendesse e aprofundasse a sofisticação da minha filosofia pessoal, eu pudesse também me beneficiar da generosidade dela.

A partir daí, as coisas ficaram mais explícitas.

- Bom, chega de conversa séria - disse ela. - Vamos fazer um brinde ao maior ser humano do século.

Talvez ela estivesse falando do presidente Ronald Reagan (1911-2004)? Erguemos nossos copos. Então ela finalmente foi clara.

- Adolf Hitler.

Bom, aquilo parecia ter saído do nada. Fiz uma cara de desentendido e lentamente abaixei meu copo. Ela sabia que tinha me surpreendido, mas abriu um sorriso e começou a falar de coisas mais amenas. Eu não estava mais ouvindo, porque permanecia um pouco perdido por conta do brinde dela.

Em algum momento dos minutos restantes do encontro, entendi tudo. Eu não estava almoçando com um nazista de verdade. Não era um valentão babão com uma clava e uma tocha. Era uma mulher bela, erudita e extremamente bem-educada e bem-nascida.

2 - Despedidas

Felizmente o almoço chegou ao fim. Demos beijinhos constrangidos, nos despedimos educadamente e dissemos que entraríamos em contato um com o outro. Caminhei até o carro o mais rápido que pude sem parecer estar correndo. Sentei-me, expirei demoradamente e respirei fundo. O que foi que aconteceu? Quem era aquela mulher e no que ela acredita? Por que eu estava lá sentado com ela?

Nunca mais a vi. Nas semanas seguintes, descobri aos poucos que ela era uma pessoa muito importante, a principal fonte de financiamento do então emergente movimento nazista norte-americano. Na época, tudo parecia ridículo. Hoje, nem tanto.

Nunca tive um professor nazista, nunca ouvi um analista político nazista na imprensa, nunca li um livro de sucesso promovendo o nazismo. Até bem pouco tempo, tal anseio político sanguinolento tinha de viver às escondidas ou aparecer em embalagens enganadoramente belas como aquela mulher. Por isso, o movimento não apareceu no noticiário por várias gerações. Isso não quer dizer que ele não seja um perigo à racionalidade, à decência e à liberdade. E não quer dizer que não possa crescer e infectar a visão ideológica de uma nova geração.

Mais vinte anos se passariam antes que eu começasse a estudar seriamente este ramo deturpado e maluco do pensamento totalitário que hoje se faz chamar por vários nomes (fascismo, extrema direita, neorreacionarismo e assim por diante). Aprendi que o nazismo foi e é o ápice de perigosas tendências ideológicas de um século atrás. Elas não desapareceram depois da guerra.

Como Ludwig von Mises (um dos mais consistentes intelectuais antinazistas do século XX) alertou repetidas vezes: ideias ruins nunca desaparecem completamente; elas sempre retornam, e é por isso que os defensores da liberdade nunca podem deixar de aprender sobre elas e de promoverem de fato uma sociedade livre.

Com o tempo, também aprendi que não basta odiar a esquerda, nem mesmo odiar o governo como ele é (ocupado ou não). Tudo tem a ver com o que amamos. Se somos capazes de identificar e descrever o que amamos, tendo uma consciência limpa e uma esperança sincera para nosso próprio bem e dos que nos cercam, então estamos onde precisamos estar para reconhecer e resistir a todas as ameaças à liberdade, seja qual for a fonte delas, belas ou não.

E, quanto à minha companhia de almoço naquele dia, suponho que ela já tenha morrido. Mas seus filhos ideológicos são mais numerosos do que nunca.

PARTE II
A POLÍTICA

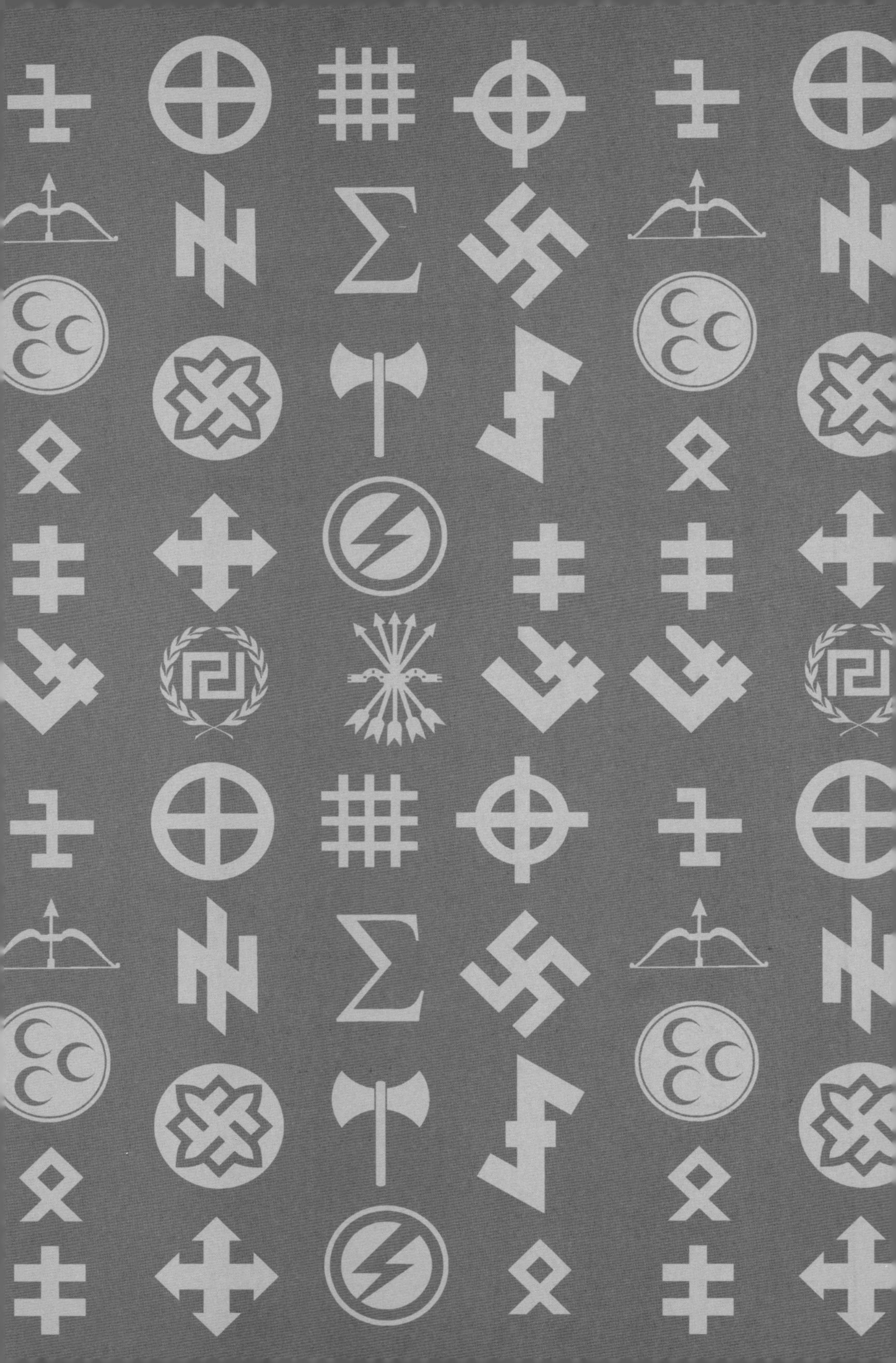

CAPÍTULO 4
O NEORREVANCHISMO

O enorme abismo que separa os ativistas políticos da vida real parece estar aumentando.
    Quem ouve o que falam os principais políticos de hoje pensa que a vida norte-americana se resume a violência, injustiça, discriminação, roubos, isolamento, mentira, medo, pobreza, sofrimento e decadência em geral. Há versões à direita e à esquerda desta história, mas todas retratam uma população acovardada, fervilhando de ressentimento, obcecada com a desigualdade, ansiando por um tempo passado... e implorando que os políticos tenham força e visão para mudar as coisas.

Isso explica por que o Estado prospera em tempos de crise mais do que em tempos bons e como até mesmo uma queda minúscula na taxa de crescimento pode animar políticos a anunciarem seus serviços para pessoas implorando por soluções.

E, nos Estados Unidos de 2016, quando desligamos a imprensa e a silenciamos, descobrimos uma realidade diferente ao nosso redor: mais escolhas, mais facilidade, mais paz e novas tecnologias e opções que tornam a vida ainda mais maravilhosa. Como os mercados ainda funcionam e a inteligência humana ainda não foi completamente silenciada pelos controles regulatórios e impostos, ainda vemos beleza ao nosso redor; tanto que você mal reconhece o mundo que os políticos descrevem.

Essa desconexão é de fato bizarra. E o que mais impressiona no mundo de hoje é justamente a pouca confiança que as pessoas têm nas soluções políticas. Na verdade, em geral elas não acreditam no que os políticos propõem. Não é de admirar que praticamente dois terços dos norte-americanos digam, em pesquisas, estarem insatisfeitos e assustados com as principais opções políticas, e 25% afirmem não gostar de nenhum dos dois candidatos.

Se você sente o mesmo, pense que você é a maioria.

1 – Distopia x utopia

Esta estranha dissociação me pegou no sábado. Nessa tarde, finalmente mordi a isca e ouvi o assustadoramente distópico discurso de indicação de Donald Trump na convenção republicana. Foi mais sombrio do que eu imaginava, e sou o cara que falou dos temas fascistas de Trump há mais de um ano. Ele reclamou bastante do estado do país, de como ele está sendo invadido por parasitas e criminosos e de como a ordem está sendo violada por toda parte.

E, nesta semana, vinda dos democratas, teremos uma visão distópica diferente na qual o cidadão médio é oprimido pelo 1% mais rico e na qual os bilionários nos roubam enquanto minorias sofrem com a exploração e as instituições públicas estão sem dinheiro graças ao egoísmo do cidadão médio que não paga impostos o bastante nem sofre com regulações.

Em ambos os cenários, nada funciona. As soluções falam em restaurar um passado glorioso que de alguma forma nos escapou.

Ainda assim, numa recente noite de domingo, fui atrás da realidade no centro de Atlanta, Geórgia, uma das cidades mais cosmopolitas do mundo, só para ver o que as massas oprimidas estavam fazendo. O que encontrei foi uma comunidade de consumidores próspera, integrada e ocupada, de gente que ama a vida. Havia grandes convenções sendo realizadas na cidade, com dezenas de milhares de pessoas vindo do mundo todo para aproveitar a vida noturna nesta cidade que está "ocupada demais para odiar".

Pessoas de todas as raças, nacionalidades, idiomas, classes sociais e origens ocupavam hotéis, bares, restaurantes e ruas. Havia sorrisos por toda parte. Os músicos de rua tocavam e seus estojos se enchiam de dinheiro dado pelos pedestres. Estudantes andavam em grupos. Profissionais de todos os países visitavam os lugares turísticos. Havia todos os tipos de moda à mostra.

O Hard Rock Cafe tinha fila de espera. O Hooterswas estava cheio. Todos os bares só tinham lugar para pessoas em pé. Um hotel em estilo *art-déco* chique com um bar incrível mantinha seus atendentes extremamente bem-treinados ocupados com coquetéis da moda, sob uma abóbada de aço que deve ter sido incrível na década de 1920, mas que ainda guarda um quê de modernidade. Só para entrar no bar no 72º andar do hotel Westin era preciso esperar meia hora, e as pessoas lá em cima se deleitavam com a visão panorâmica desta cidade espetacular. Encantadoramente, o salão girava devagar para exibir as conquistas do ser humano.

As pessoas no bar tiravam fotos com as comidas e bebidas e as publicavam no *Snapchat* e no *Instagram*, e falavam entre si das pessoas que gostavam ou não das publicações. Falavam também de suas preferências musicais, de como amavam tal cantor e banda e não gostavam de tal e tal. Publicavam suas críticas em dezenas de contas em redes sociais, usando *smartphones* customizados para prover comunicação universal instantânea de acordo com as preferências de cada um.

Em todos os lugares, dentro ou fora das casas, vi pessoas caminhando apressadamente com os celulares apontados para a frente, jogando - é de se supor - Pokémon GO. Eis um jogo que uniu mais a humanidade do que qualquer autoridade política existente.

Onde estavam os crimes violentos? Não vi nenhum. Não havia a sensação de ameaça. Além disso, não vi nenhum policial. Incrivelmente, as massas fervilhantes pareciam estar cuidando de si mesmas muito bem. Pessoas riam, conversavam, caminhavam, aproveitando as paisagens e sons, se apaixonado e fazendo o que as pessoas fazem na vida real.

2 - O QUE FAZ COM QUE ESSE LUGAR FUNCIONE?

Ora, se você fosse um extraterrestre visitando a Terra, certamente veria a cena, diria que tudo funciona perfeitamente e então perguntaria: por quê? Há um elemento em comum aqui: o comércio. Todo comportamento, toda ação estava entrelaçada pelo mercado operando na capacidade máxima. Toda instituição usava o dinheiro como o nexo responsável por determinar seu fracasso ou sucesso. Isso serve para motoristas (obrigado, aplicativos de carona!), garçons, lojas, condomínios, hotéis, tudo. Não há um plano ou roteiro. E ainda assim, para onde quer que se olhe nessa grande cidade, você vê em ação a energia do comércio e da iniciativa privada, a propriedade usada a serviço de um e de muitos.

Sendo claro, todas essas pessoas pagam impostos. Toda empresa obedece a regulações. Coisas irritantes como o zoneamento urbano ainda existem. Mas a questão é: estas intervenções no mercado são o que fazem com que esta bela comunidade funcione? Ou elas a restringem e retardam seu funcionamento?

Até mesmo um observador ao acaso sabe a resposta. O comércio é o que cria essa comunidade envolvente de interesses mútuos. O comércio é a essência do sistema. É por causa do comércio que as divisões criadas pela agitação política não aparecem. É por causa do comércio que as pessoas deixam de lado raça, classe social, gênero e até idioma, a fim de perceberem o valor e a dignidade das pessoas enquanto pessoas. E a cidade aqui está interpretando o papel tradicional de unir pessoas extremamente diferentes, num esforço comum e coordenado de criar uma vida melhor.

Que isso exista em Atlanta é ainda mais impressionante. Esta cidade foi destruída várias vezes por várias formas de intervenção política, desde os incêndios do general William Tecumseh Sherman (1820-1891) nos últimos dias da Guerra Civil até o planejamento urbano dos anos 1960 e 1970. Foi um alívio quando os governos finalmente desistiram de tentar transformar a cidade em algo que só eles planejavam e aprenderam a deixá-la simplesmente ser o que queria. Este é o motivo do renascimento de Atlanta nos últimos vinte anos.

3 – Diminua o Estado

Se você pensar bem, estamos dependendo cada vez menos do Estado. Claro que as pessoas ficam felizes que haja cupons de alimentação e outros benefícios quando necessário. Mas, num sentido mais prático, o Estado faz muito pouco para nós em comparação ao que fazia no passado. A perda de controle pela política é palpável. O Estado perdeu terreno em áreas como comunicações, transporte, segurança, educação, defesa do consumidor e controle de fronteiras, e já não pode esperar nada parecido com uma concordância generalizada em relação a qualquer aspecto de seu governo.

Mundialmente, a pobreza e a fome estão em declínio, mas não por causa da ajuda governamental e do planejamento, e sim por conta da inovação do setor privado e de uma rede ainda mais intrincada de relações. Mais do que nunca os seres humanos sabem o que é ter direitos humanos, e isso não se deve a burocracias e órgãos do governo, e sim à disseminação dos mercados, das comunicações e do aumento da eficiência econômica.

O que resta ao grande projeto estatista? Seja lá o que for que o Estado faça hoje em dia, sempre haverá uma porção da população gritando para que ele pare. Até em setores inegociáveis como a produção de dinheiro, hoje há competição com o tradicional monopólio público.

Há um século, essa coisa chamada Estado se vangloriava de que controlaria nossas vidas melhor do que éramos capazes de controlá-la. Olhamos em volta e em todos os lugares vemos o fracasso no que o Estado pretendia fazer. E, quando procuramos pelos casos de sucesso, vemos apenas a beleza da iniciativa privada na Era Digital.

4 - A política do revanchismo

Se a sua vida fosse dedicada ao poder, ao bem-estar do setor público, à prosperidade da burocracia, a manter as pessoas prisioneiras da religião cívica, como você se sentiria em relação ao nosso tempo? A sensação avassaladora é a de que você e sua causa perderam o território que antes detinham e controlavam. Boa parte deste controle já se foi. Mais um pouco desaparecerá rapidamente.

Na França do século XIX, depois da Guerra Franco-Prussiana, um grupo de reacionários determinados a recapturar terras perdidas formou um movimento: o revanchismo. Eles juraram que recuperariam tudo. Vingariam suas perdas. O movimento era caracterizado pelo ressentimento que se segue a uma perda e pelo ódio à modernidade, e se dedicava a impedir qualquer progresso.

Esta é, cada vez mais, a base da política moderna e sua atitude em relação ao povo e à tecnologia. Como as pessoas ousam seguir em frente sem a administração política?! Como ousam seguir construindo suas belas vidas ignorando ao mesmo tempo as doutrinas da religião cívica, e sem prestar obediência aos mestres que governam a ordem social?!

O revanchismo do nosso tempo assume formas tanto de direita quanto de esquerda.

A esquerda ataca a riqueza concentrada, a tecnologia *peer-to-peer*, o ensino em casa, os compradores de armas que garantem a própria segurança, os membros da burguesia que perderam o interesse no sonho fanático de igualdade e justiça social perfeitas e as civilizações personalizadas, privatizadas e motivadas pela mídia que a juventude criou para si no mundo online.

A direita reclama das pessoas que rejeitam o nacionalismo, que ousam viver estilos de vida diferentes, que duvidam das glórias do mais recente messias político, que questionam qualquer tipo de autoridade, que desafiam os policiais, que vivem e amam como querem, que terceirizam os negócios e compram no exterior, ao mesmo tempo que tolera coisas antes consideradas heréticas e insiste em incomodar o *status quo* encontrando formas de inovar e contornar indústrias estabelecidas e a elite governante.

O que a esquerda e a direita têm em comum é a vontade de voltar no tempo, de recuperar algo, de buscar vingança contra aqueles que lhes resistem. Elas querem tudo de volta: comunicação, educação, tecnologia, transporte, defesa do consumidor e todo o setor de serviço que é governado pela economia privada espontânea, inovadora e personalizada dos aplicativos.

As autoridades políticas de hoje não conseguem entender como a vida moderna funciona. Elas não são apenas antiquadas e pomposas. São reacionárias raivosas, generais de exércitos revanchistas, cada qual usando uma cor, e sua vontade é restaurar o *status quo ante*.

Dê uma olhada em qualquer centro urbano próspero e veja como as pessoas realmente vivem. Eis o futuro. Não há volta.

CAPÍTULO 5
TRUMPISMO: A IDEOLOGIA

No começo de 2015, Donald Trump era um sujeito excêntrico e motivo de chacota, uma prova viva de que ganhar muito dinheiro não significa que você tenha as respostas para tudo, e uma prova maior ainda de que ser capitalista não quer dizer que você aprecie ou entenda o capitalismo. O interesse dele pela política era considerado apenas uma distração à toa.

Mas, no começo do segundo semestre do mesmo ano, ele liderava as pesquisas entre os aspirantes republicanos à presidência dos Estados Unidos. Enquanto os outros candidatos seguiam as regras, usando a imprensa, dizendo as coisas certas, obedecendo às convenções cívicas, Trump fazia o contrário. Ele não se importava. Ele dizia o que queria. Dezenas de milhares de pessoas se reuniam em seus comícios para saborear o momento.

De repente ele estava falando sério, nem que fosse esporadicamente, e assim chegou a hora de levar sua visão política a sério. Vi Trump falando ao vivo no FreedomFest de julho de 2015, a primeira vez que fui exposto à visão de mundo dele. O discurso durou uma hora, e fiquei boquiaberto durante boa parte do tempo. Nunca tinha visto uma amostra tão brutal de nacionalismo exacerbado aliado a um desprezo completo pela realidade econômica. Foi uma experiência incrível, um repúdio perfeito de todo bom-senso e sobriedade intelectual.

Sim, ele era contra a "autoridade estabelecida", contra as convenções existentes. Aquilo também serviu como um lembrete importante: por pior que seja o *status quo*, tudo pode piorar. Trump, me pareceu claro, estava dedicado a nos levar a um caminho pior.

O discurso dele foi como uma sessão espírita com um daqueles ditadores poderosos do entreguerras que inspiraram multidões, arruinaram países inteiros e tiveram mortes horríveis. Eu pensava em livros como *As We Go Marching* [*Enquanto Marchamos*], de John T. Flynn (1882-1964), sobretudo no capítulo dez, que relata de maneira brilhante uma forma de estatismo que tomou conta da Europa nos anos 1930. Ele cresceu em meio a economias em recessão, revolução cultural e instabilidade social, e sobrevive alimentando a fogueira do ressentimento burguês.

Desde a Segunda Guerra Mundial, a ideologia que Trump representa vive nas trevas, e nem mesmo temos um nome para ela hoje em dia. O nome certo, o nome correto, o nome histórico e preciso, é fascismo. Não use essa palavra apenas como insulto. Ela é precisa.

Apesar de praticamente ninguém falar sobre isso hoje em dia, o fato é que deveríamos. O fascismo ainda é real. Ele existe. Ele não vai embora sozinho. Trump o tem usado, absorvendo em suas ambições políticas todo ressentimento possível (racial, de classe, sexual, religioso e econômico) e prometendo uma nova ordem sob seu governo.

TRUMPISMO: A IDEOLOGIA

É preciso ser completamente ignorante em matéria de história moderna para não ver as semelhanças e no que elas deram. Quero rir do que ele disse, como se lesse uma versão em quadrinhos de Francisco Franco (1892-1975), Benito Mussolini (1883-1945) ou Adolf Hitler. E realmente ri quando ele denunciou a existência do suporte técnico na Índia que presta serviços às empresas norte-americanas ("como pode ser mais barato ligar para as pessoas lá do que aqui?" - como se ele ainda pensasse que existe chamada de longa distância). Mas na política a história mostra que a risada pode rapidamente se transformar em lágrimas.

Então no que Trump realmente acredita? Ele tem, sim, uma filosofia, mas é preciso imaginação e entendimento histórico para identificá-la. Claro que o conflito racial é essencial à ideologia, e há muito disso. Quando um hispânico fez uma pergunta, Trump o interrompeu e perguntou se ele fora enviado pelo governo mexicano. E ele foi além, separando negros e hispânicos, ao convidar um negro ao microfone para falar de como seu filho havia sido morto por um imigrante ilegal.

Como Trump é o único a falar assim, ele pode contar com o apoio dos piores elementos da vida norte-americana. Ele não precisa defender a homogeneidade racial ou que cartazes com os dizeres "só para brancos" sejam colocados na imigração, nem propor a expulsão ou o extermínio de indesejáveis. Como tais opiniões são proibidas, ele tem o campo só para si, e pode contar com o apoio daqueles que pensam igual a ele para causar controvérsias.

Trump também joga migalhas para a direita religiosa, o bastante para que ela acredite que ele representa os seus interesses. Sim, é implausível e hilário. No discurso que ouvi, ele disse ser presbiteriano e que por isso se sente pessoalmente afetado sempre que o Estado Islâmico decapita um cristão.

Mas por mais que o ressentimento racial e religioso faça parte de seu aparato retórico, ele não constitui a sua essência. A essência tem a ver com os negócios, os negócios de Trump e sua perspicácia nesse sentido. Ele é uma prova viva de que ser um capitalista de sucesso não significa ser um admirador do livre mercado (o estilo dele é mais roubar do que negociar). Isso implica num amor ao dinheiro e no desejo pelo poder que o acompanha. Trump tem as duas coisas.

O que os capitalistas deste tipo fazem? Eles arruínam a concorrência. O que ele acredita que deveria fazer como presidente? Destruir a concorrência, o que significa os outros países, o que significa se envolver numa guerra de mercado. Se você o ouvir com atenção, é capaz de pensar que os Estados Unidos estão envolvidos numa espécie de luta épica pela supremacia contra a China, a Índia, a Malásia e praticamente todo o mundo.

É preciso pensar um pouco para entender o significado disso. Ele fala dos Estados Unidos como se o país fosse uma só coisa, uma só empresa. Um negócio. "Nós" estamos concorrendo com "eles", como se o país fosse a IBM concorrendo contra a Samsung, Apple ou Dell. "Nós" não somos 300 milhões de pessoas tentando realizar sonhos e ideias, com preferências ou interesses especiais, cooperando com outros povos do mundo a fim de gerar prosperidade. "Nós" somos só uma coisa, isto é, fazemos parte de um único negócio.

Na verdade, ele acredita estar concorrendo para ser o CEO do país – não só o governo. Ele costuma ser comparado a Ross Perot, outro empresário rico que concorreu independentemente. Mas Perot só prometia levar a mentalidade empresarial para o governo. Trump quer governar todo o país como se ele fosse a Trump Tower.

Neste sentido, ele acredita que fará negócios com outros países de modo a levar os Estados Unidos ao topo novamente, seja lá o que for que isso signifique. Ele desperta imagens de si mesmo ou de um de seus assessores sentado à mesa com um líder indiano ou chinês e fazendo exigências loucas para que eles comprem certa quantidade de produtos, se não "nós" não compraremos os produtos "deles". Ele tem fantasias de ligar para a "Arábia Saudita", o país, a fim de dizer o que ele, Trump, pensa sobre o preço do petróleo.

A teoria do comércio desenvolvida ao longo de séculos não exerce nenhum papel em seu raciocínio. Para ele, os Estados Unidos são uma unidade homogênea, tal como o seu empreendimento empresarial. Concorrendo à presidência, ele realmente está fazendo uma oferta de compra, não por outra empresa, e sim por todo um país a ser administrado de cima para baixo, de acordo com seu histórico brilhante de negociações e aquisições.

Entende por que todo o discurso parece bizarro? Era mesmo. Se bem que talvez não fosse. No século XVIII, houve uma teoria do comércio chamada mercantilismo que propunha algo semelhante: entregue os produtos e receba o dinheiro. Isso gerou cartéis industriais que sobreviviam à custa do consumidor.

No século XIX, essa tendência ao protecionismo industrial e ao mercantilismo se transformou no sindicalismo, que mais tarde se transformou no fascismo e nazismo. Você pode ler as já mencionadas obras *Omnipotent Government* [*Governo Onipotente*] ou *Planned Chaos* [*Caos Planejado*] de Ludwig von Mises para aprender como isso funciona.

O diferente no trumpismo e na tradição de pensamento que ele representa é que ele não é de esquerda em sua visão política e cultural (veja como ele é elogiado por rejeitar o "politicamente correto"), e ainda assim é totalitário ao buscar o controle total da sociedade e da economia e exigir poder estatal ilimitado.

Enquanto a esquerda há muito tempo ataca instituições burguesas como a família, a igreja e a propriedade, o fascismo fez as pazes com as três. Ele (inteligentemente) busca estratégias políticas que usam a matéria orgânica da estrutura social e inspira as massas a percorrerem o país como um ideal personificado de história, sob a liderança de um homem grandioso e extremamente bem-sucedido.

Trump acredita ser este homem. Ele parece novo, empolgado, até emocionado, como um homem que tem um plano e um desprezo completo pela autoridade estabelecida e toda a sua fraqueza e corrupção.

É assim que os poderosos tomam o controle dos países. Eles dizem algumas verdades com ousadia e despertam imagens de grandeza nacional sob sua liderança. Eles têm as bandeiras, a música, a histeria, os recursos, e se esforçam por explorar o sentimento de muita gente que procura por heróis e lutas épicas nas quais eles possam provar seu valor.

Pense no imperador Cômodo (161-192) em sua guerra contra o corrupto senado romano. Sua ascensão ao poder veio com a promessa de uma Roma renovada. O que ele gerou foi inflação, estagnação e sofrimento. Os historiadores geralmente marcam a queda de Roma a partir da chegada de Cômodo ao poder.

Ou, se você preferir a cultura pop, pense em Bane, o aspirante a ditador da Gotham de Batman, que promete acabar com a corrupção da democracia, a fraqueza e a perda de orgulho cívico. Ele tenta uma revolução contra a elite a fim de ter o poder total para si.

Com essas pessoas se dá o mesmo. Eles se dizem populistas e ao mesmo tempo odeiam as decisões que o povo toma na economia de mercado (como comprar produtos chineses ou contratar funcionários mexicanos).

Ah, como elas amam o povo e como odeiam as autoridades estabelecidas. Elas desafiam todas as convenções cívicas. Sua ideologia é de alguma forma orgânica em relação ao país, não um produto importado como o socialismo. Elas prometem uma nova era com base em valores como orgulho, força, heroísmo e triunfo. São obcecadas com o problema da balança comercial, e a beligerância mercantil é a única solução. Não entendem a ordem social como algo complexo que funciona por meio de planos individuais, e graças à liberdade.

Trata-se de uma história sombria e tenho dúvidas se Trump a conhece. Ao contrário, ele simplesmente vai inventando coisas pelo caminho, falando por instinto, exatamente como o tio Harry no jantar de Ação de Graças, exatamente como dois caras num bar logo antes de fechar.

Esse comportamento sempre lhe trouxe benefícios. Mas não trará benefícios a todo um país. Na verdade, a ideia de Trump na presidência é assustadora, e não apenas para os imigrantes e estrangeiros que ele escolheu como bodes expiatórios para todos os problemas do país. É um desastre iminente para todos.

Minha previsão é de que o exotismo político que ele representa não irá durar. Trata-se de algo ocasional. Os milhares que vão aos comícios e gritam enlouquecidamente voltarão para casa e voltarão a se divertir com filmes, *smartphones* e aplicativos do mundo todo, partilhando do melhor padrão de vida da história da humanidade, criado graças à economia de mercado global que ninguém controla. Não retrocederemos.

CAPÍTULO 6
DESPERTANDO PARA A REALIDADE DO FASCISMO

Donald Trump está atropelando tudo pela frente, abrindo caminho para novas aplicações do poder estatal. Acabar com a *internet*? Claro. "Temos de falar com Bill Gates e várias pessoas diferentes... Temos de conversar com elas e, talvez em certas áreas, restringir a internet de alguma forma".

Registrar muçulmanos? Muita gente acha que ele se expressou mal. Mas ele mais tarde esclareceu: "Deveria haver vários sistemas, para além dos bancos de dados. Deveríamos ter vários sistemas".

Por que não apenas barrar muçulmanos na fronteira? Na verdade, e com o apoio em massa de seus eleitores, Trump defendeu a "proibição total da entrada de muçulmanos nos Estados Unidos".

Campos de internação forçada? Trump menciona o precedente de Franklin Delano Roosevelt (1882-1945): italianos, alemães e japoneses "não podiam se afastar de suas casas. Eles não podiam usar rádios nem lanternas. Quero dizer, veja só o que FDR fez no passado, e ele é um dos presidentes mais respeitados".

Perseguir milhões de pessoas? Ele irá criar uma "força de deportação" para caçar e eliminar 11 milhões de imigrantes ilegais.

Matar esposas e filhos? Isso também. "Quando você pega esses terroristas, tem que matar as famílias deles".

1 – Vocabulário político

Essa litania de ideias finalmente levou o poder estabelecido a reconhecer o que é incrivelmente óbvio: se Donald Trump tem uma ideologia, a melhor forma de descrevê-la é como "fascismo".

Até mesmo analistas republicanos, preocupados com seu caráter irrefreável, dizem isso agora. O historiador militar Max Boot, conselheiro de Marco Rubio, tuitou que "Trump é um fascista. E este não é um termo que uso com frequência e à toa. Mas ele o mereceu". Um conselheiro de Jeb Bush, o analista político John Noonan, disse o mesmo.

A grande imprensa é mais direta. Chris Cuomo, da CNN, perguntou diretamente a Trump se ele é fascista. A *Atlantic* escreve: *"É difícil se lembrar de um tempo em que um candidato supostamente viável não tinha nenhum interesse em diferenciar as ideias que ele apoia das ideias nazistas"*.

Há uma sensação de surpresa no ar, mas qualquer pessoa que estivesse prestando atenção deveria ter antecipado o verão de 2015. Por que levou tanto tempo para que percebessem?

A palavra fascismo foi usada com muita frequência no discurso político e quase sempre imprecisamente. É um pouco como o menino que grita "lobo!" Você fala tanto de lobos que ninguém o leva a sério quando um lobo de verdade aparece.

Os esquerdistas, desde o fim da década de 1930, tendem a chamar não esquerdistas de fascistas - o que levou a um descrédito da palavra em si. Com o passar do tempo, a palavra se transformou em nada além de um insulto político vazio. É o que as pessoas dizem de alguém de quem discordam. Não significa muito mais do que isso.

Então, nos anos 1990, apareceu a Lei de Godwin: "À medida que uma discussão *online* avança, a probabilidade de surgir uma comparação envolvendo nazistas ou Hitler chega perto dos 100%". Essa lei era uma forma conveniente de desprezar qualquer menção ao fascismo feita pelos idiotas da internet em meio a discussões acaloradas.

A Lei de Godwin piorou ainda mais a ideia que se seguiu ao fim da Segunda Guerra Mundial: a de que o fascismo foi uma coisa temporária e estranha que atingiu poucos países e foi eliminada da face da Terra graças à vitória aliada. Ele nunca mais seria um problema, e sim apenas um xingamento sem conteúdo real.

2 - O FASCISMO É REAL

Sem o termo fascismo como uma palavra-chave de verdade, temos um problema. Não temos uma forma precisa de identificar o que na verdade é o movimento político mais bem-sucedido do século XX, um movimento que ainda existe porque as condições que permitem a sua ascensão permanecem inalteradas.

Todo o propósito de um dos mais famosos livros pró-liberdade do século passado - o já mencionado *O Caminho da Servidão*, de F. A. Hayek - era dizer que o fascismo era uma ameaça mais imediata e urgente ao mundo desenvolvido do que o socialismo russo. E isso tinha um motivo: Hayek disse que o fascismo "marrom" não representava o oposto do socialismo "vermelho". No período entreguerras, era comum ver intelectuais e políticos transitarem habilmente de um para o outro.

"A ascensão do fascismo e do nazismo não foi uma reação contra as tendências socialistas do período anterior", escreveu Hayek, *"e sim o resultado necessário daquelas tendências".*

De acordo com a leitura de Hayek, a dinâmica funciona assim. Os socialistas criam a máquina estatal, mas o plano fracassa. A crise chega. A população busca respostas. Políticos se dizendo antissocialistas aparecem com novos planos autoritários que pretendem reverter o problema. Valendo-se de um apelo populista aos instintos políticos mais primitivos (nacionalismo, racismo, intolerância religiosa e assim por diante), eles prometem uma nova ordem das coisas sob um governo melhor e mais eficiente.

Em julho passado, ouvi Trump falar, e seu discurso exibia todas as características da retórica fascista. Ele começou com protecionismo e defendeu a independência econômica como um ideal. Depois, passou para a imigração, levando a multidão a acreditar que seus problemas econômicos e de segurança eram causados por perigosos elementos estrangeiros entre nós. Em seguida vieram as indiretas raciais: Trump perguntou a um hispânico se ele era um agente enviado pelo governo mexicano.

Houve mais. Ele reclamou do poder estabelecido por ser incompetente e não ter energia, e se vangloriou de sua independência em relação a grupos de interesse – o que é outra forma de dizer que só ele pode se transformar num ditador puro, sem o rabo preso.

Trump está claramente se vendendo não como o presidente norte-americano tradicional, chefiando o executivo e trabalhando com o Congresso e o judiciário. Ele se imagina como alguém concorrendo para chefiar um Estado pessoal: sua vontade será a vontade do país. Ele não tem outro plano que não estar no comando – não apenas do governo, mas de todo o país, imagina ele. Trata-se de uma diferença muito séria.

É fácil prever o que acontecerá no restante da campanha. Ele se remodelou como uma pessoa pró-família, antipoliticamente correto e até mesmo pró-religião. Essas características vêm com o pacote todo – tanto uma reação da extrema esquerda quanto a realização de suas ambições centralizadoras.

O segredo para entender o fascismo é este: ele preserva as ambições despóticas do socialismo ao mesmo tempo que retira seus elementos politicamente mais impopulares. Numa atmosfera de medo e ódio, ele garante à população que é capaz de manter suas propriedades, religião e fé – desde que todos estes elementos sejam canalizados num grande projeto nacional sob uma liderança carismática muito competente.

3 - A análise de Douthat

À medida que as pessoas começam a perceber que Trump é uma ameaça real, também aumenta a qualidade das reflexões sobre as implicações disso. A reflexão mais impressionante até hoje foi o artigo de Ross Douthat no *New York Times*. Como ele explica, Trump exibe ao menos sete traços da lista de Umberto Eco (1932-2016) sobre as características fascistas:

Um culto de ação, uma celebração da masculinidade agressiva, uma intolerância à crítica, um medo do diferente e de pessoas de fora, uma tendência a ceder às frustrações da baixa classe média, um nacionalismo intenso e um ressentimento quanto à humilhação nacional e um "elitismo popular" que promete a todos os cidadãos que ele faz parte do "melhor povo do mundo".

Neste sentido, Trump é diferente de outros políticos norte-americanos que foram chamados de fascistas, escreve Douthat. George Wallace (1919-1998) era um cara da direita local e odiava Washington, enquanto Trump ama o poder e só pensa em termos de centralização. O nacionalismo extremo de Pat Buchanan sempre foi abrandado pela moral católica que põe um freio nas ambições de poder.

Ross Perot foi chamado de fascista, mas, na verdade, era um reformista que queria levar os padrões empresariais para as finanças públicas, o que é bem diferente de querer administrar todo o país. E quanto a toda essa bobagem sobre empregos indo para o México, Perot geralmente evitava alimentar a discórdia.

4 – POR QUE AGORA E NÃO ANTES?

Por que o fascismo genuíno tem sido mantido sob controle nos Estados Unidos? Por que a direita norte-americana nunca deu aquele passo final que poderia tê-la feito mergulhar em aspirações nacionalistas e autoritárias?

Aqui Ross Douthat é especialmente perspicaz:

Parte da explicação tem de ser o fato de que a tradição conservadora norte-americana sempre incluiu elementos importantes - um ceticismo libertário quanto ao poder estatal, uma ênfase na descentralização e nos direitos dos estados, uma ênfase religiosa e especialmente protestante na consciência de um poder individual sobre o poder do coletivo - que vacinaram nossa política do apelo fascista.

Douthat menciona especificamente o libertarianismo como o freio ideológico dos anseios fascistas. O libertarianismo cresce da tradição liberal, que vai muito além de apenas odiar a classe dominante em defesa do livre mercado, da liberdade de expressão, imigração e religião. O amor libertário pelas forças econômicas e sociais espontâneas em ação na sociedade exclui completamente o caráter centralista da ideologia fascista.

Quanto à "energia" que emana do executivo, a tradição liberal não poderia ser mais clara. Não há inteligência, recursos ou determinação autoritária capazes de fazer o governo funcionar. O problema está no aparato em si, não nas personalidades e nos valores dos governantes que estão no poder.

Estou deixando de lado a profunda e bizarra ironia de que muitos daqueles que se dizem libertários se apaixonaram por Trump, um fato que deveria ser profundamente constrangedor a todos que amam a liberdade humana. E que bom que Ron Paul denunciou o autoritarismo de Trump de forma explícita.

5 - ELE PODE GANHAR?

Ross Douthat tem dúvidas de que Donald Trump pode finalmente conquistar os republicanos por causa de *"sua falta de fé religiosa séria, seu estilo antilibertário, seu claro desprezo pelas ideias que motivam muitos dos mais ativos republicanos".*

Não tenho tanta certeza disso. As condições econômicas que levaram à ascensão de Adolf Hitler na Alemanha, Benito Mussolini na Itália e Francisco Franco na Espanha não chegam nem perto do que pode acontecer aqui. Ainda assim, a renda está estagnada, as ambições sociais da classe média foram frustradas e várias iniciativas dos serviços governamentais estão fracassando (como o Obamacare). Acrescente o medo do terrorismo à receita e as condições, ao menos para algumas pessoas, são quase perfeitas. O trumpismo representa uma tentativa de resolver esses problemas fazendo as mesmas coisas que fracassaram no passado.

É hora de tirar a poeira da capa de *O Caminho da Servidão*, de F. A. Hayek, e perceber que as maiores ameaças à liberdade vêm de lugares inesperados. Enquanto os ativistas estão preocupados com a influência de professores progressistas e com a política de grupos identitários, eles precisam abrir os olhos para a possibilidade de que a maior ameaça aos direitos e liberdades norte-americanas esteja entre as suas próprias fileiras.

CAPÍTULO 7
OS DOIS LADOS DA TIRANIA

Talvez você tenha notado as semelhanças estranhamente implausíveis entre as plataformas de Bernie Sanders e de Donald Trump. Aparentemente, eles representam lados opostos. Mas, ao celebrarem o Estado-nação como a salvação do povo - seus discursos insuflados para derrubar as elites existentes e substituí-las por uma forma mais intensa de governo autoritário -, eles têm muito em comum.

Lembre que nazistas e comunistas se odiavam no período entreguerras e, claro, lutaram uns contra os outros até o fim sangrento. Depois que os nazistas perderam o controle dos países que tinham conquistado, os comunistas apareceram, substituindo uma tirania por outra.

Imaginar que estes sistemas de alguma forma representem polos opostos é bizarro. Ambos exaltavam a primazia do Estado. Ambos praticavam o planejamento econômico central. Ambos tinham a nação acima do indivíduo. Ambos criaram uma cultura de liderança. Ambos fizeram experiências autoritárias com a ordem social que acabaram em calamidade e violações aos direitos humanos.

Como estes dois sistemas, tão semelhantes no funcionamento, podem parecer tão antagônicos? Acho que você tinha de estar lá para entender.

1 - DE VOLTA AO PASSADO

Estranhamente, estamos "lá" agora. Quando se trata de política, voltamos à década de 1930 - ou ao menos a uma versão atualizada desse período.

Estamos mesmo vivendo num período no qual a esquerda e a direita revolucionárias se fundiram - lutando contra o poder estabelecido a fim de tornar o governo maior - de uma forma que a maioria de seus seguidores ignora.

Bernie Sanders e Donald Trump discordam em pontos específicos, se bem que eles não são muito óbvios. Sim, Trump é contra o controle de armas e Sanders o exalta. Sanders quer pilhar os ricos e Trump não. Sanders se importa muito com o aquecimento global e Trump não parece levar isso a sério.

Mas essas são apenas distrações e idiossincrasias num sistema mais amplo com o qual os dois concordam: o Estado-nação como unidade central de organização da vida. Eles têm prioridades diferentes sobre a quem este Estado deve servir e para onde ele deve se expandir.

Mas eles concordam quanto à necessidade de proteger e ampliar o poder estatal. Nenhum dos dois aceita quaisquer limites quanto ao que o Estado pode fazer ao indivíduo. Até mesmo nos grandes temas sobre os quais pode-se pensar que eles discordam - saúde pública, imigração e o controle das terras pelo governo federal –, suas posições são praticamente as mesmas.

Ainda assim, eles e seus seguidores odeiam uns aos outros. Cada qual considera o outro um inimigo a ser destruído. Isso não é uma luta pelo poder em si, mas uma luta sobre a quem o poder servirá.

Claro que a maioria dos eleitores não vê as coisas assim. Eles se imaginam como rebeldes lutando contra o poder, como quer que o definam: Wall Street, os grandes partidos, os políticos corruptos, a burocracia, os bilionários, os estrangeiros, os interesses especiais e assim por diante.

Mas note que nenhum deles ataca a autoridade governamental em si. Ambos desejam usá-la e cultivá-la para seus próprios objetivos.

2 - O *MARKETING* DO CONTROLE

A ideia aqui é apresentada por F.A. Hayek em *O Caminho da Servidão*, publicado em 1944 (outra época em que tais temas eram urgentes), esclarecendo que a diferença aqui não está no conteúdo, e sim no estilo.

"O conflito entre fascismo e nazismo e os antigos partidos socialistas deve ser considerado como o tipo de conflito destinado a surgir entre facções socialistas rivais", escreveu ele. *"Não há diferença entre eles quanto à questão de caber ao Estado designar a cada pessoa seu lugar apropriado na sociedade"*.

Qual a diferença? Era uma questão de demografia do apoio político e das diferentes classes sociais que esperavam tirar proveito do Estado total. Os velhos socialistas buscavam o apoio das classes operárias e dependiam do apoio dos intelectuais.

Os novos socialistas eram apoiados por uma geração mais jovem, *"imbuída do desprezo pelo lucro alimentado pelo ensinamento socialista"*. Essas pessoas *"menosprezavam posições independentes que envolviam riscos e migraram em números cada vez maiores para cargos assalariados que prometiam segurança"*. Elas estavam exigindo um lugar que lhes rendesse o dinheiro e o poder que lhes cabiam pelo cargo, mas que parecia eternamente fora de alcance.

Embora ele esteja falando sobre a Europa da década de 1930, essa parece uma boa descrição dos eleitores de Sanders, em geral jovens. Traídos pelo sistema educacional, paralisados com um prognóstico profissional sombrio, cheios de dívidas, presos ao falido mercado de saúde, sentindo que o sistema trabalha contra eles, estes jovens se voltaram para o político que lhes promete o Paraíso por meio do saque das elites ricas.

Daí temos a direita nazista e fascista, com seus próprios bodes expiatórios e seu próprio apelo classista. Essa abordagem diz: seus problemas são causados por elementos estranhos, imigrantes, a grande imprensa, os muçulmanos, os intelectuais e o politicamente correto.

O atraente, antes e agora, é uma nova forma de identidade política com base na nacionalidade e na raça. Para essa direita, a ideia de igualdade é apenas uma camuflagem para a tomada de poder, um truque subversivo para satisfazer os interesses das elites e nefastos "outros".

3 - Substitua o fracasso pelo fracasso

Como F. A. Hayek nos lembra, nenhuma das facções surgiu no vácuo, do nada. *"Suas táticas foram desenvolvidas num mundo já dominado pelas políticas socialistas e os problemas que elas criam"*. Mas, em vez de ver o estatismo como o problema, eles defendem que o poder estatal seja usado de outra forma.

O *New York Times* disse que *"os frequentadores da convenção republicana em Iowa estão profundamente infelizes com o funcionamento do governo federal"*, mas, por algum motivo, muitos eleitores republicanos ainda precisam entender que a vigilância militar estatal e o controle migratório que eles amam são o próprio governo que dizem odiar.

4 - ÚLTIMOS SUSPIROS

Por que prestar atenção a esse circo todo? É fascinante assistir à ruína da velha ordem política fracassada. Isso está acontecendo aos dois partidos e também ao setor público que eles tentam controlar. A promessa deles de uma vida melhor por meio de burocracias maiores fracassou.

Enquanto isso, em nosso cotidiano, o futuro se apresenta com tecnologias distribuídas universalmente, administradas não por uma eleição de soma zero, e sim pelo mercado digital. Isso é o que está virando o mundo de cabeça para baixo.

Ainda assim, o setor político continua a existir e se torna mais instável e ridículo a cada dia que passa. Podemos ver isso como algo trágico e horrível, ou algo divertido e prazeroso. Eu me lembro todos os dias de escolher a segunda alternativa.

CAPÍTULO 8
VOCÊ SABE O QUE É UMA NAÇÃO?

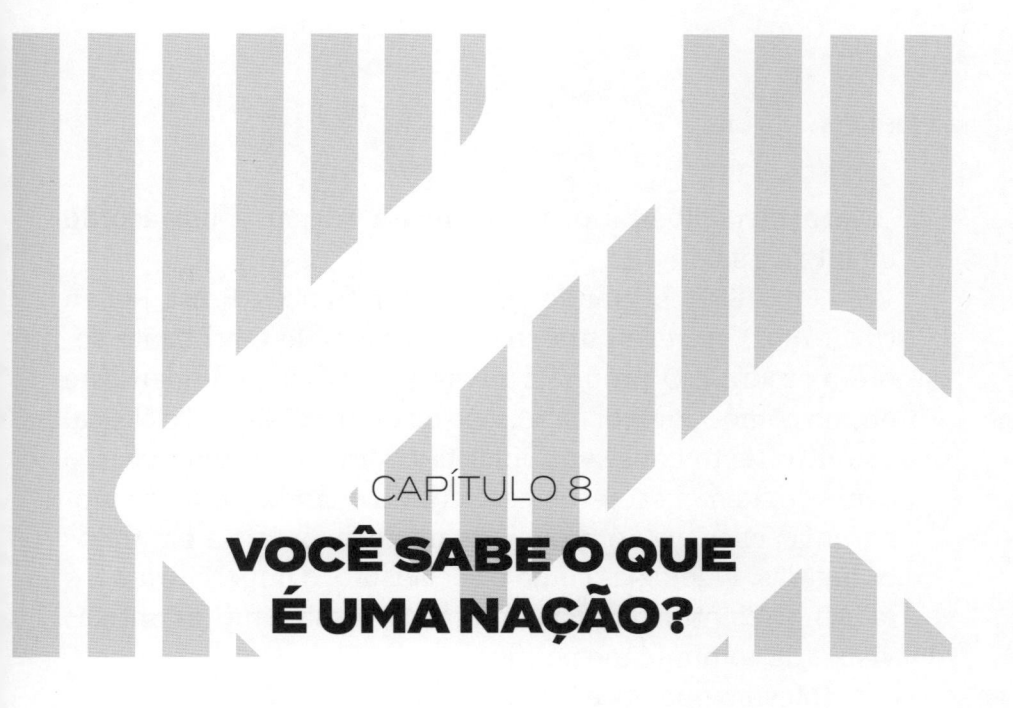

Em 4 de julho, celebramos nos Estados Unidos algo que chamamos de "nação", mas o que é uma nação? Qual a fonte de nosso amor e lealdade?

Todos presumimos saber a resposta para a pergunta. Mas, ao se aprofundar nela, você descobre que não há uma resposta com a qual todos concordam. Na verdade, a discordância neste tema essencial é uma enorme fonte de divisão e discórdia política no mundo de hoje.

Em parte, é por conta das opiniões divergentes quanto ao que constitui uma nação que as afirmações de Trump fazem sentido para seus seguidores, mas não para os editoriais dos jornais, que as tiradas de Elizabeth Warren são consideradas por uns sensíveis e por outros idiotas, que algumas pessoas consideram a ascensão da extrema direita (ou dos antifascistas) como a salvação e outros como um sinal do apocalipse.

Pergunte a si mesmo: o que você acredita ser uma nação? Você entende claramente suas próprias crenças? Qualquer que seja a sua opinião política, mas sobretudo se você se considera libertário, você precisa chegar a um acordo quanto a isso.

Em 1882, o grande historiador francês Ernst Renan (1823-1892) escreveu um ensaio apaixonado e brilhante sobre o assunto. O próprio Ludwig von Mises defendeu este ensaio como a melhor expressão da doutrina liberal clássica. Se outro texto conseguiu lidar tão bem com o tema, não o conheço. Renan escreveu esse ensaio quando a era das monarquias chegava ao fim e a democracia emergia em todos os lugares. Ideologias como o socialismo, o imperialismo e o racismo "científico" estavam prestes a substituir as antigas visões da comunidade política.

Mesmo que você rejeite a tese final de Renan - de que a percepção de nacionalidade é uma questão emocional e nada mais -, ainda assim se sentirá instigado por sua análise.

Renan delimita cinco teorias tradicionais de nacionalidade, tanto históricas quanto práticas.

1ª) Dinastia. Essa visão acredita que uma linhagem governante é a fundação do conceito de nacionalidade. Trata-se de uma história de uma conquista inicial por uma família ou tribo sobre outro povo, sua luta para conquistar e manter o poder e legitimidade, seus casamentos, guerras, tratados e alianças, além das lendas heroicas. Esta é uma descrição sólida da experiência europeia da época feudal, mas não necessariamente da nacionalidade.

O sentido "dinástico" do que constitui uma nacionalidade praticamente desapareceu no século XX, e ainda assim as nações persistem. Renan entendia que a visão dinástica da nação não é um traço permanente do conceito, e sim algo apenas casual a um lugar e tempo, e completamente substituível. "Uma nação pode existir sem um princípio dinástico", escreve Renan, "e até mesmo as nações formadas por dinastias podem abdicar delas sem deixar de existir".

2ª) **Religião**. A crença de que uma nação precisa praticar uma fé única tem sido a base de guerras e mortes desde o início dos tempos. Parecia que a ideia de nacionalidade não podia existir sem esta ideia, e foi por isso que o Grande Cisma do século XI e a Reforma Protestante do século XVI geraram conflitos.

Até que surgiu uma bela ideia: deixe as pessoas acreditarem no que quiserem, contanto que não façam mal a ninguém. A ideia foi tentada e deu certo, e assim nasceu o conceito de liberdade religiosa que finalmente acabou com a ideia da nacionalidade atrelada à identidade religiosa. Apesar disso, ainda no final do século XIX, políticos norte-americanos diziam que os Estados Unidos não podiam ser uma nação se continuassem aceitando migrantes católicos, judeus e budistas. Hoje vemos estas afirmações pelo que elas realmente são: ambições políticas ilícitas de conquistar o direito à consciência.

Além disso, o que parece à primeira vista uma única religião na verdade é algo que tem vertentes radicalmente diferentes. Os *amish* da Pensilvânia e os batistas do Texas compartilham da mesma designação religiosa, mesmo tendo práticas bem distintas, e o mesmo serve para o catolicismo irlandês, vietnamita e guatemalteco. Isso vale para qualquer outra fé, como o judaísmo, o islamismo e o hinduísmo. Ignorar esse fato é negar uma realidade persistente a todas as fés, em todos os lugares e tempos.

3ª) **Raça**. Na segunda metade do século XIX surgiu a nova ciência racial, que pretendia explicar a evolução de todas as sociedades humanas por meio de uma redução determinista às suas características biológicas. Ela acreditava que apenas a raça é algo fixo e a base da afiliação nacional. Renan diz que, na maioria das sociedades primitivas, a raça é um fator importante. Mas há aspectos mais desenvolvidos da experiência humana – linguagem, religião, arte, música e envolvimento comercial – que romperam com as divisões raciais e criaram uma nova base para a comunidade. Ater-se apenas à raça é um desejo revanchista em toda sociedade civilizada.

Há ainda um problema científico complexo demais para uma solução simples: nenhuma comunidade política da Terra pode se considerar definida apenas com base na identidade racial porque não existe uma raça pura. Por isso é que a política jamais pode ser reduzida à identidade étnica como princípio. A ideologia racial também tende à política da violência. "Ninguém tem o direito de sair pelo mundo pegando as pessoas pelos pescoços, dizendo: 'Você tem nosso sangue e pertence a nós!'"

4ª) **Idioma**. Assim como outras alegações do que constitui a nacionalidade, a alegação da unidade idiomática tem uma plausibilidade superficial. Comunidades poliglotas vivendo sob uma unidade estatal enfrentam dificuldades constantes em relação a educação, negócios e outras questões idiomáticas. Elas têm a sensação de serem duas ou mais nações, o que leva as pessoas a acreditarem que o idioma em si é a base da nacionalidade. Mas isso não faz muito sentido: os Estados Unidos, a Nova Zelândia e o Reino Unido não são uma nação única porque falam o mesmo idioma. A América Latina e a Espanha ou Portugal e Brasil compartilham o mesmo idioma, mas não a mesma nação.

Há também a questão de que nem mesmo um idioma único é algo unificado: uma variedade infinita de expressões e dialetos podem provocar uma confusão incessante. O que o idioma de um morador urbano de Nova Jersey tem a ver com as expressões da região rural do Mississippi? "O idioma convida as pessoas a se unirem", escreve Renan, "mas não as obriga a isso". Não há nada de místico ou unificador em falar o mesmo idioma; o idioma facilita a comunicação, mas não forja uma nação.

5ª) **Geografia**. Fronteiras naturais são outro caso de formação de nações no passado que, como todos os demais princípios, na verdade tem pouco a ver com os traços permanentes do que realmente constitui uma nação. Rios e montanhas podem ser formas convenientes de desenhar fronteiras, mas eles não moldam permanentemente comunidades políticas. A geografia pode ser facilmente superada. Ela é maleável, como mostra a história norte-americana. A existência de nações geograficamente dispersas refuta ainda mais esta ideia.

Os norte-americanos falam de uma terra "de um oceano ao outro", mas e o Alasca e o Havaí? Ainda nos Estados Unidos, enclaves de lealdade nacional são uma característica da vida urbana: Little Brazil, Chinatown, Little Havana e assim por diante. Além disso, tentar forçar uma unidade com base apenas na geografia pode ser perigoso. "Não conheço doutrina mais arbitrária e fatal", escreve Renan, "porque ela permite que se justifique toda e qualquer violência".

1 - ENTÃO O QUE É UMA NAÇÃO?

Todas as alegações acima são uma explicação racional possível para o apego nacional, mas nenhuma se mantém depois de uma investigação mais minuciosa.

Podemos identificar um único fator responsável pela sensação de apego de um povo a uma comunidade política?

De acordo com Ernst Renan, a nacionalidade é um princípio espiritual, um reflexo do carinho que sentimos por alguma espécie de comunidade política – seus ideais, passado, conquistas e futuro. Sua nação está onde seu coração está. Por isso é que tantos de nós sentimos um prazer genuíno e até mesmo uma sensação de pertencermos a algo maior durante as celebrações de 4 de julho. Estamos todos celebrando algo em comum: uma sensação que compartilhamos com os outros independentemente de religião, raça, idioma (afinal, este é o país onde "Despacito" é o maior sucesso *pop*), geografia e até ideologia.

Tudo é afeto, algo que aparece sem compulsão e existe antes e para muito além de quaisquer lealdades a uma dinastia ou regime em particular. E qual a fonte do orgulho que os norte-americanos sentem? Tem a ver com a forma como a experiência política norte-americana parece ter raízes na liberdade de ter e manter tais afetos, dignificando-os em aspirações e instituições. E, como acontece com toda experiência nacional, a nossa é uma história profundamente falha, mas o amor que sentimos pela liberdade, que é o lema desta nação, persiste a despeito de tudo.

Renan tem sobre isso a última palavra:

> O homem não é escravo nem de seu idioma, nem de sua religião, nem dos rios, nem da direção das cordilheiras. Um grupo grande de homens, de coração cálido e mente saudável, cria uma espécie de consciência moral à qual damos o nome de nação.

A liberdade dessa consciência moral é o que celebramos e aquilo de que nos orgulhamos na nação norte-americana.

CAPÍTULO 9
POR QUE TRUMP ESTÁ TRAVANDO UMA GUERRA CONTRA O FREEDOM CAUCUS?

Por que Trump está atacando o House Freedom Caucus[10]? Ele tuitou que "precisamos lutar contra eles".

A primeira coisa em que pensei: isso é inevitável. O destino está se descortinando diante de nossos olhos!

É óbvio que o Freedom Caucus foi a razão de o projeto do Partido Republicano para substituir o Obamacare ter sido derrotado. Eles lutaram contra esse projeto por uma razão sólida: ele não reduziria os ressarcimentos e as deduções e não ampliaria a escolha no mercado dos planos de saúde.

Eles sabiam disso. Como? Porque não havia nenhuma palavra na lei que permitisse que a indústria dos planos

---
[10] Grupo de congressistas republicanos conservadores e libertários. (N. T.)

de saúde se tornasse mais competitiva. A concorrência é o padrão pelo qual a reforma deve ser analisada. O problema central do Obamacare (entre muitos) foi que ele paralisou o mercado de forma artificial e o isolou das forças competitivas.

No mínimo, qualquer reforma deve destravar o mercado. A reforma proposta não fazia isso.

1 – Reforma ruim

Isso significa que a reforma não teria sido boa para o povo norte-americano. Não teria sido boa para o Partido Republicano. E daí a oportunidade de uma reforma de verdade – há muito prometida por muitas pessoas do partido – teria passado.

Trump atacou a proposta sem compreendê-la. Ou outras teorias: ele não se importa, ele realmente defende a cobertura universal, mesmo que isso seja horrível, ou ele só queria uma vitória de Pirro mesmo que isso não fizesse nada para melhorar o acesso à saúde.

O Freedom Caucus acabou com a ideia. E estou tentando pensar na história política aqui: houve alguma outra ocasião desde a Segunda Guerra Mundial em que uma facção pró-liberdade do Partido Republicano acabou com uma proposta de lei que envolvia um setor tão importante e lidava com um programa extremamente relevante?

Não consigo pensar em nenhum caso assim.

O significado disso é muito importante. Podemos estar vendo a emergência de uma facção liberal clássica dentro do Partido Republicano, um grupo conscientemente guiado por um objetivo claro: se aproximar de um ideal de sociedade livre. O Caucus não está ainda completamente formado no sentido ideológico, mas seus objetivos estão se tornando cada vez menos obscuros. (E, por favor, não o chame de "extrema direita".)

A velha coalização do Partido Republicano incluía nacionalistas, militaristas, empresários e conservadores. O controle de Trump levou o partido a um ponto de ruptura. Agora os que realmente acreditam na liberdade estão ganhando uma compreensão melhor de si mesmos e do que devem fazer.

Pela primeira vez na nossa vida! E até na vida dos nossos pais e avós!

2 - O CONTEXTO MAIS AMPLO

Trump obviamente não estuda História ou Filosofia política, mas personifica um corpo de pensamento com uma história remota. A tradição de pensamento que ele expressa é o oposto completo da tradição liberal. Sempre foi. Só permanecemos ignorantes deste fato porque a tradição fascista de pensamento esteve adormecida por muitas décadas e, portanto, é estranha a essa geração de observadores políticos. Então vamos deixar claro: essa forma de pensar que celebra o Estado-nação, que acredita na ação das massas, que teme o genocídio racial, que reclama que os "outros" invadindo nossas praias, deposita toda a esperança no executivo, e, assim, não acredita na liberdade, e sim na obediência, lealdade e heroísmo - essa forma de pensar sempre e em todos os lugares inclui os liberais (ou libertários) como parte do inimigo a ser destruído.

E por que isso? O liberalismo para eles representa o "cosmopolitismo sem raízes", na velha expressão nazista. Os liberais estão dispostos a fazer negócios com qualquer um, viver em qualquer lugar e imaginam que uma boa vida de paz e prosperidade é uma aspiração mais do que suficiente para se alcançar o melhor mundo possível. Eles não acreditam que a guerra enobrece ou seja heroica, e sim sangrenta e destrutiva. Eles admiram a geração de riqueza por meio de simples trocas e pequenas inovações. Eles defendem nosso velho espírito burguês.

Para a mente liberal, o objetivo da vida é viver em paz e experimentar um ganho financeiro e social, com um alívio maior das dores e sofrimentos da vida. Aqui é que está a mágica. Aqui é que está a beleza. Aqui é que está o verdadeiro heroísmo.

A mentalidade de extrema direita não quer nada disso. Eles querem o conflito, a guerra, a disputa contra o inimigo, grandes teatros de batalhas épicas que colocam grandes grupos uns contra os outros. Se você quer uma caricatura hilária desta visão de mundo, não há ninguém melhor do que Roderick Spode[11].

3 - Inimigos naturais

Por isso é que esses dois grupos jamais podem se dar bem politicamente. Eles desejam coisas diferentes. Quando poderosos da direita hegeliana assumem o controle, a

---

[11] O "ditador amador" da obra de P. G. Wodehouse (1891-1975), que aparece nos romances *The Code of the Woosters*, de 1938; *Jeeves and the Feudal Spirit*, de 1954; *Stiff Upper Lip, Jeeves*, de 1963; e *Much Obliged, Jeeves*, de 1971. Nessas estórias, Roderick Spode é caracterizado com um nobre, que, além de ser um político fascista, atuava como estilista de roupas intimas femininas. Esta personagem fictícia foi inspirada em Sir Oswald Mosley (1896-1980), fundador da União Britânica de Fascistas (British Union of Fascists), um partido político de extrema-direita que atuou no Reino Unido entre 1932 e 1940, quando foi proscrito. (N. E.)

verdade é que sempre e em todos os lugares eles desejaram a destruição dos liberais. Os liberais se tornaram o inimigo a ser aniquilado.

E foi assim que poucos meses depois que essa figura estranha assumiu a presidência o Freedom Caucus surgiu como a principal força de oposição. Eles o apoiarão quando for possível, mas, quando não for, permanecerão fiéis ao grande princípio da liberdade. Quando os interesses de ambos divergirem, o Freedom Caucus seguirá por outro caminho. Não é apenas a lealdade, e sim a liberdade o que o guia. Não é o partido, e sim os princípios que o fazem agir assim.

A qualquer aspirante a déspota, tais visões são intoleráveis e tão ruins quanto a confiável oposição da esquerda.

Ora, defendo que se trabalhe em conjunto com qualquer pessoa para alcançar a liberdade. Quando Trump está certo (e ele está certo quanto à regulamentação ambiental, os impostos sobre ganho de capital e outros temas), ele merece apoio. Quando está errado, merece oposição. Isso não tem a ver com partidarismo. Tem a ver com conquistar vidas mais livres.

Mas não sejamos ingênuos. A mentalidade da direita hegeliana não é a mesma que descende do legado de Adam Smith. Eles sabem disso. Precisamos saber disso também.

PARTE III
A HISTÓRIA

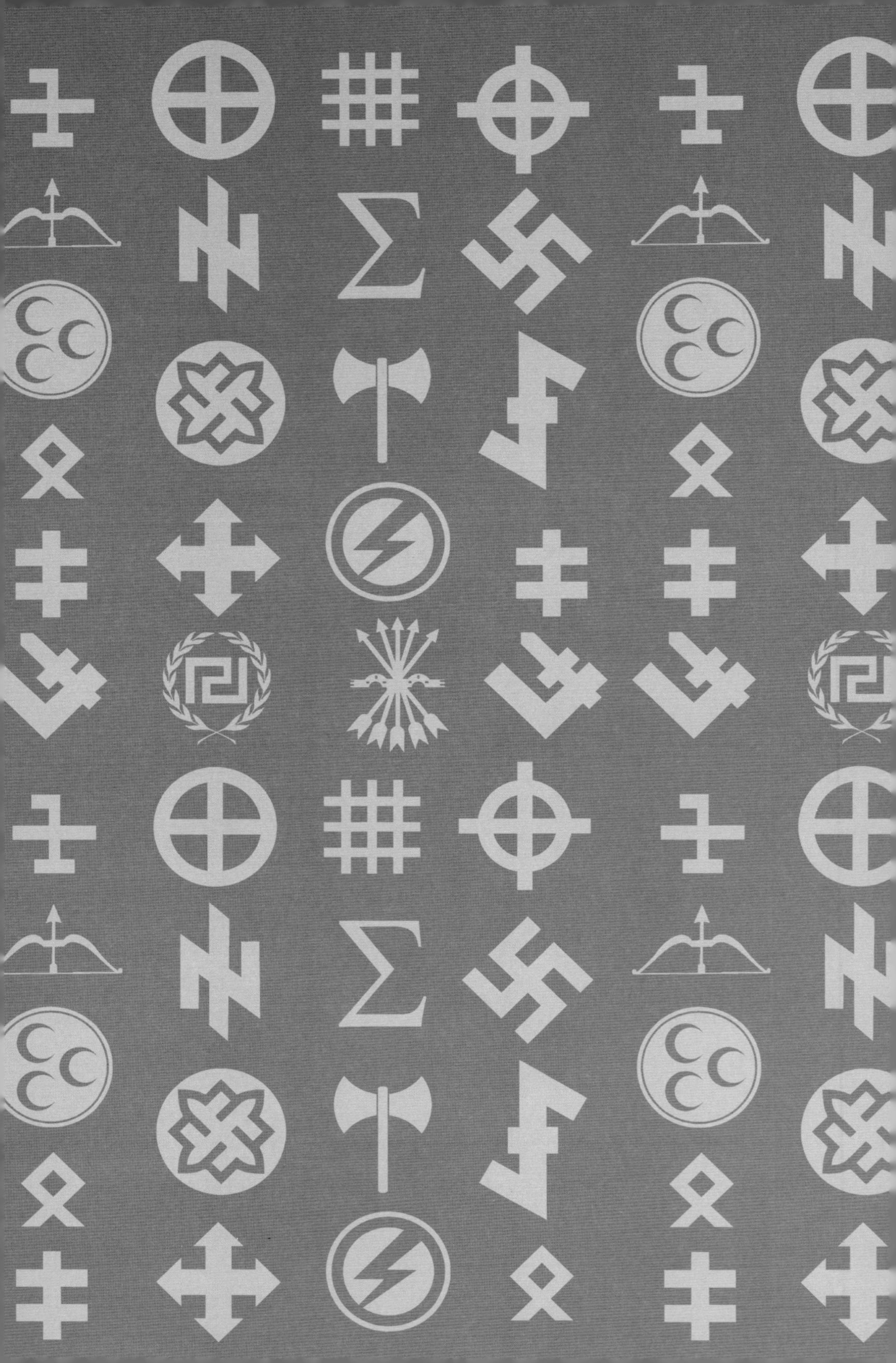

CAPÍTULO 10
A CIÊNCIA POLÍTICA MATA

O debate sobre as mudanças climáticas fez com que muitas pessoas se perguntassem se deveríamos relegar políticas públicas - que lidam com questões fundamentais da liberdade humana - a autoridades científicas nomeadas pelo Estado. Imperativos morais devem ceder à opinião de especialistas em ciências naturais? Devemos mesmo confiar na autoridade deles? No poder deles?

Há uma história real aqui para se consultar. A integração entre políticas governamentais e autoridades científicas deu força a uma ciência má e gerou políticas assustadoras.

Não há caso melhor para se estudar do que o uso da eugenia: a autoproclamada ciência de se criar uma raça melhor de seres humanos. Ela foi popular na Era Progressista[12] e alimentou pesadamente a política governamental norte-americana. Na época, o consenso científico se interessava por políticas públicas baseadas em afirmações de conhecimento

---
[12] Dos anos 1890 aos anos 1920. (N. T.)

perfeito obtido em pesquisas de especialistas. Havia uma atmosfera cultural de pânico ("suicídio racial!") e um clamor para que os especialistas elaborassem um plano para lidar com isso. O plano incluía segregação, esterilização e exclusão dos "indesejáveis" do mercado de trabalho.

Ironicamente, a climatologia tinha algo a ver com isso. O professor Robert DeCourcy Ward (1867-1931), de Harvard, é considerado o primeiro docente de climatologia dos Estados Unidos. Ele era um membro do poder acadêmico. Era editor do *American Meteorological Journal*, presidente da Associação de Geógrafos Norte-americanos e integrante tanto da Academia de Artes e Ciências dos Estados Unidos quanto da Sociedade Meteorológica Real de Londres.

Ele também tinha um passatempo. Foi o fundador da Liga de Restrição à Imigração. Essa foi uma das primeiras organizações a defenderem a reversão da política tradicional norte-americana de imigração, substituindo-a por uma abordagem mais "científica" com base na teoria evolutiva darwiniana e na política eugenista. Com sede em Boston, a liga acabou por se expandir para Nova York, Chicago e San Francisco. A ciência por ela desenvolvida inspirou uma mudança drástica na política norte-americana em termos de leis trabalhistas, políticas de casamento, planejamento urbano e suas maiores conquistas, a Lei de Cota Emergencial de 1921 e Lei de Imigração de 1924 Estas foram as primeiras legislações a limitar a quantidade de imigrantes que podiam entrar nos Estados Unidos.

1 - Nada para o acaso

Charles Darwin (1809-1882) *"e seus seguidores estabeleceram as bases da eugenia"*, alegou Ward num manifesto publicado na *North American Review* em julho de 1910.

Eles nos mostraram os métodos e possibilidades de criar novas espécies de plantas e animais. [...] Na verdade, a seleção artificial foi aplicada a praticamente todos os seres vivos com os quais o homem tem proximidade, exceto o homem em si.

"Por que a reprodução do homem, o animal mais importante de todos, deveria ser deixada ao acaso?", perguntava Ward.
Por "acaso", claro, ele quer dizer *escolha*.
"Aleatória" é como o poder científico da Era Progressista considerava a sociedade livre. A liberdade era considerada algo não planejado, anárquico, caótico e potencialmente mortal para a raça. Para os progressistas, a liberdade tinha de ser substituída por uma sociedade planejada, administrada por especialistas. Passariam mais cem anos até que os próprios climatologistas se tornassem parte do aparato de políticas de planejamento do Estado, por isso o professor Ward se ocupou da ciência racial e da defesa de restrições migratórias.
Ward explicou que os Estados Unidos tinham *"uma oportunidade extraordinária de praticar os princípios eugenistas"*. E havia uma necessidade desesperada de se fazer isso, porque *"já não temos centenas de milhares, e sim milhões de italianos, eslavos e judeus cujo sangue está se misturando ao da nova raça norte-americana"*. Essa tendência poderia fazer com que a América anglo-saxã "desaparecesse". Sem uma política eugenista, a *"nova raça norte-americana"* não seria *"melhor, mais forte e mais inteligente"*, e sim *"um cruzamento fraco e possivelmente degenerado"*.
Citando um relatório da Comissão de Migração de Nova York, Ward tinha medo sobretudo de misturar o sangue anglo-saxão com *"os sicilianos de cabeças compridas e os hebreus de cabeça redonda do Leste Europeu"*.

2 – Mantenha-os longe

"Certamente devemos começar a segregar de uma vez, muito mais do que fazemos agora, toda a nossa população nativa e estrangeira que não serve para a maternidade", escreveu Ward. *"Devemos impedir que eles se reproduzam"*.

Mas muito mais eficiente, escreveu Ward, seriam cotas rígidas de imigração. Apesar de *"nossos cirurgiões estarem fazendo um trabalho incrível"*, escreveu ele, eles não estavam conseguindo filtrar pessoas com doenças físicas e mentais que entravam no país, diluindo a carga racial norte-americana e nos transformando em *"mulatos degenerados"*.

Estas eram as políticas ditadas pela eugenia, que, longe de ser considerada maluca, era o que estava em voga no meio acadêmico. O presidente Woodrow Wilson (1856-1924), primeiro presidente docente dos Estados Unidos, acatou a política. Assim como o juiz Oliver Wendel Holmes Jr. (1841-1935), da Suprema Corte, que, ao manter a lei de esterilização da Virgínia, escreveu: *"Três gerações de imbecis bastam"*.

Analisando a literatura da época, fico surpreso com a ausência quase total de vozes dissidentes sobre o assunto. Livros populares defendendo a eugenia e a supremacia branca, como *The Passing of the Great Race* [*A Morte da Grande Raça*], de Madison Grant (1865-1937), se tornaram sucessos de venda instantâneos. As opiniões destes livros – que não são para os fracos – foram expressas muito antes de os nazistas desacreditarem tais políticas. Elas refletem a mentalidade de toda uma geração e são muito mais francas do que alguém imagina ler hoje.

É imperativo entender que todas essas opiniões não têm a ver apenas com impor o racismo como uma preferência pessoal e estética. A eugenia era política: usar o Estado para planejar a população. Não deveria ser surpresa, pois, que todo o movimento anti-imigração se baseasse na ideologia eugenista. Na verdade, quanto mais analiso a história, menos sou capaz de distinguir o movimento anti-imigração da Era Progressista dos supremacistas brancos em sua manifestação mais crua.

Pouco depois que o artigo de Ward foi publicado, o climatologista pediu aos amigos que influenciassem o legislativo. O presidente da Liga de Restrição à Imigração, Prescott F. Hall (1868-1921), e Charles Davenport, do Departamento de Registro Eugenista, deram início aos esforços para aprovar uma nova lei com um objetivo especificamente eugenista. Ela buscava limitar a imigração de italianos e judeus. E a imigração do Leste Europeu, Itália e Ásia realmente diminuiu.

3 – A POLÍTICA DA EUGENIA

A imigração não foi a única política afetada pela ideologia eugenista. *War Against the Weak* [*A Guerra Contra os Fracos*], de Edwin Black, registra como a eugenia era algo essencial na política da Era Progressista. Toda uma geração de acadêmicos, políticos e filantropos usava essa "ciência" para propor o extermínio dos indesejáveis. Leis exigindo a esterilização fizeram 600 mil vítimas. Levando em conta o comportamento da época, é surpreendente que a carnificina nos Estados Unidos tenha sido tão tímida. A Europa não teve a mesma sorte.

A eugenia se tornou parte do currículo normal da biologia, e o livro *Genetics and Eugenics* [*Genética e Eugenia*], de William Castle (1914-1977), publicado em 1916, foi usado por mais de quinze anos, com quatro edições seguidas.

A literatura e as artes não ficaram imunes. *The Intellectuals and the Masses* [*Os Intelectuais e as Massas*], de John

Carey, mostra como a moda da eugenia afetou todo o movimento literário modernista do Reino Unido, com nomes famosos como T. S. Eliot (1888-1965) e D. H. Lawrence (1885-1930) nela envolvidos.

4 - A ECONOMIA ENTRA EM CENA

Incrivelmente, até economistas caíram no conto da pseudociência eugenista. O brilhante *Illiberal Reformers: Race, Eugenics, and American Economics in the Progressive Era* [*Reformistas Antiliberais: Raça, Eugenia e a Economia Norte-americana na Era Progressista*], de Thomas Leonard (1955-2003), conta em detalhes como a ideologia eugenista corrompeu toda a categoria de economistas nas primeiras duas décadas do século XX. Em todo o país, em livros e artigos de economistas, encontram-se todas as preocupações comuns quanto ao suicídio racial, o envenenamento da linhagem de sangue por seres inferiores e a necessidade desesperada de planejamento estatal da reprodução humana, da mesma forma que os fazendeiros planejam a reprodução dos animais. Aqui encontramos o modelo da primeira tentativa de implementação em larga escala das políticas científicas sociais e econômicas.

Os estudantes de História da Economia reconhecerão os nomes dos que defendiam isso: Richard T. Ely (1854-1943), John R. Commons (1862-1945), Irving Fisher (1867-1947), Henry Rogers Seager (1870-1930), Arthur N. Holcombe (1884-1977), Simon Patten (1852-1922), John Bates Clark (1847-1938), Edwin R. A. Seligman (1861-1939) e Frank Taussig (1859-1940). Eles eram membros importantes das associações profissionais, editores de periódicos e docentes prestigiados das melhores universidades. Estavam certos de que a economia política clássica tinha de ser rejeitada. Havia um forte elemento de autointeresse em ação. Como Leonard escreve, *"o laissez-faire era hostil à opinião econômica e, portanto, um impedimento aos imperativos vocacionais da economia norte-americana"*.

Irving Fisher, que Joseph Schumpeter (1883-1950) descreveu como *"o maior economista que os Estados Unidos já tiveram"* – avaliação mais tarde repetida por Milton Friedman (1912-2006) – encorajava os norte-americanos a *"fazerem da eugenia uma religião"*.

Falando na Conferência para o Melhoramento Racial de 1915, Fisher disse que a eugenia era *"o mais importante plano de redenção humana"*. A Associação Econômica Norte-americana (que ainda hoje é a mais prestigiada associação mercantil de economistas) publicava abertamente tratados racistas como o assustador *Race Traits and Tendencies of the American Negro* [*Características Raciais e Tendências do Negro Norte-americano*], de Frederick Hoffman (1865-1946). Era um plano para a segregação, exclusão, desumanização e até extermínio dos negros.

O livro de Hoffman chamava os negros norte-americanos de *"preguiçosos, perdulários e não confiáveis"*, e a caminho de uma condição de *"depravação total e profunda inutilidade"*. Hoffman os comparava com a *"raça ariana"*, que *"tinha todas as características essenciais que garantem o sucesso na batalha pela vida mais nobre"*.

Mesmo com as leis de segregação apertando o cerco contra negros e com todo o poder do Estado sendo empregado para arruinar seus prospectos econômicos, o panfleto da Associação Econômica Norte-americana dizia que a raça branca *"não hesitará em travar uma guerra contra as raças que se provarem inúteis no progresso da humanidade"*.

Richard T. Ely, fundador da associação, defendia a segregação de não brancos (ele parecia odiar sobretudo os chineses) e medidas estatais para impedir a sua propagação. Ele se importava com a *"existência dessas pessoas débeis"*, e também defendia a esterilização obrigatória, a segregação e a exclusão do mercado de trabalho.

Que tais opiniões não fossem consideradas assustadoras é para nós um indício do clima intelectual da época.

Se sua principal preocupação é quem está criando os filhos de quem, faz sentido que você se atenha ao trabalho e à renda. Só os mais preparados deveriam ser admitidos no mercado de trabalho, argumentavam os eugenistas. Os indesejáveis deveriam ser excluídos a fim de desencorajar a imigração e, uma vez aqui, sua propagação. Essa teoria deu origem à lei do salário mínimo, política criada para erguer um muro de forma a deter os *"não contratáveis"*.

5 - Mulheres também

Outra implicação se segue à política eugenista: o governo tem de controlar as mulheres.

Tem de controlar suas idas e vindas. Tem de controlar suas horas de trabalho - e até mesmo se elas trabalharão. Como diz Leonard, aqui encontramos a origem do limite de horas semanais e muitas outras intervenções contra o livre mercado. As mulheres entravam no mercado de trabalho desde o fim do século XIX, conquistando o poder econômico de fazer suas próprias escolhas. Salário mínimo, limite de horas, regulações de segurança e assim por diante foram aprovados em todos os estados nas primeiras duas décadas do século XX e cuidadosamente criados para excluir as mulheres da força de trabalho. O objetivo era controlar o contato, administrar a reprodução e reservar o corpo feminino à produção da raça dominante.

Leonard explica:

> Os reformistas trabalhistas norte-americanos encontravam perigos eugenistas em praticamente todos os lugares onde as mulheres trabalhavam, dos portos urbanos às cozinhas domésticas, dos prédios residenciais às hospedarias respeitáveis, das fábricas aos arborizados campi universitários. A estudante privilegiada, a pensionista de classe média e a operária eram acusadas de ameaçar a saúde racial dos Estados Unidos. Os paternalistas diziam cuidar da saúde feminina. Os moralistas questionavam a virtude sexual das mulheres. Os proponentes da renda familiar queriam proteger os homens da concorrência feminina. As maternalistas alertavam que o trabalho fora de casa era incompatível com a maternidade. Eugenistas temiam pela saúde da raça.

"Por mais difusas e contraditórias que fossem", acrescenta Leonard, *"todas estas justificativas progressistas para a regulamentação do emprego das mulheres tinham duas coisas em comum. Elas eram direcionadas apenas às mulheres. E foram criadas para retirar ao menos algumas mulheres da força de trabalho"*.

6 - A LIÇÃO QUE NÃO APRENDEMOS

Hoje consideramos as aspirações eugenistas como algo abominável. Acertadamente valorizamos a liberdade de associação. Entendemos que permitir às pessoas liberdade de escolha quanto às decisões reprodutivas não ameaça um suicídio racial, e sim reforça o sistema social e econômico. Não queremos que os cientistas usem o Estado para criar uma raça superior à custa da liberdade. Em geral, confiamos na "mão invisível" para direcionar trajetórias demográficas e nos horrorizamos com quem não confia.

Mas, no passado, a ideologia eugenista era sabedoria científica comum dificilmente questionada, exceto por um punhado de antiquados defensores do *laissez-faire*. Os livros eugenistas vendiam milhões de cópias e seus interesses predominaram na mentalidade pública. Cientistas dissidentes – e havia alguns – eram excluídos da profissão e desprezados como excêntricos presos ao passado.

As ideias eugenistas tiveram uma influência monstruosa na política governamental e puseram fim à liberdade de associação em questões de trabalho, casamento e migração. Na verdade, quanto mais analisamos a história, mais fica claro que a supremacia branca, a misoginia e a pseudociência eugenista foram as bases intelectuais do aparelho estatal moderno.

Por que há tão pouco conhecimento sobre esse período e as motivações por trás de seu progresso? Por que levou tanto tempo para os estudiosos escancararem esta história de racismo, misoginia e Estado?

Os defensores da regulamentação estatal da sociedade não têm motivo para tocar no assunto, e os sucessores atuais do Movimento Progressista e suas ideias eugenistas querem se distanciar ao máximo do passado. O resultado é uma conspiração de silêncio.

Há, contudo, lições a serem aprendidas. Quando se ouve falar de uma crise iminente que só pode ser resolvida por cientistas trabalhando com as autoridades públicas para obrigar as pessoas a se comportarem de uma forma estranha ao seu livre-arbítrio, há um motivo para desconfiar.

A ciência é um processo de descoberta, não um fim, e seu consenso momentâneo não deve estar inscrito na lei nem ser imposto à força.

Já passamos por isso e o mundo acertadamente repudiou os resultados.

CAPÍTULO 11
POR QUE O HOLOCAUSTO DEVERIA SER IMPORTANTE PARA VOCÊ

As pessoas passeiam pela capital do país para se deleitar com os símbolos da grandiosidade histórica dos Estados Unidos. Elas procuram monumentos e museus a fim de prestar homenagem ao Estado-nação e suas obras. Querem pensar nas batalhas épicas do passado e em como líderes poderosos confrontaram e aniquilaram inimigos em solo norte-americano e no exterior.

Mas e se houvesse um monumento com uma função diferente? Que, em vez de celebrar o poder, alertasse contra os abusos deste poder? Que, em vez de celebrar o Estado e suas obras, mostrasse como isso pode se tornar um artifício para enganar e destruir? Que, em vez de celebrar canções nacionalistas, símbolos e histórias, alertasse para o fato de isso ser usado como instrumento de divisão e opressão?

E se esse museu se dedicasse a preservar a memória de um dos experimentos mais assustadores da história em matéria de conquista territorial, expulsão demográfica e até extermínio, a fim de nos ajudar a entender essas coisas e jamais repeti-las?

Tal museu já existe. É o Museu do Holocausto. Trata-se da instituição mais libertária de Washington, uma reprimenda viva da adoração do poder como fim em si.

Morei em Washington, D.C., quando o Museu do Holocausto estava sendo construído e me lembro vagamente de sua inauguração. Nunca o visitei, apesar das várias oportunidades; lembro-me de sentir medo ao cogitar visitá-lo. Muitas pessoas sentem o mesmo. Claro que já sabemos que assassinatos em massa cometidos pelo Estado são maldosos e errados. Temos mesmo de visitar um museu sobre algo tão aterrorizante?

A resposta é *sim*. O Museu do Holocausto é uma poderosa homenagem aos direitos e à dignidade do homem. Ele propicia uma experiência intelectual mais emocionante e profunda do que qualquer outra de que tenho lembrança. Ele tira a política e as ideias do plano da teoria e as planta firmemente na vida real, em nossa própria história. Ele mostra as consequências das ideias ruins nas mãos de homens maus e o convida a vivenciar passo a passo a descida ao inferno em ordem cronológica. A transformação que o visitante sente é intelectual e também física: ao se aproximar da metade você nota o coração acelerado e um frio na barriga.

1 - Equívocos

Vamos desfazer alguns mitos que as pessoas que não foram ao museu podem ter a respeito do lugar.

1º) O museu não é manipulador nem sentimental. A narrativa é baseada em fatos, focada em documentos (filmes e imagens), com um texto que exibe uma cronologia cuidadosa. Pode-se até dizer que o texto é um pouco "seco", factual demais. Mas o drama emerge do contraste entre os eventos e a narração calma.

2º) Ele não se detém somente nas vítimas judias; na verdade, dá conta de todas as vítimas do nazismo, como os católicos poloneses. Mas, a história da perseguição aos judeus tem profundidade e perspectiva. É inacreditável pensar em como um regime que usava o antissemitismo para ganhar poder e manipular o público acabou dominando a maior parte da Europa e conduzindo uma campanha de extermínio criada para eliminar todo um povo.

3º) O museu não trata do Holocausto como uma maldição inexplicável que misteriosamente se abateu sobre um povo em determinada época; ele tenta argumentar e explicar os motivos reais - motivos e ideologia - por trás dos eventos, começando com as ideias que só mais tarde foram postas em prática, quando as condições o tornaram possível.

4º) A narrativa não tenta convencer o visitante de que o Holocausto foi criado já no início do governo nazista; na verdade, você descobre uma história bem diferente. O visitante vê como ideias ruins (planejamento central demográfico, transformação de minorias em bodes expiatórios e demonização de outros povos) se proliferaram, levando a resultados cada vez piores: boicote a empresas de judeus, perseguições raciais, restrições legais a propriedade e religião, internamentos forçados, criação de guetos, campos de concentração, assassinatos e, por fim, um maquinário industrial cuidadosamente concebido de morte em massa.

5º) O museu não destaca os alemães como um povo uniformemente culpado. Presta-se homenagem ao povo alemão, dissidentes ou outros que também foram vítimas do regime de Hitler. Quanto à culpa moral, é inegável que ela pertence aos nazistas e seus complacentes defensores na Alemanha e em toda a Europa. Mas o mundo livre também foi responsável ao fechar as fronteiras aos refugiados, mantendo os judeus numa prisão e, depois, na câmara de gás.

6º) A apresentação não se baseia na tristeza e no desespero; na verdade, o museu fala dos esforços heroicos realizados para salvar as pessoas do desastre e da resiliência do povo judeu diante da aniquilação. Sua própria existência é uma celebração da esperança, porque expressa a certeza de que podemos aprender com a história e agir de modo que este passado horrível jamais se repita.

2 - AS RAÍZES PROFUNDAS DO HOLOCAUSTO

Nos últimos dois anos, estive ocupado estudando e escrevendo sobre a experiência norte-americana com a eugenia, a "ciência política" de se criar uma raça superior. Quanto mais eu lia, mais assustado ficava por isso ter acontecido, mas a eugenia foi mesmo o grande desejo da Era Progressista. Não se tratou de um movimento marginal; ela estava na essência da política da classe dominante, da cultura e da educação, e foi responsável por muitos dos primeiros experimentos em regulamentação do trabalho, bem como a força motriz por trás das licenças de casamento, salário mínimo, restrições a oportunidades para mulheres e cotas e controles migratórios.

Quanto mais analisava o assunto, mais eu me convencia de que não é possível entender completamente o nascimento do Leviatã do século XX sem compreender a eugenia. A eugenia foi o pecado original do Estado moderno que não conhece limites ao seu poder.

Quando um regime decide que deve controlar a reprodução humana – moldar a população de acordo com um planejamento centralizado e dividir os seres humanos em pessoas que prosperarão e pessoas que merecem a aniquilação –, temos o começo do fim da liberdade e da civilização. Os profetas da eugenia odiavam os judeus, mas também qualquer um que considerassem um perigo aos que consideravam dignos de reprodução. E os meios que eles escolheram para realizar seus planos foi a força.

Em minhas leituras sobre o assunto, estudei as origens da eugenia até o fim dos anos 1920, sobretudo nos Estados Unidos e no Reino Unido. Assim, passear pelo Museu do Holocausto foi uma revelação. Finalmente entendi: o que aconteceu na Alemanha foi uma ampliação e intensificação das mesmas ideias essenciais que eram pregadas nas salas de aula de Yale, Harvard e Princeton nas décadas anteriores.

A eugenia não desapareceu. Ela apenas assumiu uma forma mais maldosa e violenta em mãos políticas diferentes. Se não houver um controle significativo do poder estatal, pessoas com ambições eugenistas podem se ver defendendo o terror estatal. Isso nunca se concretizou nos Estados Unidos, mas aconteceu em outros lugares. As presunçosas conferências acadêmicas dos anos 1910 e a indiferença de respeitáveis classes professorais sofreram uma mutação ao longo de uma geração, dando origem aos comandantes da máquina de matar nazista. A distância entre a eugenia e o genocídio, de Boston a Buchenwald, não é tão grande assim.

Há momentos no passeio em que esta conexão é explicitada, como quando se explica como, antes dos nazistas, os Estados Unidos estabeleceram esterilizações forçadas;

como Hitler mencionou o caso norte-americano para defender o planejamento estatal da reprodução humana; como os nazistas eram obcecados pela classificação racial e usavam textos de norte-americanos sobre genética e raça como base para isso.

E pense no seguinte: quando as elites da Era Progressista começaram a falar assim, a dividir a população de acordo com a sua "qualidade" e a defender políticas a fim de evitar a "mulatização", não havia deslize que seus oponentes pudessem apontar. Toda essa história de administrar a ordem social era algo sem precedentes, por isso uma trajetória histórica era pura conjuntura. Eles não podiam dizer: "Lembrem-se! Lembrem-se de onde isso pode dar!"

Agora temos exatamente tal história, e uma obrigação moral de apontá-la e aprender com ela.

3 - O QUE PODEMOS APRENDER?

Meu principal aprendizado ao analisar essa história e observar sua consequência aterrorizante é o seguinte: qualquer ideologia, movimento ou demagogo que despreze os direitos humanos universais e a dignidade de qualquer pessoa com base em características de grupo, que tente dividir a população entre aptos e inaptos ou que busque usar o poder do Estado para excluir uns a fim de incluir outros é um cortejo com consequências perigosas para toda a humanidade. Isso pode não acontecer imediatamente, mas, com o tempo, tal retórica pode estabelecer as bases para uma máquina de morte.

E há outra lição, talvez mais importante: ideias ruins têm uma força social e política própria, independentemente das intenções iniciais de alguém. Se você não for capaz de percebê-lo, pode ser levado, pouco a pouco, a viver um inferno na Terra.

    Ao mesmo tempo, o contrário também é válido: ideias boas têm uma força que pode levar à paz, à prosperidade e à dignidade humana universal. Depende de nós. Devemos escolher com sabedoria e jamais nos esquecer.

CAPÍTULO 12
O CONCEITO INTELECTUAL DA IDEOLOGIA DO QI

A fascinação cultural pela ideia de um "quociente de inteligência", ou QI, parece estar passando por um ressurgimento. Os incansáveis exames são comuns na educação e nas matrículas escolares e são usados em vários processos seletivos. A prática reflete algo de que todos sabemos intuitivamente: algumas lâmpadas brilham mais do que outras. Claro que não há nada de errado em ter conhecimento, avaliar e tomar decisões com base nesta informação, por mais difícil que seja analisá-la.

O complicado é codificar essas habilidades, reduzi-las a um número único, reuni-las com base em outras características demográficas, analisar a variabilidade dos resultados, comparar os resultados com enormes grupos populacionais, determinar os vários fatores causais - genética, ambiente, determinação pessoal - que compõem o que chamamos de inteligência e elaborar um plano de ação com base nos resultados.

Aqui temos um problema muito mais complexo, tão complexo quanto a mente humana. O analista amador talvez leia um livro sobre o assunto na esperança de encontrar o segredo para a ascensão e a queda de civilizações inteiras. O aspirante a autocrata baba diante da possibilidade! Mas, quanto mais uma pessoa lê, menos certeza tem e mais se impressiona com o desconhecido, as surpresas e a forma como o mundo real insiste em desafiar as previsões da elite científica.

1 – O QI COMO FERRAMENTA DE PLANEJAMENTO CENTRAL

E há ainda as implicações sociais e políticas de todos esses esforços. O que geralmente se ignora é que a busca por uma medida padrão de inteligência – e implicitamente pelo valor humano em si – tem raízes históricas profundas relacionadas à emergência da sociedade planejada, à eugenia e ao Estado-Leviatã do século XX.

Não é de surpreender. A ideia de uma elite científica classificando as pessoas com base em suas aptidões e determinando um papel a todos atrai os intelectuais. Embora a curiosidade quanto à diversidade humana pareça inocente, o nascimento de uma ideologia com base na medição quantitativa da aptidão mental, apoiada pela ambição científica autocrata, é obviamente antiliberal.

A história do QI começa com o fim da Guerra Franco-Prussiana, quando as instituições cívicas francesas foram recriadas para jamais perderem outra guerra. A teoria era a de que a França não tinha as capacidades técnicas necessárias para travar uma guerra moderna. Os cidadãos precisavam de treinamento, o que significava uma reforma educacional. A educação geraria um exército cidadão e, portanto, deveria ser obrigatória. De 1879 a 1886, a legislação impôs a educação obrigatória a toda a população.

O CONCEITO INTELECTUAL DA IDEOLOGIA DO QI

Com todas as crianças agora obrigadas a frequentar escolas laicas, era hora de impor um método racional para guiar os recrutas em caminhos política e socialmente melhores. Em 1904, justamente quando o fascínio pelo socialismo científico estava na moda, o ministério da Educação da França contratou o psicólogo Alfred Binet (1857-1911) para criar um exame de avaliação. Ele inventou uma série de perguntas, das mais fáceis às mais difíceis, e classificou as crianças com base nos resultados destas provas.

O resultado foi a escola Binet-Simon. De acordo com Binet, o único objetivo era identificar as crianças que precisavam de mais atenção, a fim de que elas não ficassem para trás. Mas a ideia de quantificar, classificar e avaliar o desempenho cognitivo pegou nos Estados Unidos, onde a eugenia estava na moda entre os intelectuais. A eugenia motivava políticas públicas de regulações trabalhistas, imigração, esterilizações forçadas, permissões de casamento, políticas de bem-estar social, regulações empresariais e estratégias de segregação.

O primeiro norte-americano a se entusiasmar com o trabalho de Binet foi Henry H. Goddard (1866-1957), um dos principais defensores da eugenia e do planejamento estatal. Em 1908, Goddard traduziu o trabalho de Binet e o popularizou entre os intelectuais. Ele transformou o que talvez tenha sido uma tentativa humana de ajudar estudantes numa arma de guerra contra os mais fracos.

O que Goddard acreditava que poderia ser feito com suas descobertas?

Ele resume sua visão política assim:

> Democracia, pois, significa que as pessoas escolhem os mais sábios e inteligentes para lhes dizer o que fazer a fim de que sejam felizes. Assim, a democracia é um

método para se chegar a uma aristocracia realmente benevolente. Tal objetivo será alcançado quando os mais inteligentes aprenderem a aplicar sua inteligência. [...] Os mais inteligentes devem trabalhar pelo bem-estar das massas, de modo a obter o respeito e afeto delas.

Mais importante:

A sociedade deve ser organizada de tal modo que pessoas de inteligência limitada não possam ocupar nem sejam indicadas a cargos que exijam mais inteligência do que elas têm. E, nos cargos que puderem ocupar, devem ser tratadas de acordo com seu nível de inteligência. Uma sociedade assim organizada seria uma sociedade perfeita.

Para realizar tal objetivo, ele dividiu a população humana em categorias normativas, dentre as quais os menos aptos ele chamou de imbecis, estúpidos e idiotas - designações que sobrevivem até hoje. Goddard propôs uma nova forma de ordem social na qual uma elite intelectual recebe tarefas e marcos de vida com base em resultados de exames.

2 - Antiliberal na essência

Sim, parece *Jogos Vorazes*, *Divergente* ou quaisquer outros pesadelos distópicos, porque era exatamente isso que ele imaginava poder alcançar com os estudos de QI. Depois de ler dezenas de livros, artigos e relatos dessa geração de pensadores, nada disso é surpreendente. As visões de Goddard são as visões de toda uma geração que formou os teóricos do Estado totalitário – os "progressistas" nos Estados Unidos, os autocratas pós-bismarckianos da Alemanha imperial, os socialistas científicos da Rússia e, mais tarde, os exterminadores da Alemanha nazista. É tudo parte da mesma coisa.

Quem deu continuidade à tradição foi Lewis Terman (1877-1956), de Stanford, que, em 1916, propôs uma revisão do agora comum teste de Binet e se tornou um defensor aberto e agressivo da segregação, esterilização, controles migratórios, licenças de casamento e planejamento social em geral.

A supremacia branca era certeza entre esta geração, e ele abraçou a ideia abertamente:

> Não há possibilidade no presente de convencer a sociedade de que mexicanos, índios e negros não deveriam ter o direito à reprodução, embora, do ponto de vista eugenista, eles constituam um problema grave por causa de sua reprodução incomum e prolífica.

Assim, ele ingressou na Fundação para o Melhoramento Humano, que exerceu um papel de extrema importância no programa de esterilização californiano que tanto influenciou as políticas raciais da Alemanha de Hitler.

Testes de inteligência se tornaram essenciais para uma nação em guerra, com os eugenistas dando conselhos ao exército norte-americano quanto à aptidão dos soldados: o mais idiota na linha de frente e o mais inteligente numa posição segura de liderança. E eles aconselhavam as autoridades de imigração: quem poderia se tornar ou não norte-americano. A eugenia era o objetivo e o teste de inteligência se tornou parte fundamental do verniz científico.

Thomas Leonard resume a história sangrenta:

Por mais dúbios que fossem os testes e os métodos, os milhões sujeitos aos testes primitivos de inteligência demonstram um resultado com clareza. Os cientistas sociais norte-americanos convenceram as autoridades governamentais a financiarem e atraírem cobaias humanas para um empreendimento sem precedentes, realizado para identificar inferiores, tudo em nome da melhoria da eficiência das escolas públicas do país, dos pontos de entrada de imigrantes, das instituições para deficientes e das forças armadas.

Isso é só uma amostra das expectativas do movimento eugenista pró-QI. A relação entre a teoria e a ambição política era tão próxima que ambas se tornavam inseparáveis.

Parece não haver nada de ameaçador em querer avaliar a aptidão individual de alguém. Ainda assim, o teste de QI foi criado e usado como ferramenta de planejamento social a ser aplicada na educação compulsória e na preparação de guerra, e se transformou numa ideologia completa que não se importava com os direitos humanos, com a teoria liberal da ordem social ou com a liberdade em termos mais gerais. O movimento eugenista e este seu novo instrumento de exame de inteligência esperavam substituir a liberdade e a dignidade pela tecnocracia totalitária.

O que há nessa ideologia que vai contra a ideia de uma sociedade livre? Como é que a ideologia do QI deu errado?

Há três problemas básicos:

1º) Os consumidores têm gostos estranhos que não têm muito a ver com a inteligência tal como ela é definida pela ciência. A inteligência abstrata não é necessariamente algo recompensado pelo mercado, e isso é importante. Numa sociedade livre, o valor do recurso não é objetivo; o valor é dado aos serviços pelas escolhas que tomamos, sejam elas quais forem.

Se você frequenta corridas da NASCAR, a inteligência não é algo que salte à vista. O mesmo serve para corridas de caminhões. Posso estar errado, claro. Talvez, se eu aplicasse exames a todos os participantes e consumidores, ficasse impressionado com sua inteligência desproporcional em relação à população. O mesmo vale para um show de Britney Spears, um jogo da NFL ou para os compradores de romances sentimentais. Talvez nestes grupos você encontre uma inteligência maior do que a encontrada num clube universitário de xadrez. Mas eu tenho sérias dúvidas.

Mas a pergunta é: por que isso importa? Importa se Michael Phelps é inteligente ou se ele é o melhor nadador da história? Ele é valorizado pela capacidade de nadar. O mesmo serve para o talento de Beyoncé como cantora e dançarina e de Matt Damon como ator. Ou então pense no seu restaurante preferido: não importa se o cozinheiro é inteligente ou burro.

A imprevisibilidade do mercado consumidor desafia o cálculo da inteligência. Os processos do mercado não têm a ver com recompensar a inteligência; eles têm a ver com recompensar o talento, as ideias e os serviços prestados aos outros.

Na verdade, é justamente por isso que tantos intelectuais desprezaram o mercado ao longo dos séculos. Para eles, parece um erro que um professor de física ganhe menos do que uma estrela pop, que burocratas vivam numa casinha enquanto uma estrela do cinema seja dona de cinco mansões e assim por diante. Esta é a fonte de mais de um século de ressentimento contra o capitalismo.

Todos enfrentamos escassez de recursos, o tempo mais do que tudo. Por isso é que cooperamos por meio de trocas com outras pessoas, até mesmo com aquelas com menos habilidades absolutas do que nós.

Como os mercados valorizam as coisas será sempre algo imprevisível. O mais importante é que o homem comum está encarregado do sistema, não os planejadores. E este é o ponto central da questão: quem deveria decidir o que constitui o valor humano, quem merece ser tratado com dignidade, quem deveria ser o responsável por como os recursos humanos serão usados na sociedade? Preferimos a liberdade ou ser governados por uma elite de sábios?

2º) A lei da associação torna todos valiosos. Uma das crenças principais da ideologia do QI é a de que pessoas inteligentes, de acordo com a medição, são mais valiosas para a ordem social do que pessoas burras. Mas a economia descobriu algo diferente. O fato é que, por meio da divisão do trabalho, ou o que Ludwig von Mises chamou de "lei da associação", todos podem ser valiosos para alguém, independentemente da aptidão.

Michael Phelps talvez tenha capacidade cognitiva para ser o maior físico nuclear, programador ou enxadrista do mundo – mas é de seu próprio interesse se ater à sua vantagem competitiva, por mais que tenha uma vantagem absoluta sobre todas as demais pessoas do planeta.

Todos enfrentamos escassez de recursos, o tempo mais do que tudo. Por isso é que cooperamos por meio de trocas com outras pessoas, até mesmo com aquelas com menos habilidades absolutas do que nós. O resultado é algo mais valioso do que poderíamos criar sozinhos. Você sabe disso se contrata alguém para cuidar do seu jardim, para limpar sua casa ou quando vai a restaurantes. Toda ordem social consiste de uma rede infinitamente complexa de relações que desafiam a classificação por meio de testes científicos primitivos.

O CONCEITO INTELECTUAL DA IDEOLOGIA DO QI

É pela divisão do trabalho que a liberdade faz com que todos sejam valiosos a todos.

3ª) A terceira crítica a esta literatura é mais profunda. Ela observa que a inteligência necessária para se construir uma sociedade bem-sucedida não está na mente de indivíduos específicos. A maior inteligência da ordem social reside nos processos e instituições da própria sociedade. Ela não existe totalmente em uma única mente e não emerge de forma consciente a partir de planos de quaisquer grupos.

Hayek explica essa questão em *The Counterrevolution of Science* [*A Contrarrevolução da Ciência*]:

> Embora a nossa civilização seja o resultado de um acúmulo de conhecimento individual, não é graças a uma combinação explícita ou consciente de todo este conhecimento num único cérebro, e sim graças à tradução disso em símbolos que usamos sem compreender, em hábito e instituições, instrumentos e conceitos, que o homem na sociedade é constantemente capaz de tirar proveito do conhecimento de que nem ele nem outro homem qualquer dispõe. Muitas das maiores coisas que o homem realizou não são resultado de um raciocínio conscientemente direcionado, e sim de um processo no qual o indivíduo exerce um papel que ele é incapaz de compreender totalmente. Elas são maiores do que qualquer indivíduo justamente porque resultam da combinação de um conhecimento maior do que uma única mente é capaz de dominar.

E aí vemos a diferença entre a ideologia do QI e a teoria da sociedade livre. A ideologia do QI nos leva a acreditar nas mesmas falácias que criaram o socialismo: a ideia de que uma pequena elite, se tiver todos os recursos e poder, é capaz de planejar uma sociedade melhor do que associações aparentemente ao acaso, criações e trocas. A liberdade, por outro lado, coloca o brilhantismo da ordem social não nas mentes de uns poucos, mas no processo da evolução social em si e de todas as surpresas e prazeres que ela expressa.

CAPÍTULO 13
O PLANO EUGENISTA DO SALÁRIO MÍNIMO

Em sua "Letter from Birmingham Jail" [Carta da Penitenciária de Birmingham], Martin Luther King Jr. (1929-1968) identifica o governo como o inimigo dos direitos e da dignidade dos negros. Ele foi preso por se manifestar sem permissão. King menciona as injustiças da polícia e sobretudo dos tribunais. E inspirou todo um movimento para alertar o público da brutalidade estatal, principalmente as que envolvem jatos d'água, cassetetes e celas de prisão.

Menos óbvio, contudo, é o papel de um meio camuflado de subjugação – formas de coerção estatal profundamente inscritas na lei e na história dos Estados Unidos. E elas foram criadas como políticas baseadas na ciência e no controle científico da sociedade.

Pense no salário mínimo. O que o racismo tem a ver com isso? Mais do que as pessoas percebem. Uma análise cuidadosa da história mostra que o salário mínimo foi originalmente idealizado como parte de uma estratégia eugenista – uma tentativa de criar uma raça dominante por meio de uma política pública criada para limpar a sociedade dos indesejáveis. Para tanto, o Estado teria de propor o isolamento, a esterilização e o extermínio de populações não privilegiadas.

O movimento eugenista - apoiado quase na totalidade por estudiosos e pela imprensa popular nas primeiras décadas do século XX - surgiu como reação às drásticas mudanças demográficas da segunda metade do século XIX. A renda e a expectativa de vida aumentaram como nunca antes na história. Tais ganhos se aplicavam a todas as raças e classes. A mortalidade infantil despencou. Tudo isso se deveu à expansão dos mercados, à tecnologia e ao comércio. O mundo mudou, com um aumento explosivo da população entre todos os grupos. As massas pobres estão vivendo mais e se reproduzindo rapidamente.

Essa tendência preocupava a classe dominante branca na maioria dos países europeus e nos Estados Unidos. Como John Carey documentou em *The Intellectuals and the Masses* [*Os Intelectuais e as Massas*], todos os fundadores da cultura literária moderna - de H. G. Wells (1866-1946) a T. S. Eliot (1888-1965) - odiavam a nova prosperidade e defendiam o extermínio ou a limpeza racial como formas de pôr um fim às tendências demográficas recentes. Como disse o próprio Wells: *"A extravagante enxurrada de nascimentos foi o desastre fundamental do século XIX"*.

O movimento eugenista, como aplicação do princípio de uma "sociedade planejada", era profundamente hostil ao livre mercado. Como resumiu a *New Republic* num editorial de 1916:

> A imbecilidade gera imbecilidade assim como galinhas brancas geram galinhas brancas; e sob o *laissez-faire* a imbecilidade tem todas as chances de se reproduzir, e o faz a uma taxa superior à de linhagens capazes.

O PLANO EUGENISTA DO SALÁRIO MÍNIMO

Para contra-atacar a tendência criada pelo capitalismo, os estados e o governo federal começaram a implementar políticas elaboradas para dar apoio a raças e classes "superiores" e desencorajar a procriação das "inferiores". Como Edwin Black explicou em *War Against the Weak* [*A Guerra Contra os Fracos*], seu livro de 2003, o objetivo quanto às mulheres e crianças era excluí-las, mas, quanto aos não brancos, era essencialmente exterminá-los. Os meios escolhidos não foram esquadrões de fuzilamento ou câmaras de gás, e sim os métodos mais pacíficos e sutis de esterilização, exclusão de empregos e segregação coercitiva.

Foi durante esse período e por esse motivo que vimos as primeiras experiências com o salário mínimo em Massachusetts, em 1912. A nova lei dizia respeito apenas a mulheres e crianças como medida para desempregá-las e tirar outros "dependentes sociais" da força de trabalho. Apesar de ser uma medida menor e de aplicação restrita, ela realmente aumentou o desemprego entre os grupos que tinha como alvo.

Para entender por que isso não foi visto como um fracasso, dê uma olhada nas primeiras discussões modernas sobre o salário mínimo que aparecem na literatura acadêmica. A maioria dos textos foi esquecida, exceto por um fundamental artigo de Thomas C. Leonard publicado em 2005 no *Journal of Economic Perspectives*.

Leonard menciona uma série assustadora de artigos acadêmicos e livros que apareceram entre os anos 1890 e 1920 e que eram incrivelmente explícitos quanto a várias tentativas legislativas de tirar as pessoas da força de trabalho. Esses artigos não foram escritos por personagens marginais ou por radicais, mas por figuras proeminentes da área, autores de livros didáticos e formadores de opinião que moldavam as políticas públicas.

"Economistas progressistas, como seus críticos neoclássicos", explica Leonard, *"acreditavam que estabelecer salários mínimos provocaria desemprego"*. E contínua a explicação:

> Mas os economistas progressistas também acreditavam que o desemprego gerado pelos salários mínimos era um benefício social, já que realizava o serviço eugenista excluindo da força de trabalho os "não empregáveis".

Ao menos os eugenistas, apesar de todo o seu discurso pseudocientífico, não eram ingênuos quanto aos efeitos dos pisos salariais. Hoje em dia, há vários editorialistas da mídia e políticos que afirmam que o salário mínimo é maravilhoso para os pobres. Os pisos salariais irão melhorar o padrão de vida.

Em 1912, eles sabiam muito bem que os salários mínimos excluem os trabalhadores, e os defendiam justamente por isso, porque os pisos salariais tiram as pessoas da força de trabalho. Pessoas sem emprego não podem prosperar e, portanto, são desencorajadas a reproduzir. Salários mínimos foram criados especificamente para purificar a paisagem demográfica de raças "inferiores" e para manter as mulheres à margem da sociedade.

O famoso socialista fabiano Sidney Webb (1859-1947) foi direto ao ponto em seu artigo de 1912, "The Economic Theory of the Minumum Wage" [A Teoria Econômica do Salário Mínimo]:

> O salário mínimo oficial aumenta a produtividade da indústria nacional, garantindo que o excedente da força de trabalho seja composto exclusivamente pelos menos eficientes; ou, para dizer de outra forma,

garantindo que todos os postos sejam ocupados pelos funcionários mais eficientes disponíveis.

A história intelectual mostra que o objetivo do salário mínimo era *criar* desemprego entre as pessoas que as elites não acreditavam serem dignas de ocupar cargos.
E piora. Webb escreveu:

> Qual seria o resultado de um salário mínimo oficial para o empregador que insistisse no desejo de usar trabalho de menores, de mulheres casadas, de velhos, de pessoas com problemas mentais, de decrépitos e inválidos e de todas as demais alternativas à contratação de trabalhadores homens adultos? [...] Em resumo, todos esses tipos de trabalhadores são parasitas para as outras classes da comunidade e no presente só estão empregados porque são parasitas.

Mais adiante, Webb afirma:

> Os desempregados, sendo direto, não ganham nem podem ganhar, em circunstância nenhuma, seu sustento. O que temos de fazer com eles é garantir que o menor número possível deles seja gerado.

Ainda que Webb estivesse escrevendo sobre a experiência no Reino Unido e seu foco estivesse em impedir que as classes mais baixas prosperassem, suas opiniões não eram incomuns. O mesmo raciocínio estava vivo no contexto norte-americano, mas foi a *raça*, e não a classe, que se tornou um fator decisivo.

Henry Rogers Seager, da Universidade Columbia e mais tarde presidente da Associação Econômica Norte-americana, expôs toda a questão no artigo "The Theory of the Minimum Wage" [A Teoria do Salário Mínimo], publicado pela *American Labor Legislation Review* em 1913:

> A instituição do salário mínimo apenas expandiria a definição de deficientes a todos os indivíduos que, depois de terem educação especial, continuam incapazes de se sustentar adequadamente.

Adiante, ele escreveu:

> Se pretendemos manter uma raça composta por indivíduos e famílias capazes, eficientes e independentes, devemos corajosamente interromper as linhagens hereditárias que se mostraram indesejáveis por meio do isolamento ou esterilização.

Isolamento e esterilização dos grupos populacionais menos desejáveis são uma forma de extermínio em câmera lenta. O salário mínimo fazia parte deste plano. Era seu objetivo e intenção. Os formadores de opinião de cem anos atrás não tinham vergonha de afirmar isso. A política era uma arma importante na guerra eugenista contra os grupos populacionais não brancos.

Royal Meeker (1873-1953), de Princeton, era o conselheiro de Woodrow Wilson para questões trabalhistas. *"É muito melhor sancionar uma lei de salário mínimo, mesmo que isso impeça esses infelizes de trabalhar"*, argumentava Meeker em 1910. *"É melhor que o Estado apoie a ineficiência geral, evitando a multiplicação da raça, do que subsidiar a incompetência, permitindo que eles gerem mais do tipo"*.

Frank Taussig (1859-1940), apesar de um bom economista, perguntava em seu livro didático de sucesso, *Principles of Economics* [*Princípios da Economia*], de 1911: *"Como lidar com os não empregáveis?"* Eles *"deveriam simplesmente ser extirpados"*, afirmou.

> Ainda não chegamos ao estágio em que podemos colocá-los todos para dormir de uma vez por todas, mas ao menos eles podem ser segregados, presos em refúgios e hospícios e impedidos de se propagar [...]
> Quais as possibilidades de aplicar os salários mínimos a todos os candidatos saudáveis que pedirem emprego? As pessoas afetadas por tal legislação seriam as do grupo mais baixo, social e econômico. Os salários dos empregos que elas podem conseguir dependem dos preços aos quais os produtos serão vendidos no mercado; ou, na linguagem técnica da economia moderna, da utilidade marginal dos serviços. Todos aqueles cuja produção adicional provocaria uma diminuição nos preços a ponto de o mínimo não poder ser mais pago pelos patrões teriam de ficar desempregados. Isso talvez seja factível para evitar que os patrões paguem menos do que o mínimo; mas a lei deve ter força, e essa força deve ser bem empregada a fim de evitar barganhas que sejam benéficas para os dois lados.

Este é só um pequeno exemplo e diz respeito a apenas essa política pública. A eugenia influenciou outras áreas da política norte-americana também, sobretudo a segregação racial. Claro que não podemos deixar que as raças se confraternizem juntas se o objetivo é exterminar aos poucos uma delas e aumentar a população de outra. Este objetivo foi a força motriz por trás de tais políticas, como as regras dos salões de baile, por exemplo. Foi também a motivação por trás da proliferação das licenças de casamento criadas para impedir que os indesejáveis se casassem e se reproduzissem.

Mas o salário mínimo é especial porque, hoje em dia, seus efeitos são pouco compreendidos. Há cem anos, determinar um piso salarial era uma política intencionalmente concebida para empobrecer as classes mais baixas e os indesejáveis e, assim, desincentivar a sua reprodução. Um *gulag* político.

Com o passar do tempo, o entusiasmo pelo movimento eugenista arrefeceu, mas não a insistência em suas políticas de pisos salariais. A lei federal de salário mínimo foi aprovada em 1931, com a Lei Davis-Bacon. Ela exigia que empresas com contratos governamentais pagassem salários controlados, o que significava pisos salariais estipulados por sindicatos, um princípio que mais tarde se transformou no salário mínimo nacional.

Os discursos a favor da lei eram explícitos quanto ao medo de que trabalhadores negros estivessem minando as exigências dos sindicatos só de brancos. O salário mínimo foi a solução: ele impossibilitou que se trabalhasse por menos. A história sórdida do salário mínimo é assustadora em sua pretensão, mas ao menos é realista quanto ao que os pisos salariais realmente causam. Eles *impedem* a mobilidade social.

A eugenia como ideia acabou por sair de moda depois da Segunda Guerra Mundial, quando passou a ser associada ao Terceiro Reich. Mas as políticas trabalhistas que ela gerou não desapareceram. Elas acabaram por ser promovidas não como método de exclusão e extermínio, mas como um esforço positivo para beneficiar os mais pobres.

Sejam quais forem as intenções, os efeitos são os mesmos. Nisso os eugenistas tinham razão. O movimento eugenista, por pior que fossem as suas motivações, entendia uma verdade econômica: o salário mínimo exclui as pessoas do mercado de trabalho. Ele tira das populações à margem da sociedade seu mais relevante poder no mercado de trabalho: o poder de trabalhar por menos. Ele transforma o mercado de trabalho num cartel ao permitir o acesso de grupos de salários maiores e excluir o acesso de grupos de salários menores.

    Martin Luther King escreveu sobre a crueldade do governo em seu tempo. A crueldade é muito mais antiga e está cristalizada numa política salarial que na verdade torna a produtividade e a mobilidade social ilegais. Se pretendemos rejeitar as políticas eugenistas e a maldade racial por trás delas, deveríamos também repudiar o salário mínimo e aceitar o direito universal à negociação.

CAPÍTULO 14
AS ORIGENS MISÓGINAS DA LEI TRABALHISTA NORTE-AMERICANA

Muitos hoje creditam ao governo os avanços na questão da igualdade de gênero, sobretudo por causa da legislação da segunda metade do século XX que pareceu beneficiar as mulheres no mercado de trabalho. Essa é uma visão distorcida. Poucos sabem que o governo, em todos os níveis, na verdade, sempre buscou evitar tais avanços.

Há um século, quando os mercados começavam a atrair as mulheres para a vida profissional, as regulações governamentais norte-americanas tinham como objetivo específico restringir as escolhas profissionais femininas. Elas foram elaboradas para tirá-las dos escritórios e fábricas e devolvê-las aos lares – para o bem delas próprias e das famílias, das comunidades e do futuro da raça.

Os novos controles – a primeira rodada de um século de intervenções no mercado de trabalho livre – foram criados para conter as mudanças drásticas na economia e demografia que aconteciam por conta dos progressos materiais no último quarto do século XIX. As regulações limitavam as escolhas das mulheres para que elas parassem de tomar o que as elites consideravam decisões erradas.

A verdadeira história, aquela que só agora está começando a aparecer na literatura acadêmica, é impressionante. Ela supera as narrativas atuais sobre a relação entre governo e os direitos das mulheres. Muitas das pedras angulares das primeiras medidas de bem-estar social e regulamentação estatal foram criadas para restringir a liberdade pessoal feminina e seu progresso econômico. Elas não eram progressivas, e sim reacionárias, uma tentativa de voltar no tempo.

1 - O TRABALHO FEMININO NÃO É NOVIDADE

Foi a liberdade e a oportunidade conquistadas na segunda metade do século XIX que mudaram tudo para as trabalhadoras, abrindo novas fronteiras de emprego.

O crescimento do capitalismo industrial significava que as mulheres podiam agora sair das fazendas e se mudar para as cidades. Elas podiam escolher entre sair de casa sem terem se casado - ou até permanecerem na força de trabalho como mulheres casadas. Elas gozavam de mais oportunidades de educação e na vida profissional do que nunca.

Em 1910, 45% da força de trabalho profissional era composta por mulheres. Elas dominavam quase totalmente o magistério, por exemplo. Mulheres solteiras cada vez mais encontravam trabalho como enfermeiras, bibliotecárias, secretárias e assistentes sociais, e também como operárias na indústria têxtil. Mulheres, em geral solteiras, compunham 21% de toda a força de trabalho.

Novas posições administrativas, inexistentes um século antes, estavam por todos os lugares para serem ocupadas. Os salários das mulheres aumentavam rapidamente, a uma taxa impressionante de 16% de 1890 a 1920. Mulheres não trabalhavam por salários "indignos". Um estudo da Rand Corporation sobre diferenças salariais descobriu um fato interessante: os salários das mulheres em comparação aos dos homens eram maiores em 1920 do que em 1980.

2 - A lei intervém

Ainda assim, foi nessa época que surgiram as primeiras intervenções governamentais no mercado de trabalho, a maioria delas tendo como alvo específico as mulheres. Como afirma o historiador Thomas Leonard em seu espetacular livro *Illiberal Reformers: Race, Eugenics, and American Economics in the Progressive Era* [*Reformistas Antiliberais: Raça, Eugenia e a Economia Norte-americana na Era Progressista*], toda uma geração de intelectuais e políticos entrou em pânico por causa das implicações disso para o futuro da humanidade.

A sociedade deve controlar a reprodução e, portanto, o que as mulheres fazem da vida. Assim dizia a ideologia da época. Não podíamos ter uma situação na qual os mercados permitissem que as mulheres abandonassem o controle da família e se mudassem para a cidade.

Apesar de serem considerados progressistas, a retórica dos reformistas tinha mais em comum com o movimento pelos "valores familiares" dos anos 1970 e 1980 - com a paranoia racial pseudocientífica exercendo o papel que a religião mais tarde exerceria. Em vários sentidos, os reformistas eram na verdade conservadores, tentando conter a maré da história gerada pelos avanços na economia capitalista.

Eles foram extremamente bem-sucedidos. Ao longo de dez anos, de 1909 a 1919, quarenta estados restringiram a quantidade de horas que as mulheres podiam trabalhar.

Quinze estados aprovaram novas leis de salário mínimo a fim de limitar empregos para iniciantes. Muitos estados criaram pensões para famílias sem um dos pais, justamente para incentivar as mulheres a rejeitarem a vida mercantil, voltarem para a vida doméstica protegida e pararem de competir pelo salário com os homens.

Estas leis eram novidade na história norte-americana (e em praticamente toda a história moderna) porque intervinham profundamente no direito dos trabalhadores e patrões de estabelecer qualquer tipo de contrato. O plano progressista envolvia o governo em temas que afetavam diretamente a capacidade das pessoas de se sustentarem. Ele também criou obrigações sem precedentes tanto para trabalhadores quanto para patrões. Tais leis seriam impensáveis cinquenta anos antes.

Como isso aconteceu tão rápido, e por quê?

3 - A INFERIORIDADE DAS MULHERES

Richard T. Ely, o influente fundador da Associação Econômica Norte-americana e padrinho da economia progressista, explicou a questão de maneira clara, estabelecendo as bases para as leis que se seguiram. Seu livro de 1894, *Socialism and Social Reform* [*Socialismo e Reforma Social*], expressava o pânico quanto à entrada das mulheres no mercado de trabalho.

> Deve-se impor restrições ao trabalho de mulheres casadas, e sua contratação por um período considerável antes e depois do parto deve ser proibida em quaisquer circunstâncias. Também deve haver restrições quanto ao horário do expediente, como na Inglaterra,

para crianças e jovens com menos de dezoito anos, e mulheres. Tais limitações terão um efeito benéfico sobre a saúde da comunidade. [...] O trabalho noturno deve ser proibido para mulheres e pessoas com menos de dezoito anos e todo trabalho perigoso para o organismo feminino deve ser proibido para mulheres.

Se a referência ao "organismo feminino" lhe parece estranha, lembre-se de que essa geração de intelectuais acreditava na eugenia – usando a força estatal para planejar o surgimento de uma nova raça – e, assim, via mulheres apenas como reprodutoras da raça, não indivíduos com direito à escolha. Para quem acreditava que o governo tinha a responsabilidade pelo planejamento da reprodução humana (e a maioria dos intelectuais da época acreditava nisso), o papel da mulher era fundamental. Elas talvez não pudessem fazer o que queriam, ir aonde queriam ou ganhar a vida sozinhas. Esse tipo de ideia era comum para a geração que deu aos Estados Unidos restrições legais sem precedentes quanto ao mercado de trabalho.

4 - A Suprema Corte se intromete

Pense no caso *Muller vs. Oregon*, da Suprema Corte, que analisou a legislação estatal de jornada máxima e julgou favoravelmente ao Estado. O caso do Oregon não era incomum; tratava-se de algo normal para os vinte estados que já tinham aprovado tais leis, concebidas para atacar a liberdade feminina de escolha de carreira. No texto da lei do Colorado, aprovada em 1903, lê-se: *"Nenhuma mulher deve trabalhar por mais de oito horas num dia de 24 horas [...] onde tal trabalho ou ocupação, por sua natureza, exija que a mulher esteja de pé".*

A decisão no caso *Muller vs. Oregon*, portanto, ratificou tais leis em todo o país. Hoje, o caso é considerado como a base para a lei trabalhista progressista. O que não se sabe é que o parecer que julgou o caso é um notável exemplo de pseudociência que defende a inferioridade das mulheres e, assim, a necessidade de protegê-las das exigências de um empreendimento comercial. Este parecer foi escrito pelo juiz Louis Brandeis (1865-1941), da Suprema Corte.

5 - O estranho e horrível "Parecer Brandeis"

O "Parecer Brandeis" argumentava que a lei tinha de impedir a entrada em massa de mulheres no mercado de trabalho porque as mulheres "têm uma suscetibilidade especial à fadiga e a doenças", já que o sangue feminino tem mais água do que o do homem. A composição sanguínea também explica por que mulheres têm menos foco, energia e força em geral, de acordo com o parecer.

> Médicos concordam que as mulheres são fundamentalmente mais fracas do que os homens em tudo o que diz respeito a resistência: força muscular, energia nervosa e capacidade de atenção e persistência.

Além disso, *"na força, assim como na rapidez e precisão do movimento, mulheres são inferiores aos homens. Esta não é uma conclusão que se possa contestar"*. Expedientes maiores são *"mais desastrosos à saúde das mulheres do que à dos homens"*, explicava o parecer. O governo, portanto, precisava regular a duração do expediente pela *"saúde, segurança, moral e bem-estar geral das mulheres"*.

As restrições à duração do dia de trabalho, portanto, foram essenciais. *"É de grande importância higiênica por conta da organização física mais delicada da mulher"*, dizia o parecer. *"E isso contribuirá para um cuidado melhor das crianças e para a manutenção de uma vida familiar regular"*.

Este parecer é também notável por ser o primeiro a combinar ciência, por mais mentirosa que fosse, e política pública no apelo à Suprema Corte.

6 - O sonho de Florence Kelley das mulheres desocupadas

Alguém pode pensar que todo esse esforço para impedir o progresso feminino vinha dos homens, mas não. Uma das líderes na campanha por tais intervenções foi a escritora e ativista Florence Kelley (1859-1932). Os progressistas contemporâneos celebram o ativismo dela em defesa do limite de horas, do expediente diário de dez horas, salário mínimo e direitos das crianças. Na verdade, ela é considerada uma heroína pela versão revisionista da história que os progressistas ensinam uns aos outros.

Antes de celebrarmos as suas realizações, contudo, deveríamos analisar as motivações de Kelley. Escrevendo para o *American Journal of Sociology*, ela explicou que queria um salário mínimo como meio de impedir as fábricas e o comércio de empregarem mulheres por menos do que pagariam aos homens.

O comércio varejista, escreveu ela, tende a *"diminuir a contratação de homens, substituindo-os por mulheres, meninas e meninos, em grande parte recebendo menos do que o necessário para viver"*. Era justamente essa concorrência que Kelley pretendia impedir, para que os homens pudessem receber salários mais altos e as mulheres pudessem voltar ao seu papel tradicional.

Em seu livro *Some Ethical Gains through Legislation* [*Alguns Ganhos Éticos por Intermédio da Legislação*], de 1905, Florence Kelley dizia que jornadas prolongadas tinham de acabar para as mulheres porque a vida mercantil estava introduzindo a *"perversão"* nas comunidades ("perversão", para essa geração, era o eufemismo preferido para todas as formas de pecado sexual). Pior, as mulheres estavam preferindo a vida mercantil à vida doméstica *"por iniciativa própria"*.

Kelley considerava necessário restringir os direitos das mulheres para a *"saúde e moralidade"* delas próprias, dizia, e também para aumentar o salário masculino, a fim de que as mulheres pudessem ficar em casa, sustentadas por suas mães, pais, pretendentes e maridos.

Além disso, tornar o trabalho feminino ilegal tornaria o *"sustento virtuoso"* mais prático para as mulheres. Se elas deixassem de receber salário, voltariam à vida doméstica. Kelley maldizia até mesmo a invenção da eletricidade, porque ela permitiu que as mulheres trabalhassem até tarde nas fábricas, quando deveriam estar em casa, lendo para as crianças à luz de velas.

De acordo com Kelley, o papel ideal das mulheres com filhos é jamais entrar para o mercado de trabalho: *"A vida familiar em casa é alijada de sua base quando mães de crianças pequenas trabalham em troca de salário"*. É uma opinião com a qual muitos talvez ainda simpatizem, mas esta deveria ser uma opinião imposta às famílias por meio de uma legislação coercitiva? De acordo com esse modelo de reforma social progressista, estava claro que os legisladores tinham de obrigar as mulheres a voltar para seus lares.

Florence Kelley e o movimento que ela representava buscavam desempregar mulheres e fazer com que todos voltassem ao tempo pré-contemporâneo da vida doméstica. Ela não queria mais direitos femininos, e sim menos. O trabalho fora de casa era adequado aos homens, que deveriam receber salários altos o suficiente para toda a família. Esta era a base para seu apoio a toda uma legislação criada para tirar as mulheres do mercado de trabalho e pôr um fim a toda uma gama de opções dadas a elas, escolhas que muitas mulheres estavam felizes em fazer.

7 - Medo das mulheres na Prússia

Isso tudo no mundo acadêmico e entre os ativistas é uma coisa, mas e quanto à imprensa popular?

O professor Edward A. Ross (1866-1951), autor de *Sin and Society* [*Pecado e Sociedade*], expôs a questão no *New York Times* em 3 de maio de 1908. Num artigo intitulado "The Price Woman Pays to Industrial Progress" [O Preço que a Mulher Paga pelo Progresso Industrial], Ross alertava que a *"bela forma feminina"* norte-americana corria perigo na sociedade mercantil.

Se fosse permitido às mulheres trabalhar, um processo de seleção evolucionária controlaria a reprodução em detrimento da raça humana. As belas mulheres que de outra forma teriam belos filhos seriam excluídas do acervo genético, substituídas por *"mulheres baixas, de pé chato, costas largas, sem peitos, rosto grande e pescoço curto - tipo ao qual falta a graça que associamos às mulheres".*

AS ORIGENS MISÓGINAS DA LEI TRABALHISTA NORTE-AMERICANA

Manchete no alto: O PREÇO QUE A MULHER PAGA PELO PROGRESSO INDUSTRIAL
Manchete à esquerda: A velocidade imposta pela concorrência moderna constitui grave ameaça à saúde e ao bem-estar da sociedade.
Manchete à direita: Nos grandes centros, 50% das jovens mulheres ganham a vida sob condições extremamente difíceis.

O exemplo de Ross: *"as mulheres da Prússia oriental"*, que *"dão à luz pela manhã"* e *"saem para o campo à tarde"*.

O professor explicava que mulheres que trabalhavam em fábricas não seriam boas mães. *"Pense na situação do jovem homem que, depois de dois ou três anos de casamento, descobre que tem uma esposa de 28 ou 30 anos doente, inválida, sofrendo dores o tempo todo"*. Ora, ela talvez se perceba *"incapaz de manter uma casa atraente"*. E tudo isso *"por causa de uns dólares a mais agregados ao lucro do patrão ou alguns dólares a menos de economia para o consumidor"*.

Por causa da perigosa combinação de emprego e seleção natural, sustentava Ross, o governo tinha de estender a mão a fim de ajudar essas mulheres, limitando as jornadas e estabelecendo um limite maior para a entrada na força de trabalho: o salário mínimo.

Somente por meio de intervenções iluminadas como essa é que o governo poderia salvar as mulheres do mercado de trabalho, a fim de que elas pudessem voltar aos deveres maternais de educar *"meninas que tenham a qualidade da beleza - graça e charme"*.

8 - ISSO É UMA SÁTIRA?

Se isso parece uma sátira, infelizmente não é. Tais opiniões tampouco eram incomuns numa geração de intelectuais, políticos e ativistas que idolatravam a eugenia e rejeitavam o capitalismo por ele ser aleatório, caótico e liberador demais. O plano deles era restabelecer e entrincheirar por lei a família e a estrutura marital na qual acreditavam, o que impediu toda uma geração de mulheres de tomar decisões individuais quanto às suas próprias vidas.

Qualquer tendência fazia a geração eugenista entrar em pânico. Eles temiam a queda na taxa de natalidade entre os que deveriam estar se reproduzindo e o aumento na taxa de natalidade dos que não deveriam. Temiam a moral, a concorrência, a saúde, a cultura. Mais do que tudo, desprezavam a mudança criada por uma economia dinâmica.

Assim, de 1900 a 1920, período que abriu caminho para um século de intervenções no mercado de trabalho, centenas de leis oprimindo mulheres foram aprovadas em todos os estados, e também no governo federal. Ninguém ousava chamar isso de misoginia, mas trata-se de uma história real, embora raramente contada.

9 - FEMINISTAS CONTRA A REVOLUÇÃO

As leis que desempregaram milhares de mulheres no país inteiro geraram enormes protestos. A The Equal Opportunity League [Liga pelas Oportunidades Iguais], uma das primeiras organizações feministas em Nova York, fez *lobby* para que o legislativo estadual revogasse as proibições de trabalho. E o fato recebeu grande cobertura da imprensa. Como demonstra o artigo "Women's Work Limited by Law" [Trabalho Feminino Limitado por Lei], publicado pelo jornal *New York Times*, no dia 18 de janeiro de 1920.

WOMEN'S WORK LIMITED BY LAW

Equal Opportunity League Fighting Legislation Which Restricts Their Hours of Labor

Manchete: TRABALHO FEMININO LIMITADO POR LEI
Liga pelas Oportunidades Iguais luta contra legislação que restringe os horários de trabalho

"As trabalhadoras não pediram nem querem a chamada 'lei de bem-estar social'", disse a Liga. *"Essas leis de 'bem-estar social' são elaboradas por pretensos alpinistas sociais*

que acreditam que as trabalhadoras não sabem o bastante para se proteger".

Mulheres são pessoas? Mulheres já não são mais as tuteladas do Estado, e uma lei que é inconstitucional para o eleitor homem é igualmente inconstitucional para a eleitora mulher.

"Trabalhar à noite não é mais prejudicial do que trabalhar durante o dia", argumentava a Liga.

Muitas mulheres preferem trabalhar à noite porque o salário é maior, assim como as oportunidades de crescimento, e mulheres com filhos podem ficar com as crianças depois da escola durante o dia.

Na verdade, o *slogan* "salários iguais para trabalhos iguais" não foi criado para exigir salários maiores para as mulheres. Foi um lema usado como argumento contra as leis que tornavam *"crime empregar mulheres por cinco minutos depois do expediente de oito horas"*. A frase surgiu como o *slogan* preferido para protestar *em defesa do livre mercado,* não contra.

A Liga pelas Oportunidades Iguais também se opunha apaixonadamente à lei de salário mínimo. Tais leis, argumentava ela, *"apesar de serem divulgadas como benéficas* [às mulheres], *são na verdade um problema para elas na concorrência com homens pelos cargos mais desejados".*

Em resumo, a conclusão da Liga é a de que as leis propostas, criadas para proteger as mulheres trabalhadoras, vão, se permanecerem em voga, provocar a sua ruína industrial e devolvê-las ao lamaçal de labuta do qual as mulheres acabaram de sair depois de séculos de esforços e sofrimentos para melhorar sua condição.

10 - Restrição se torna liberação?

A versão de conto de fadas da história diz que, durante o século XX, o governo liberou as mulheres para que elas tivessem poder no mercado de trabalho. A realidade é o oposto. Quando o mercado estava dando às mulheres mais opções, o governo se intrometeu para limitar as opções em nome de saúde, pureza, valores familiares e ascensão social. Tais leis e regulações estão em voga ainda hoje, apesar de terem sido remodeladas de uma forma completamente diferente. Como diria George Orwell (1903-1950), em algum momento restrição se tornou liberação.

PARTE IV
A FILOSOFIA

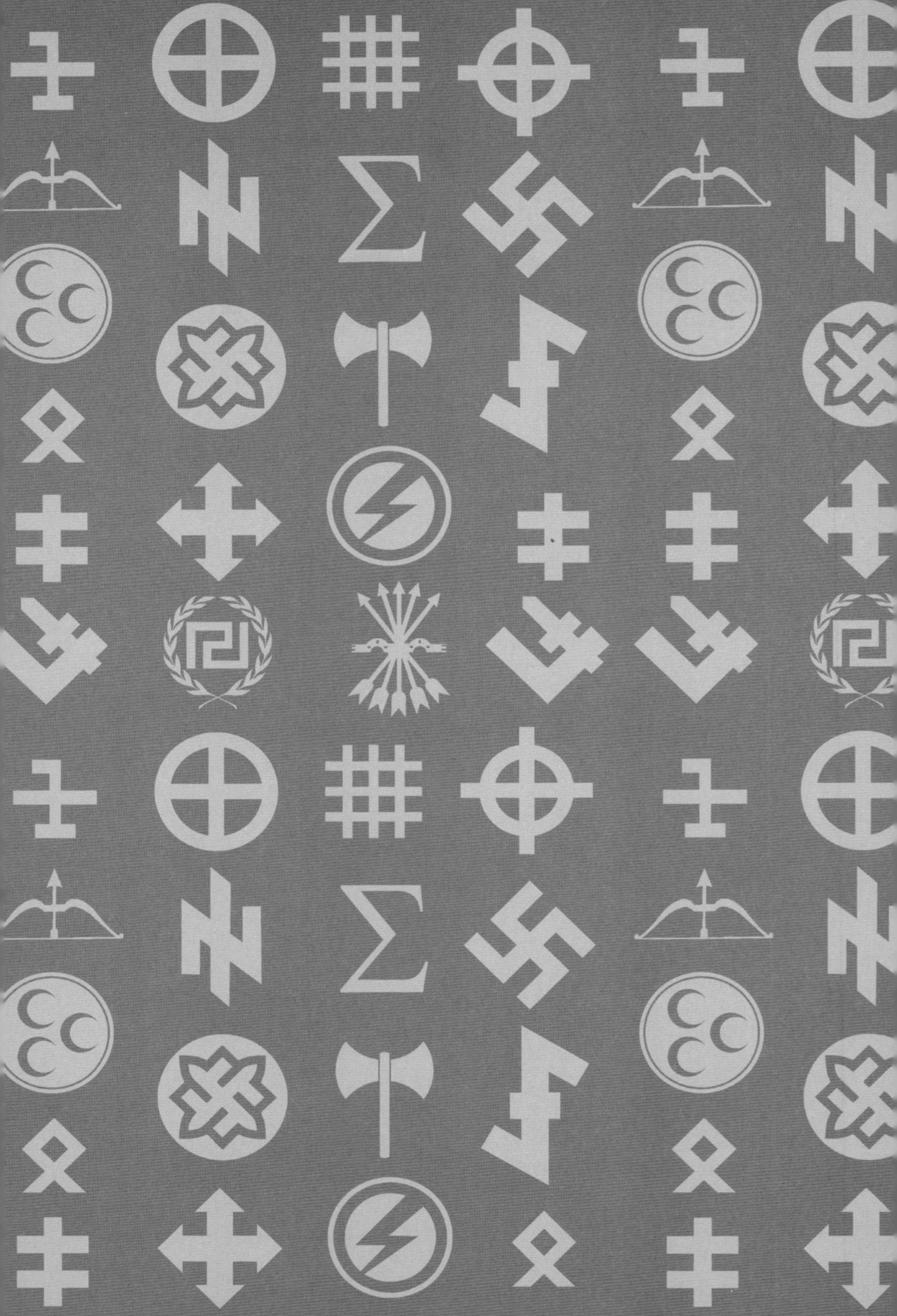

CAPÍTULO 15
CINCO DIFERENÇAS ENTRE A EXTREMA DIREITA E O LIBERTARIANISMO

Bom, Hillary Clinton conseguiu. Para a alegria dos extremistas de direita de todos os cantos, aqueles raivosos senhores do meme do sapo verde que lançam insultos politicamente incorretos a todos à esquerda, a candidata do Partido Democrata enfim os pôs no mapa. Especificamente, ela acusou Donald Trump de encorajar e dar voz à sombria e perigosa visão de mundo desse grupo.

Não importa se estamos falando aqui de um grupo fascista emergente que vem assumindo o controle da cultura política norte-americana ou se são apenas uns poucos milhares de marionetes com contas nas mídias sociais que apenas gostam de falar mal dos outros no *Twitter*. A questão central é que muitos extremistas de direita se dizem associados de alguma forma ao libertarianismo, ao menos em seu despertar intelectual, até começarem a se livrar dele, mais tarde.

Quais as diferenças entre a ideologia de extrema direita e o libertarianismo?

1 - A FORÇA MOTRIZ DA HISTÓRIA

Toda ideologia tem uma Teoria da História, alguma ideia de uma força motriz que provoca movimentos importantes de um estágio a outro. Uma teoria assim nos ajuda a entender o passado, o presente e o futuro. O tema libertário da história foi maravilhosamente desenvolvido por Murray N. Rothbard (1926-1995):

> Minha perspectiva básica da história do homem [...] é dar importância ao grande conflito eternamente travado entre liberdade e poder [...]. Vejo a liberdade do indivíduo não apenas como um grande bem moral em si (ou, com Lord Acton, como o mais nobre bem político), mas também como condição necessária para a prosperidade de todos os outros bens que a humanidade cultiva: virtude moral, civilização, artes, ciências e prosperidade econômica. Da liberdade, pois, nascem as glórias da vida civilizada.

Aí está: liberdade x poder. A liberdade dá vazão à energia humana e constrói a civilização. Qualquer coisa que interfira no progresso da liberdade impede o progresso da humanidade. As duas coisas não convivem. O objetivo político (ou antipolítico) é claro: diminuir o poder (o que significa reduzir a violência injusta) e aumentar a liberdade.

Qual é a Teoria da História da extrema direita? O movimento herdou uma longa e assustadora tradição de pensamento de Georg Wilhelm Friedrich Hegel a Thomas Carlyle, passando por Oswald Spengler, Madison Grant, Othmar Spann (1878-1950), Giovanni Gentile, Carl Schmitt, até chegar aos discursos de Donald Trump. Essa tradição vê a história de outra forma: não como um conflito entre liberdade e poder, e sim como uma espécie de metaconflito que diz respeito a grupos impessoais de tribos, raças, comunidades, grandes homens, e assim por diante.

Enquanto o libertarianismo fala de escolhas individuais, a teoria da extrema direita chama a atenção para os coletivos em ação. Ela imagina que, a despeito das aparências, todos agimos de acordo com um instinto básico quanto à nossa identidade como povo, que se acumula graças a uma autoconsciência mais intensa ou se erode pela eliminação e desapropriação do que nos define. Chamar isso de racismo é uma crítica muitas vezes acertada, mas superficial. O que realmente ocorre aqui é a despersonalização da história em si: o princípio de que somos controlados por forças históricas épicas que estão além do nosso controle como meros indivíduos. Só importamos quando nossa individualidade se submete a um grupo. Esse grupo, por sua vez, exige um líder. É necessário algo poderoso e ameaçador como um grande líder, uma personificação dessas grandes forças, para causar um impacto na narrativa histórica.

2 - Harmonia x conflito

Outra questão diz respeito à nossa capacidade de convivência pacífica. Frédéric Bastiat (1801-1850) descrevia a sociedade livre como uma sociedade caracterizada por uma *"harmonia de interesses"*. A fim de superar o estado natural, aos poucos descobrimos a capacidade de perceber valor uns nos outros. A divisão do trabalho é um fato importante da comunidade humana: nosso trabalho se torna mais produtivo em cooperação com os outros, e isso é verdade sobretudo por causa da distribuição dos talentos, inteligência e habilidades e diferenças de religião, sistemas de crenças, raça, idioma e assim por diante.

E, claro, é lindo descobrir isso. Vemos as maravilhas libertárias da cooperação num projeto de construção, num prédio de escritórios, num restaurante, fábrica, shopping, sem esquecer as cidades, os países, o planeta. Com harmonia de interesses não quero dizer que todos se dão perfeitamente bem, e sim que habitamos instituições que incentivam o progresso graças a um comportamento cada vez mais cooperativo. Como dizem os liberais de antigamente, acreditamos que a *"irmandade de todos os homens"* é possível.

Para a mentalidade de extrema direita, tudo isso parece ridículo. Claro, fazer compras é bom. Mas o que realmente caracteriza as associações humanas é o conflito profundamente enraizado. As raças estão em uma guerra secreta, no campo genético e intelectual. Há um conflito permanente entre os sexos. Pessoas de religiões diferentes devem lutar e sempre lutarão, até que uma religião vença. Nações lutam por um motivo: a disputa é real.

Alguns dizem que a guerra é o que nos define e dá sentido à vida, e que, neste sentido, ela é gloriosa e digna de celebração. Por isso, todas as nações devem aspirar à hegemonia de linhagem, religião e assim por diante; quanto aos gêneros, deve haver dominância porque a cooperação é uma ilusão.

Talvez você note algo em comum com a esquerda aqui. No século XIX, os marxistas falavam entusiasmadamente de um suposto conflito inerente entre trabalho e capital. Seus sucessores falam incessantemente de raça, etnia, capacidades, gênero e assim por diante, levando a teoria conflitiva de Karl Marx a reinos cada vez mais exóticos. Ludwig von Mises percebeu este paralelo brilhantemente ao escrever: *"O nacionalismo divide a sociedade verticalmente; o socialismo divide a sociedade horizontalmente"*. Aqui, como em outras áreas, os extremos à esquerda e direita estão estranhamente alinhados.

3 - Ordem planejada x ordem espontânea

O libertário acredita que os melhores resultados sociais não são os planejados, estruturados e previstos, e sim o oposto. A sociedade é o resultado de milhões e bilhões de pequenos atos racionais de autointeresse canalizados numa ordem aleatória, não planejada e imprevista que não pode ser concebida por uma única mente. O conhecimento necessário para criar uma ordem social funcional é expresso pelas instituições: preços, educação, costumes, hábitos e tradições que ninguém pode conscientemente criar a partir do nada. Deve haver um processo em ação, e regras estáveis controlando este processo que permite que tais instituições evoluam, sempre submetidas às imutáveis leis da economia.

Mais uma vez, a mentalidade da extrema direita considera tudo isso algo sem inspiração e nada inspirador. A sociedade, para eles, é criada pela vontade de grandes pensadores e líderes com visão ilimitada do que se pode ser. O que vemos em ação na sociedade é resultado do planejamento intencional e consciente de alguém, de cima para baixo.

Se não podemos encontrar a fonte, ou se a fonte está de alguma forma oculta, imaginamos que deve haver algum grupo obscuro por aí manipulando os acontecimentos - daí a obsessão da extrema direita por teorias conspiratórias. A história dos iluminados é criada por alguém, então "nós" podemos nos envolver numa grande batalha para assumir os controles - daí a obsessão da extrema direita pela política como esporte de contato.

Ah, por sinal a economia, de acordo com Thomas Carlyle, é uma ciência sinistra.

4 - Comércio e migração

Claro que os liberais clássicos lutaram por um comércio livre e o trânsito livre dos povos, vendo as fronteiras nacionais como linhas arbitrárias num mapa que compassivamente contém o poder do Estado, mas também inibe o progresso da prosperidade e civilização. Pensar globalmente não é ruim, e sim um sinal de esclarecimento. O protecionismo não é nada além de um imposto sobre o consumo que inibe a produtividade industrial e coloca as nações umas contra as outras. O processo mercantil é um fenômeno mundial que indica uma expansão na divisão do trabalho, o que significa uma capacidade cada vez maior das pessoas de melhorarem seu padrão de vida e enobrecerem a sua existência.

A extrema direita se opõe ao livre comércio e à imigração. Você sempre percebe que um escritor está mergulhado na mentalidade da extrema direita (ou do neorreacionarismo ou Iluminismo Sombrio ou fascismo escancarado) se ele se interessa sobretudo pelo comércio internacional como algo inerentemente ruim ou fraudulento ou de alguma forma lamentável. Para eles, uma nação deve ser forte o bastante para prosperar como unidade independente, economicamente soberana.

Hoje, a extrema direita tem uma disputa especial contra os acordos comerciais, não porque eles sejam desnecessariamente complexos ou burocráticos (bons motivos para duvidar de seus méritos), e sim por conta da capacidade meritória de tais acordos de facilitar a cooperação internacional. O mesmo serve para a imigração. Em algum momento do fim do século XIX, a imigração passou a ser vista como uma ameaça à identidade nacional, o que invariavelmente significa identidade racial.

5 - Emancipação e progresso

O libertário celebra as mudanças profundas no mundo desde a Baixa Idade Média até a era do *laissez-faire*, porque observamos como a sociedade mercantil rompeu as barreiras de classe, raça e isolamento social, levando direitos e dignidade a cada vez mais pessoas. A escravidão acabou. Mulheres foram emancipadas, já que o casamento evoluiu de conquista e dominação a uma relação livre de parceria e consentimento. Tudo isso é maravilhoso, porque os direitos são universais, isto é, pertencem a todos igualmente. Qualquer coisa que interfira nas escolhas das pessoas retarda e detém os avanços da prosperidade, paz e florescimento humano. Essa perspectiva necessariamente faz do libertário um otimista quanto ao potencial humano.

A mentalidade da extrema direita não suporta este ponto de vista e considera tudo isso uma ingenuidade. O que parece progresso na verdade é uma perda: de cultura, identidade e missão. Eles recorrem ao que imaginam ter sido uma Era Dourada em que as elites governavam e os peões obedeciam. E assim vemos a fonte de seu apego romântico à autoridade como forma de ordem e o desejo por um governo autoritário. Quanto aos direitos universais, esqueça. Direitos são dados por comunidades políticas e estão totalmente ligados à cultura. Os antigos acreditavam que algumas pessoas nasciam para servir e outras para mandar, e a extrema direita adota essa visão de mundo. Mais uma vez a identidade é tudo e a perda de identidade é o maior crime que se possa imaginar.

6 - Conclusão

Só para deixar claro, e como muitos analistas afirmaram, tanto libertários quanto a extrema direita suspeitam da democracia. Mas nem sempre foi assim. No século XIX, os liberais clássicos em geral tinham uma opinião favorável da democracia, acreditando que ela era uma analogia política à escolha no mercado. Mas eles imaginavam que os Estados eram restritos, que as regras eram fixas e claras e que a democracia fiscalizava o poder. À medida que os Estados cresceram, o poder se tornou total e as regras se tornaram sujeitas a grupos de pressão política, e a atitude libertária em relação à democracia mudou.

Por outro lado, a oposição da extrema direita à democracia remonta a seu ódio pelas massas em geral e pela suspeita quanto a tudo que cheira a igualdade. Em outras palavras, ela tende a odiar a democracia pelos motivos errados. Essa semelhança é historicamente duvidosa e superficial, levando em conta as grandes diferenças que separam as duas visões de mundo. A sociedade traz ou não em si a capacidade de se autogerir? Esta é a questão.

Nada disso impedirá a grande imprensa de juntar tudo, já que compartilhamos do mesmo medo quanto àquilo em que a esquerda se transformou na política atual.

Mas não se engane: a extrema direita sabe exatamente quem são seus inimigos, e os libertários estão entre eles.

CAPÍTULO 16
A PRÉ-HISTÓRIA DA EXTREMA DIREITA

A leitura da coletânea *Why I Left the Left* [*Por que Abandonei a Esquerda*], organizada por Tom Garrison, é um lembrete importante de que não sobra muita influência intelectual daquele lado da cerca. Se uma ideologia se põe a identificar o mal como algo que está na identidade das pessoas, que bom. Isso e também o fracasso do modelo socialista em todos os lugares explicam por que a esquerda sofreu tanto nas urnas e agora enfrenta um contra-ataque sério na academia e na vida pública.

Com o fracasso da ação vem a reação, e agora o mundo ocidental está lidando com algo a que as pessoas estão menos acostumadas: a ascensão da extrema direita como alternativa. Ela atrai jovens por conta de seu *ethos* revolucionário e rebelde, que facilmente inflama professores e protetores das convenções cívicas.

Mas o movimento é mais do que isso. Ele tem uma história filosófica e política real que se opõe violentamente à ideia de liberdade individual, e esteve muito reprimido desde a

Segunda Guerra. Por isso, a maioria das pessoas acredita que o fascismo (e seus vários ramos) desapareceu do planeta.

Como resultado, essa geração não foi filosoficamente preparada para reconhecer a tradição, os sinais, as implicações e a aplicação política da ideologia que tantos tendem a adotar.

Eis aqui uma pré-história do que chamamos de extrema direita hoje e que pode ser descrita como uma encarnação do século XX daquilo que no século XIX teria sido chamado de hegelianismo de direita. Ignoro muitos movimentos políticos (na Espanha, França e Itália) e líderes patéticos como George Lincoln Rockwell (1918-1967), Oswald Mosley (1896-1980) e padre Charles Coughlin (1891-1979) a fim de ir diretamente às ideias centrais que formam algo como uma escola de pensamento que se desenvolveu ao longo de um século.

Aqui temos uma linhagem de pensamento totalitário não marxista e não esquerdista de direitismo, criado numa oposição fanática à liberdade burguesa.

1820: Georg Wilhelm Friedrich Hegel publicou *Grundlinien der Philosophie des Rechts* [*Princípios da Filosofia do Direito*][13], que expôs as implicações políticas de seu "idealismo dialético", uma visão que se afastava drasticamente da tradição liberal por se abstrair completamente da experiência humana para postular que forças vitais que operam sem controle moldam a história. O fato é que a política dessa visão se

---

[13] A obra pode ser encontrada em português nas respectivas edições brasileiras: HEGEL, Georg Wilhelm Friedrich. *Princípios da Filosofia do Direito*. Trad. Orlando Vitorino. São Paulo: Martins Fontes, 1997; HEGEL, Georg Wilhelm Friedrich. *Filosofia do Direito*. Trad. Paulo Meneses, Agemir Bavaresco, Alfredo de Oliveira Moraes, Danilo Vaz-Curado R. M. Costa, Greice Ane Barbieri e Paulo Roberto Konzen. São Paulo / São Leopoldo: Loyola / Unisinos, 2010. (N. E.)

resumia a *"o Estado é a marcha de Deus pelo mundo"*. Ele ansiava por uma era futura que realizaria a apoteose do controle estatal. A visão hegeliana, de acordo com uma palestra em 1952 de Ludwig von Mises, se dividiu em direita e esquerda, dependendo da atitude em relação a nacionalismo e religião (a direita apoiava o Estado prussiano e a igreja, ao contrário da esquerda), e, portanto, *"destruiu o pensamento e a filosofia germânicos por mais de um século, no mínimo"*.

1841: Thomas Carlyle publicou *On Heroes, Hero-Worship, and The Heroic in History* [*Sobre os Heróis, o Culto ao Herói e o Heroico na História*][14] que popularizou a teoria histórica do "grande homem". A história não tem a ver com melhoras marginais no padrão de vida pelo uso de instrumentos melhores, mas com mudanças épicas provocadas pelo poder. Defensor da escravidão e oponente do liberalismo, Carlyle tinha como alvo a ascensão da vida mercantil, elogiando Oliver Cromwell (1599-1658), Jean-Jacques Rousseau (1712-1778) e Napoleão Bonaparte (1769-1821), além de falar das glórias do poder. *"O Comandante dos Homens; ele a cuja vontade as nossas vontades se subordinarão, rendendo-se lealmente para seu próprio benefício, que ele seja reconhecido como o mais importante dos Grandes Homens"*. O alvo de Carlyle era Adam Smith e o iluminismo escocês em geral. Os biógrafos de Hitler concordam que as palavras de Carlyle foram as últimas que ele pediu para ouvir antes de morrer.

1841: Enquanto isso, no continente europeu, Friedrich List publicou *Das Nationale System der Politischen* Ökonomie

---

[14] Atualmente esgotada, a mais recente edição da obra em português é a seguinte: CARLYLE, Thomas. *Os Heróis*. Trad. Antônio Ruas. São Paulo: Melhoramentos, 2ª ed., 1963. (N. E.)

[*Sistema Nacional de Economia Política*][15], celebrando o protecionismo, o gasto em infraestrutura, o controle governamental e o apoio à indústria. Mais uma vez, era um ataque direto ao *laissez-faire* e uma celebração da unidade nacional como única força produtiva verdadeira na vida econômica. Steven Davies comenta: *"A consequência mais séria das ideias de List foi uma mudança na mentalidade e na percepção popular. Em vez de ver o comércio como um processo cooperativo de benefícios mútuos, políticos e empresários passaram a vê-lo como uma luta entre vencedores e perdedores"*. Os nacionalistas econômicos de hoje não têm nada de novo a acrescentar ao edifício já construído por List.

1871: Charles Darwin abandonou a ciência brevemente para entrar no campo da análise sociológica com seu livro *The Descent of Man, and Selection in Relation to Sex* [*A Descendência do Homem e Seleção em Relação ao Sexo*][16]. Trata-se de uma obra fascinante, mas que tende a tratar a sociedade humana como um zoológico, e não como uma empreitada sociológica e econômica. Ela contém um parágrafo bombástico (parcial e amplamente mal interpretado) que reclama de como *"criamos leis ruins; e nossos médicos fazem de tudo para salvar a vida de todos no último instante [...]. Assim os membros mais fracos das sociedades civilizadas se propagam. Qualquer um que já tenha cuidado de animais domésticos sabe que isso deve ser extremamente prejudicial para a raça*

---

[15] O livro foi lançado em português na seguinte edição: LIST, Georg Friedrich. *Sistema Nacional de Economia Política*. Apres. de Cristovam Buarque; trad. Luiz João Baraúna. São Paulo: Abril Cultural, 1983 (N. E.)

[16] Esgotada há décadas em português, a obra foi lançada na seguinte edição brasileira: DARWIN, Charles. *A Descendência do Homem e a Seleção Sexual*. Trad. Zoran Ninitch. Rio de Janeiro: Livraria Editora Mariza, 1933. (N. E.)

humana". No mínimo, sugeria ele, deveríamos impedir que os mais fracos se casassem. Essa é a "prioridade" que devemos adotar a fim de impedir a sociedade de ser controlada por inferiores. Tragicamente, esse comentário deu combustível aos eugenistas, que imediatamente começaram a elaborar planos demográficos para evitar uma terrível decadência biológica que levaria à degeneração humana.

1896: A Associação Econômica Norte-americana publicou *Race Traits and Tendencies of the American Negro* [*Características Raciais e Tendências do Negro Norte-americano*], de Frederick Hoffman. Este trabalho, um entre vários do tipo, descrevia negros como criminosos irrecuperáveis, preguiçosos e promíscuos, cuja influência na biologia nacional levaria à decadência da raça. A mera presença dos negros era considerada uma ameaça às *"virtudes incontestáveis da raça ariana"*. Tais opiniões foram adotadas por Richard T. Ely, fundador da Associação Econômica Norte-americana, e acabaram por dominar os periódicos acadêmicos da época, dando base acadêmica para as leis de segregação, regulações empresariais e coisas ainda piores.

1904: O fundador da Sociedade Eugenista Norte-americana, Charles Davenport, criou a Estação de Evolução Experimental e se pôs a propagar a eugenia do seu posto como professor de zoologia em Harvard. Ele foi muito influente para toda uma geração de cientistas, políticos, economistas e burocratas, e foi graças à sua influência que a eugenia se transformou num tema crucial da política norte-americana até a Segunda Guerra Mundial, influenciando a aprovação de leis que regulavam temas como salários, imigração, licenças de casamento, jornada de trabalho e, claro, esterilização forçada.

Nesse momento da história, os cinco pilares da teoria fascista (historicista, nacionalista, racista, protecionista e estatista) tinham sido erguidos. O fascismo tinha uma Teoria da História. Tinha uma imagem do inferno, que era o liberalismo e a sociedade mercantil sem controle. Tinha uma imagem do Paraíso, que eram as sociedades nacionais governadas por homens fortes habitando Estados poderosos, atentos à indústria pesada. Tinha uma mentalidade científica.

Acima de tudo, o fascismo tinha um plano: controlar a sociedade de cima para baixo, com o objetivo de administrar todos os aspectos do caminho demográfico da sociedade humana, o que significava controlar os seres humanos do berço ao túmulo a fim de produzir algo superior, e também o planejamento industrial para substituir a aleatoriedade do processo mercantil. A própria ideia de liberdade, para essa escola de pensamento emergente, era um desastre para todos, em todos os lugares.

O fascismo só precisava da popularização das ideias mais incendiárias.

1916: Madison Grant, erudito de enorme prestígio e com conexões entre a elite, publicou *The Passing of the Great Race* [*A Morte da Grande Raça*]. O livro nunca foi um sucesso de vendas, mas teve muita influência sobre as elites governantes e ficou famoso por aparecer no romance *The Great Gatsby* [*O Grande Gatsby*][17], de F. Scott Fitzgerald (1896-1940). Grant,

---

[17] Existem diversas traduções do livro em língua portuguesa, lançadas por diferentes editoras. Mesmo não tendo feito muito sucesso nas duas primeiras décadas após a publicação em 1925, este romance se tornou o mais famoso do autor. A obra literária foi adaptado para uma peça de teatro, para quatro versões cinematográficas e para um filme televisivo. A adaptações para o cinema mais conhecidas são a de 1974, dirigida por Jack Clayton (1921-1995), com roteiro de Francis Ford Coppola, e estrelada

um dos primeiros ambientalistas, recomendava a esterilização em massa de pessoas como *"uma solução prática, misericordiosa e inevitável para todo o problema"*, e ela deveria *"ser aplicada a um círculo cada vez maior de marginais, começando sempre com os criminosos, doentes e loucos, e se expandindo aos poucos para tipos que podem ser chamados de fracos em vez de deficientes, e talvez no final das contas às raças mais inúteis"*. Hitler adorou o livro e enviou uma carta a Grant dizendo que a obra era a sua Bíblia pessoal.

1919: Depois da Primeira Guerra Mundial, o historiador alemão Oswald Spengler publicou *Der Untergang des Abendlandes* [*O Declínio do Ocidente*][18], que fez muito sucesso por captar o espírito da época: a economia monetária e o liberalismo estavam mortos e só podiam ser substituídos pela ascensão de formas culturais monolíticas cujo sentido girava em torno de aspectos como sangue e raça. Os laços de sangue são mais importantes do que o dinheiro em todo o mundo, argumentava ele. O interminável e confuso texto remói especulações hegelianas sobre o *status* do homem e prevê a decadência completa de todas as coisas boas, a não ser que o Ocidente se livre do seu apego às normas comerciais e individualismo e recorra à causa da identidade de grupo. O livro deu início a uma década de obras e movimentos semelhantes que diziam que a liberdade e a democracia eram ideias mortas: a única

---

por Robert Redford e Mia Farrow, e a de 2013, dirigida por Baz Luhrmann, estrelada por Leonardo DiCaprio, por Tobey Maguire e por Carey Mulligan. (N. E.)

[18] Em língua portuguesa a obra está disponível na seguinte edição: SPENGLER, Oswald. *A Decadência do Ocidente: Esboço de uma Morfologia da História Universal*. Trad. Herbert Caro. Rio de Janeiro: Forense Universitária, 4ª Ed., 2014. (N. E.)

batalha relevante era entre o comunismo e o fascismo como formas de planejamento estatal.

1932: Carl Schmitt publicou *Der Begriff des Politischen* [*O Conceito do Político*][19], um ataque brutal ao liberalismo como negação do político. Para Schmitt, o político era a essência da vida e a diferença entre amigos e inimigos era sua característica mais aparente. Amigos e inimigos deveriam ser definidos pelo Estado, e a animosidade só podia ser completamente fundamentada com o derramamento de sangue, o que deveria ser algo real e presente. Mises o chamava de *"jurista do nazismo"* pelos seguintes motivos: Schmitt era membro do Partido Nacional Socialista dos Trabalhadores Alemães (Partido Nazista) e suas ideias contribuíram muito para a noção de que o assassinato em massa não era apenas moral, mas, também, essencial para a preservação do sentido da vida em si.

1944: Tropas aliadas descobriram milhares de campos de extermínio em todos os territórios ocupados pelos nazistas na Europa. Criados em 1933 e em funcionamento até o fim do conflito, eles foram responsáveis pela prisão e morte de mais de 15 milhões de pessoas. A descoberta chocou toda uma geração, e a surpresa levou a uma investigação sobre todas as fontes do mal - políticas e ideológicas - que levaram a uma realidade tão assustadora. Com as forças nazistas derrotadas e os julgamentos de Nuremberg ressaltando a maldade, o avanço do dogma fascista em todos os seus ramos (reprodutivo, racista, estatista e historicista) chegou ao fim.

---

[19] A obra pode ser encontrada em português na seguinte edição: SCHMITT, Carl. *O Conceito do Político*. Trad. Alexandre Franco de Sá. Lisboa: Edições 70, 2015. (N. E.)

A supressão dessas ideias teve início na Europa, no Reino Unido e nos Estados Unidos, criando a impressão de que a direita hegeliana foi só um respingo numa frigideira permanentemente untada pelo poder estatal.

No mesmo ano em que teve início a descoberta dos campos de extermínio, F. A. Hayek publicou *O Caminho da Servidão*, que enfatiza que não basta rejeitar os rótulos, canções, *slogans* e regimes do nazismo e do fascismo. É também necessário, disse ele, rejeitar as ideias de planejamento em si, que até mesmo numa democracia levaram ao fim da liberdade e à ascensão do autoritarismo. O livro de Hayek recebeu elogios entre um pequeno grupo de liberais clássicos (muitos dos quais envolvidos na fundação da FEE dois anos mais tarde), mas acabou sendo denunciado e desprezado como uma obra paranoica e reacionária por outros.

Ao longo da Guerra Fria, foi o medo do comunismo, e não do fascismo/nazismo, o que atraiu o público. Afinal, o nazismo foi derrotado no campo de batalha, não é? A gênese e o desenvolvimento do totalitarismo de direita, a despeito das súplicas, em 1951, de Hannah Arendt (1906-1975), no livro *The Origins of Totalitarianism* [*As Origens do Totalitarismo*][20], caíram no esquecimento do público.

1 - LIBERALISMO, MAS NÃO AINDA

A Guerra Fria terminou há 25 anos e o surgimento da tecnologia digital legou ao liberalismo uma presença

---

[20] O livro está disponível em português na seguinte edição: ARENDT, Hannah. *As Origens do Totalitarismo*. Trad. Roberto Raposo. Rio de Janeiro: Forense Universitária, 1999. (N. E.)

gigantesca no mundo. O comércio nunca foi tão integrado. Os direitos humanos estão em voga. A vida mercantil, com sua ideologia de harmonia e paz, é a aspiração atual para bilhões de pessoas ao redor do mundo. Os fracassos do planejamento governamental são cada vez mais óbvios. E, ainda assim, essas tendências por si só não selam o destino da causa da liberdade.

Com o hegelianismo de esquerda agora em desgraça, os movimentos políticos ao redor do mundo garimpam na história pré-guerra das ideias totalitárias a fim de encontrar alternativas. A supressão destas ideias não funcionou; na verdade, ela teve o efeito oposto de torná-las mais populares, ao ponto em que foram tiradas do obscurantismo. O resultado é o que chamamos de extrema direita nos Estados Unidos e de vários outros nomes na Europa e no Reino Unido. (A transição dos anos 1990 até o presente será tema de outro texto.)

Não vamos nos enganar. Seja qual for o sabor – seja qual for o ramo do hegelianismo que você escolher seguir –, o custo do controle governamental é a liberdade, a prosperidade e a dignidade humana. Optamos pelos megaestados, homens fortes, planejamento nacional e homogeneidade religiosa e racial por nossa própria conta e risco.

Assim, os *trolls* que vivem a postar *memes* grosseiros e a utilizar fotos violentas em seus perfis nas redes sociais, bem como os movimentos de massa que clamam para que homens fortes assumam o controle e escolham os melhores entre eles, não sabem nada da história e do caminho que estão seguindo.

Se você se sente tentado a entrar para a extrema direita, olhe para os seus progenitores: você gosta do que vê?

Qual a alternativa ao hegelianismo de direita e esquerda? Ela é encontrada na tradição liberal, resumida pela expressão de Frédéric Bastiat, *"a harmonia de interesses"*. Paz, prosperidade, liberdade e vida em comunidade são possíveis. É esta tradição, e não aquela que propõe uma guerra incansável entre grupos, que protege e aumenta os direitos e a dignidade humana e cria as condições que permitem o enobrecimento universal da pessoa humana.

A última palavra no correto caminho à frente (o do amor à liberdade) foi dita pelo grande historiador inglês Thomas Babington Macaulay (1800-1859) em 1830, num discurso que seria odiado por todos os fascistas da história:

> Não é pela intromissão de um Estado onisciente e onipotente, e sim pela prudência e energia do povo, que a Inglaterra até aqui chegou civilizadamente; e é para a mesma prudência e energia que agora olhamos com esperança e em busca de consolo. Nossos governantes promoverão a melhoria da nação se restringindo a seus deveres legítimos, deixando que o capital encontre seu caminho mais lucrativo, que as mercadorias encontrem seu preço mais justo, que a dedicação e a inteligência encontrem suas recompensas naturais, que a preguiça e a estupidez encontrem seus castigos naturais, mantendo a paz, defendendo a propriedade, administrando a lei e observando a economia estrita e todos os ramos do Estado. Que o governo faça isso: o povo certamente fará o restante.

CAPÍTULO 17
FICHTE, RUSKIN, CHAMBERLAIN, GENTILE E ELIOT: DEFENSORES DO CONTROLE FASCISTA

Muitos sabem da influência de Karl Marx e seus compatriotas ideológicos na construção do totalitarismo do século XX. Mas há outra tradição de pensamento, que remonta ao início do século XIX e teve continuidade até o período entreguerras, que pegou um caminho diferente para chegar praticamente às mesmas conclusões quanto ao papel do Estado em nossas vidas.

Em oposição ao "hegelianismo de esquerda", esses pensadores fazem parte do "hegelianismo de direita", que desprezava o universalismo de Marx a fim de aplaudir a nação, a raça e a guerra como aspectos essenciais da vida.

Esses pensadores também odiavam a sociedade mercantil e o capitalismo em particular. Eles viam a atividade mercantil como algo sem alma e culturalmente destrutivo, sem o propósito maior que apenas a centralização e o planejamento poderiam conferir a ela.

Em vez de tentar criar uma espécie de futuro mítico com base numa fantasia socialista qualquer, eles buscaram combater o capitalismo se apegando à velha ordem de poder, privilégio, hierarquia, nacionalismo e controle racista do governo. O futuro que eles imaginavam se parecia com o passado pré-capitalista que idealizavam.

Os cinco pensadores a seguir aparecem em ordem cronológica. Na pré-história da extrema direita, mapeei os grandes pensadores. Aqui temos alguns atores menores e mais excêntricos na linha evolutiva da direita anticapitalista.

Johann Gottlieb Fichte (1762-1814) foi o fundador filosófico do idealismo alemão, escrevendo e lecionando uma geração antes de Georg Wilhelm Friedrich Hegel, e o primeiro de uma longa linhagem de filósofos obscurantistas cujas ideias de alguma forma culminavam numa única aplicação política: a criação de um Estado enorme liderado por um ditador heroico. Foi Fichte, não Hegel, quem primeiro propôs uma metanarrativa de ondas históricas que seriam caracterizadas como tese, antítese e síntese.

Politicamente, ele era fã de Napoleão Bonaparte, mas ficou devastado com a vitória esmagadora da França sobre os territórios alemães, que motivou sua obra *Reden an die deutsche Nation* [*Discursos à Nação Germânica*][21], de 1808, a mais influente série de aulas sobre educação a aparecer no mundo moderno. Eis aqui o primeiro esboço completo de como deveria ser o nacionalismo alemão.

O novo sistema educacional deveria ser *"um sistema completamente novo de educação nacional alemã, algo como jamais existiu em qualquer outra nação"*. O objetivo é educar uma *"nova raça de homens"* com um sistema que *"deve ser aplicado primeiro por alemães para alemães"*. O objetivo é inocular *"o amor real e poderoso pela pátria, a ideia do nosso povo como um povo eterno, seguro de nossa própria eternidade"*.

Parte do objetivo é educar para o trabalho, de modo que *"todo artigo de comida, roupa etc., e, até onde for possível, toda ferramenta usada seja produzida"* na Alemanha. Em outras palavras, autossustentabilidade. A Alemanha deveria sonhar em ser *"um Estado mercantil fechado"* que rejeita *"nossa veneração idólatra às moedas"*.

A ideia que ele faz do que se tornou o pensamento fascista (hegelianismo de direita) é previsível: estatismo, nacionalismo, ódio à classe mercantil e protecionismo, com inevitáveis doses de misoginia (*"cidadania, liberdade cívica e até o direito à propriedade deveriam ser vedados às mulheres, cuja vocação é se sujeitar completamente à autoridade"*) e antissemitismo (dar direitos aos judeus exige que nós *"cortemos as cabeças deles numa noite e a substituamos por outra que não contenha nenhuma ideia judia"*).

---

[21] Em língua portuguesa a obra está disponível na seguinte edição: FICHTE, Johann Gottlieb. *Discursos à Nação Alemã*. Introd. Diogo Ferrer; trad. Alexndre Franco de Sá. Lisboa: Circulo de Leitores, 2009. (N. E.)

John Ruskin (1819-1900) é inexplicavelmente reverenciado hoje em dia como um esteta, artista e defensor do artesanato, quando na verdade ele odiava o capitalismo mercantil, o liberalismo *laissez-faire* e o mundo moderno. Pensador extremamente influente do período vitoriano, ele romantizava uma Inglaterra mítica do passado, na qual a arte e o bom-gosto prevaleciam sobre a atividade mercantil e a geração de fortunas. *"Fui, e também meu pai antes de mim, um* tory *à moda antiga"*, dizia ele. Por suas opiniões, Ruskin concordava completamente com seu amigo Thomas Carlyle, que acreditava que as forças que deram origem a Adam Smith e ao iluminismo escocês tinham destruído a sensibilidade artística de gerações, que precisava ser recuperada por meio de um planejamento estatal.

Seu livro mais político é *Unto This Last* [*Rumo a Este Fim*], de 1862, cujo alvo era a divisão do trabalho em si. Analisando a parábola dos trabalhadores na vinha, ele considera absurdo que o proprietário esteja na posição de decidir os pagamentos. Todo o livro é uma ladainha tediosa contra os mercadores por sua falta de lealdade, sua obediência às forças impessoais do mercado e a falta de uma razão moral para existir. O comerciante, dizia ele, é *"o homem que não sabe quando morrer e não sabe como viver"*.

Assim como outros críticos da economia política clássica (ele a comparava à "alquimia, astrologia, bruxaria"), Ruskin negava que o comércio por si só fosse capaz de gerar valor ou lucro. *"Só no trabalho pode haver lucro"*, declarou. Ele implicava sobretudo com John Stuart Mill (1806-1873) e criticava sua teoria dos preços e salários, demonstrando uma incompetência quase total em teoria econômica. Para

Ruskin, a economia não era uma ciência, e sim uma estética. Ele resumia sua visão da economia política da seguinte forma: *"O governo e a cooperação são as leis da vida; a anarquia e a concorrência são as leis da morte"*. Não admira que Ludwig von Mises tenha dito que Ruskin foi *"um dos sepultadores da liberdade, da civilização e da prosperidade britânicas"*.

Houston Stewart Chamberlain (1855-1927) é uma figura extraordinariamente estranha na história da política e das ideias: um alemão nascido no Reino Unido cuja influência alcançou a Alemanha e sua terra-natal. Era genro de Richard Wagner (1813-1883), tendo se casado em segunda núpcia, no ano de 1908, com Eva Maria von Bülow (1867-1942), filha ilegítima do famoso compositor com Cosima Wagner (1837-1930), que por sua vez era filha ilegítima do, também, compositor Franz Liszt (1811-1886). Houston Stewart Chamberlain virou amigo e admirador fanático de Adolf Hitler, além de ter sido o mais agressivo proponente de um antissemitismo virulento que já surgiu na Inglaterra.

Ainda jovem, ele decidiu encontrar a fonte de todas as maldades políticas e econômicas na Revolução Industrial, preferindo sua própria versão mentirosa do que ele chamava de *"a boa e velha Inglaterra"*, que consistia de uma bela aristocracia, camponeses esforçados e prósperos e cidadãos patriotas dedicados à preservação da língua e da raça contra as forças mercantis da modernidade. Sob tais condições, e ao contrário da confusão demográfica nascida do capitalismo, as mulheres eram submissas à vontade de seus pais e maridos, dedicadas apenas à reprodução da raça superior.

Seu estranho livro de 1899, *The Foundations of the Nineteenth Century* [*Os Fundamentos do Século XIX*], tornou-se um sucesso de vendas em todo o continente europeu. Extremamente influenciado pelas tipologias raciais cada vez mais populares, ele descrevia judeus como materialistas ignorantes e a fonte de quase todo o mal do mundo moderno.

Os judeus, dizia ele, provocaram a queda de Roma, por exemplo. Ele argumentava que Jesus não podia ter sido judeu, já que todo o bem do mundo emana da raça ariana pura. Ao contrário, Jesus era *"incrivelmente belo, alto e magro, com um rosto nobre que inspirava amor e respeito; os cabelos loiros com um quê de castanho, os braços e mãos nobres e maravilhosamente esculpidos"*. Neste livro ele expôs a teoria de que havia um plano judaico para exterminar a raça ariana e transformar toda a Europa em uma raça de *"mestiços pseudo-hebraicos"*.

Seu livro, que teve oito edições nos primeiros dez anos de sua publicação, vendendo 250 mil cópias até 1938, catapultou-o ao status de celebridade intelectual. Assim, tudo o que ele falava se tornava verdade para seus seguidores, até mesmo sua afirmação de que a Primeira Guerra Mundial, que ele acreditava ter sido iniciada pelos judeus, tinha posto a Inglaterra *"totalmente nas mãos dos judeus e norte-americanos"* e da máquina capitalista.

Foi em meio à fama que ele fez contato com Hitler, então uma potência emergente. Depois de ficar sabendo que Adolf Hitler e Joseph Goebbels (1897-1945) estavam entre seu enorme fã-clube, ele escreveu para Hitler em 1923:

> Caro e digníssimo Hitler [...] Não é de surpreender que um homem como o senhor possa dar paz a um pobre espírito sofredor! Principalmente quando ele se dedica a servir à pátria. Minha fé no Reino Alemão jamais

fraquejou, apesar de minha esperança - confesso - estar em declínio. Com um golpe o senhor transformou minha alma. O fato de a Alemanha, nesta hora de grande necessidade, ter gerado um Hitler... isso é prova de vitalidade [...]. Agora posso dormir tranquilamente [...]. Que Deus o proteja!

Depois que Hitler foi condenado por traição por conta do *Putsch* de Munique, Chamberlain ficou ao lado dele e se manteve esperançoso. Hitler ficou emocionado e, depois de ser solto, visitou Chamberlain em Bayreuth em 1927, juntamente com Goebbels. Chamberlain garantiu a Hitler que ele era "o escolhido", o que o animou. O principal filósofo nazista, Alfred Rosenberg (1893-1946), talvez tenha sido um admirador ainda maior de Chamberlain. Este, enfermo, morreu em 1927, sem jamais saber da tentativa nazista de lidar com o "problema judeu" que ele dedicara a vida a denunciar.

Giovanni Gentile (1874-1944) talvez seja o mais patético e ridículo de todos os personagens aqui mencionados, mas foi importante em seu tempo. Ele almejava ser o Karl Marx do fascismo, o principal teórico da tradição idealista que enfim juntou as peças de um estatismo não marxista total. Seus textos gozaram de certa fama nos Estados Unidos durante o entreguerras, quando ele trabalhava em sua própria produção e como *ghost-writer* de Benito Mussolini, que era frequentemente requisitado por editoras acadêmicas norte-americanas nos anos 1920.

A obra de Gentile mais conhecida dos leitores norte-americanos foi *La riforma dell'educazione* [*A Reforma da Educação*], de 1920, publicado em inglês, no ano de 1922, pela prestigiosa editora Harcourt, Brace & Company. O livro contém o tradicional pedido de uma educação compulsória, militarizada e nacionalista, baseada na visão heroica do nascimento das nações. Em sua maior parte, ele consiste de uma tediosa verborragia pseudoerudita, mas traz também sua teoria do Estado como uma espécie de "aquecimento" para o material pedagógico:

> Nenhuma nação pode existir antes de formar seu Estado [...]. Um Estado é sempre um futuro. É este o Estado que precisamos hoje formar, ou melhor, agora mesmo, e com todos os nossos esforços futuros voltados para o ideal político que vigorou antes de nós, não só sob a luz de um pensamento belo, mas também como a necessidade irresistível da nossa própria personalidade. A nação, portanto, é tão pertinente e nativa do nosso ser quanto o Estado, considerado Desejo Universal, e contém nossa personalidade concreta e ética.

E assim por diante, ao longo de 250 páginas. A despeito do estatismo incansável e de seu amor pelo poder e planejamento centralizados, faltavam aos escritos de Gentile algumas das características das obras do gênero. O racismo, por exemplo, talvez por causa de sua região de origem. Ele era siciliano e, portanto, pertencia a um povo demonizado pelos pensadores norte-americanos como disgênico desde os anos 1880. Na verdade, se é possível dizer tal coisa, Gentile era até liberal entre os fascistas do período. Ele criticava o antissemitismo alemão e morreu nas mãos de uma turba antifascista depois de pedir pela soltura de antifascistas presos.

Apesar disso, sua principal contribuição, assinada por muitos intelectuais italianos, foi o *Manifesto degli intellettuali del fascismo* [*Manifesto dos Intelectuais Fascistas*], de 1925.

> O confronto entre indivíduo e Estado é a expressão política típica de uma corrupção tão profunda que não pode aceitar qualquer princípio de vida mais nobre, porque fazer isso esclareceria e conteria os sentimentos e reflexões do indivíduo. O fascismo, portanto, era um movimento político e moral em suas origens. Ele entendia e defendia a política como campo de treinamento para a autonegação e o autossacrifício em nome de uma ideia que daria aos indivíduos uma razão para existir, sua liberdade e todos os seus direitos. A ideia em questão era a pátria. Esta ideia é um processo contínuo e inesgotável de atualização histórica. Ela representa uma distinta corporificação das tradições de uma civilização que, longe de se desgastar como uma lembrança morta do passado, assume a forma de uma personalidade atenta ao fim a que aspira. A pátria é, pois, uma missão.

Ao ler este tipo de fascismo, é possível entender por que ele foi mais assimilado pelo público norte-americano do que pelo público inglês ou alemão. Ele nada mais é do que uma celebração do Estado como o centro da vida e uma proclamação da morte da liberdade e da democracia do Velho Mundo. Em resumo, Gentile encantou a vida política norte-americana por descrever o *ethos* do próprio *New Deal* implementado pelo presidente Franklin Delano Roosevelt.

T. S. Eliot (1888-1965) parece um candidato implausível a ser incluído nesta galeria de patifes, simplesmente porque este paradigma de educação e erudição é muito defendido nos anais do antiliberalismo. Afinal, o anglófilo norte-americano é o autor do poema mais famoso e reverenciado do século XX, *The Waste Land* [*A Terra Desolada*][22], de 1922. Sua narrativa impenetrável capta o desespero pós-Primeira Guerra Mundial do mundo anglófono, dando a impressão de que a guerra não foi apenas o conflito do qual a civilização deveria se arrepender, e sim tudo no que a vida se transformou na era do comércio de massa. Nada é recuperável e tudo está corrompido.

C. S. Lewis (1898-1963), que considerava a obra de Eliot como nada menos do que *"maldade"*, disse a respeito deste poema: *"nenhum homem se protege do caos ao ler* A Terra Desolada, *mas muitos são, graças a ele, infectados pelo caos"*. O que é este caos? É o anseio sombrio por um passado há muito desaparecido e uma convicção quanto à irremediabilidade do presente, atitude que é uma maldição lançada contra a

---

[22] O poema foi lançado no Brasil em diferentes traduções, dentre as quais se destacam *A Terra Inútil* de Paulo Mendes Campos (1922-1991), *A Terra Gasta* de Idelma Ribeiro de Faria (1914-2002), *A Terra Desolada* de Ivan Junqueira (1934-2014), *A Terra Devastada* de Ivo Barroso e *A Terra Desolada* de Thiago de Mello. A versão mais recente é traduzida por Caetano W. Galindo, disponível na seguinte edição: ELIOT, T. S. *A Terra Devastada. In: Poemas*. Org., trad. e posf. Caetano W. Galindo. São Paulo: Companhia das Letras, 2018. p. 111-63. Para uma análise do poema, ver: KIRK, Russell. "A Terra Desolada Interior e Exterior". *In:* KIRK, Russell. *A Era de T. S. Eliot: A Imaginação Moral do Século XX*. Apr. Alex Catharino; intr. Benjamin G. Lockerd Jr.; trad. Márcia Xavier de Brito. São Paulo: É Realizações, 2011. p. 214-36. (N. E.)

tradição liberal clássica que vê esperança e milagre no que a liberdade pode alcançar. Não é loucura ver a contribuição literária de Eliot como parte de todo o projeto literário modernista inglês para rejeitar e condenar tudo o que o capitalismo fez pelo mundo. Sobretudo para Eliot, o custo foi a integridade da cultura em si.

No livro *Notes Towards the Definition of Culture* [*Notas para uma Definição de Cultura*][23], de 1948, Eliot ataca duramente toda a visão liberal hayekiana de cultura como uma evolução espontânea que nasce do surgimento gradual das normas, gostos e comportamentos de pessoas livres. Para Eliot, a cultura certa deve emanar de uma elite escolhida em excelentes instituições educacionais. Tudo na industrialização é uma guerra contra a cultura, até mesmo os avanços no mercado editorial. *"Em nosso tempo"*, declarou ele, *"lemos livros novos demais* [...]. *Estamos cheios não só de muitos livros novos: somos também constrangidos por um excesso de jornais, matérias e memorandos de circulação privada"*.

Cada vez mais estudiosos têm repreendido Eliot por sua simpatia pelo movimento eugenista e por sua preocupação constante quanto à taxa de natalidade entre as classes mais baixas na cultura inglesa. Mas isso não é nada surpreendente. De reclamar do consumo de massa a condenar o aumento da população tornado possível pela prosperidade é um pulo.

No fim das contas, o problema com Eliot não chega perto do que se encontra em outros escritores desta tradição. Ele não defende o totalitarismo nem nada do tipo, apesar de se notar, sim, um quê de autoritarismo. Mas o que ele

---

[23] O livro está disponível em língua portuguesa na seguinte edição: ELIOT, T. S. *Notas para a Definição de Cultura*. Trad. Eduardo Wolf. São Paulo: É Realizações, 2011. (N. E.)

representa é um problema fundamental comum entre este tipo de escritor anticapitalista.

O problema se resume a uma insolúvel prepotência aristocrática que alimenta uma suspeita profunda contra a liberdade e leva intelectuais a imaginar que, se restringíssemos essa liberdade e a substituíssemos pelo controle sábio do nosso destino social, cultural e demográfico, talvez nos salvássemos da decadência e corrupção nas quais o liberalismo do século XVIII nos mergulhou. Déspotas nascem de tais convicções.

1 - A BIFURCAÇÃO NA ESTRADA

O que você encontra nesta tradição é algo bem diferente do que se encontra em Karl Marx e sua escola de pensamento para criticar a sociedade livre celebrada pela tradição liberal de Adam Smith e Frédéric Bastiat. A versão não marxista não se opõe a religião, nação, família ou propriedade, desde que tudo tenha como objetivo único o fortalecimento do coletivo.

O que eles têm em comum é a convicção de que a sociedade mercantil livre é insustentavelmente corrupta; a sociedade não tem em si a capacidade de se auto-organizar; e relações humanas são incapazes de alcançar a harmonia universal sem o planejamento consciente do Estado, de líderes poderosos e intelectuais.

A enorme influência que essas duas correntes tiveram sobre a política sangrenta do século XX está estranhamente esquecida, e a tradição de pensamento que elas representam foi manipulada durante a Guerra Fria, que considerava como único conflito político o Ocidente contra o comunismo. A ideia de uma forma direitista de totalitarismo estava à espreita, aguardando o momento certo de se mostrar novamente.

Saber disso nos ajuda a entender a nova política da nossa época. A liberdade é ameaçada dos dois lados, direita e esquerda. A ideia de liberdade representa de fato uma terceira via, um caminho iluminado pela esperança num tipo de civilização que pode ser construída não de cima para baixo, e sim de baixo para cima, não pela força do poder, e sim por associações voluntárias de pessoas comuns que pretendem viver melhor.

CAPÍTULO 18
THOMAS CARLYLE, FUNDADOR DO FASCISMO

Você já ouviu falar da teoria histórica do "grande homem"?

O sentido é óbvio. A ideia é a de que a história avança em ondas épicas sob a liderança de um visionário ousado e geralmente impiedoso que manobra a energia das massas para guiar os acontecimentos em direções radicalmente novas. Nada é o mesmo depois deles.

Na sua ausência, nada acontece que seja importante o bastante para ser considerado história: nenhum herói, nenhum personagem divino a ponto de ser chamado de "grande". De acordo com essa visão de mundo, precisamos de homens assim. Se eles não existem, nós os criamos. Eles nos dão propósito de vida. Eles definem o sentido da vida. Eles fazem a história avançar.

Grandes homens, de acordo com essa ideia, não precisam ser pessoas incríveis em suas vidas privadas. Eles não precisam exercitar a virtude pessoal. Não precisam sequer ser morais. Só precisam ser vistos assim pelas massas e exercer esse papel na trajetória da história.

Tal visão moldou boa parte da historiografia produzida no fim do século XIX e começo do século XX, até que os revisionistas das últimas décadas perceberam o erro e passaram a celebrar a vida privada e as conquistas do homem comum. Hoje, a teoria histórica do "grande homem" está morta no que diz respeito à história acadêmica, e ainda bem.

1 - Carlyle, o protofascista

Quem criou a teoria história do grande homem foi o filósofo britânico Thomas Carlyle, um dos mais reverenciados pensadores de seu tempo. Ele também cunhou a expressão *"ciência sinistra"* para descrever a economia da época. Os economistas contemporâneos, contra os quais ele constantemente investia, eram quase todos defensores do livre mercado, do livre comércio e dos direitos humanos.

Sua obra fundamental sobre o "grande homem" é *On Heroes, Hero-Worship, and The Heroic in History* [*Sobre os Heróis, o Culto ao Herói e o Heroico na História*], de 1840, que foi escrito para expressar toda a sua visão de mundo.

Considerando o imenso lugar ocupado por Carlyle na história da vida intelectual do século XIX, este é um livro surpreendentemente excêntrico. Ele pode ser visto como um livro que abre caminho para os ditadores monstruosos do século XX. Ao ler a descrição que Carlyle faz dos "grandes homens", não há como não incluir entre eles figuras como

Mao Tse-Tung (1893-1976), Jozef Stalin e Adolf Hitler – ou qualquer outro ditador sanguinário de qualquer país.

Na verdade, pode-se dizer que Carlyle foi o pai do fascismo. Ele apareceu em meio à era do *laissez-faire*, quando o Reino Unido e os Estados Unidos já demonstravam o mérito de se deixar que as sociedades agissem por si próprias, sem orientação de cima para baixo. Naquela época, reis e déspotas exerciam cada vez menos controle, enquanto o mercado aumentava o seu. A escravidão estava em vias de ser extinta. As mulheres conquistavam direitos iguais aos dos homens. A mobilidade social estava se tornando normal, as vidas eram mais longas e havia mais oportunidades e progresso material.

Carlyle não gostava de nada disso. Ele desejava uma era diferente. Sua produção literária se dedicava a reclamar da ascensão da igualdade como regra e a pedir pela restauração de uma classe dominante que exerceria um poder firme e incontestável. Em sua visão, algumas pessoas estavam destinadas a governar e outras a obedecer. A sociedade deveria ser hierarquicamente organizada, do contrário seu ideal de grandeza jamais se realizaria novamente. Ele se via como o profeta do despotismo e oponente de tudo o que se considerasse liberal.

2 - O AUTORITARISMO DE DIREITA DO SÉCULO XIX

Carlyle não era um socialista no sentido ideológico. Ele não se importava com a propriedade comum dos meios de produção. Criar um ideal social ideologicamente motivado não o interessava. Seus textos apareceram e circularam juntamente com os de Karl Marx e seus contemporâneos, mas ele não se importava com eles.

Em vez de um "esquerdista" primitivo, ele era um defensor constante do poder e um oponente raivoso do liberalismo clássico, especialmente dos legados de Adam Smith e John Stuart Mill. Se você tende um pouco à liberdade ou aprecia as forças impessoais dos mercados, os textos de Carlyle parecem ridículos. Ele se interessava pelo poder como princípio organizacional central da sociedade.

Eis como ele descreve os "grandes homens" do passado:

> Eles eram líderes, os grandes; os exemplares, e, num sentido mais amplo, os criadores de tudo o que a massa de homens planejava fazer ou obter; todas as coisas que vimos realizadas no mundo são o resultado material, a concretização prática e a corporificação dos Pensamentos inspirados nos Grandes Homens do mundo: a alma de toda a história mundial [...].
>
> Um consolo é que os Grandes Homens, de onde quer que se veja, são uma companhia benéfica. Não podemos olhar, ainda que imperfeitamente, para um grande homem sem obter algo dele. Ele é a fonte viva de luz, da qual é bom e agradável se aproximar. A luz que ilumina, que tem iluminado as trevas do mundo; e não como um lampião apenas, mas como uma fonte de luz natural brilhando por graça de Deus; uma fonte de luz fluida, como digo, de ideias, de virilidade e de nobreza heroica; em cujo brilho todas as almas se sentem bem. [...] Se pudéssemos vê-los com clareza, teríamos uma ideia da essência da história do mundo. Eu ficaria feliz, de qualquer forma, em tempos como este, em manifestar a você os sentidos do Heroísmo; a relação divina (porque assim posso chamar) que em todos os tempos une um Grande Homem aos demais homens [...].

E assim continua por centenas de páginas que celebram os eventos "grandiosos" como o Reino do Terror depois da Revolução Francesa (um dos piores holocaustos já acontecidos). Guerras, revoluções, motins, invasões e ações coletivas, de acordo com Carlyle, eram a própria essência da vida. O mercantilismo da Revolução Industrial, a transferência do poder, as pequenas vidas da burguesia eram considerados fatos menores e irrelevantes. Estas melhorias marginais na esfera social eram realizadas por "silenciosos" que não ocupavam as manchetes e, portanto, não importavam muito; eles eram essenciais em algum sentido, mas desprezíveis no furacão de acontecimentos.

Para Carlyle, nada era mais estúpido do que a fábrica de alfinetes de Adam Smith: todas aquelas pessoas comuns intrincadamente organizadas por forças impessoais a fim de realizar algo prático para melhorar a vida das pessoas. Por que a capacidade produtiva da sociedade deveria ser dedicada a fabricar alfinetes, e não a travar guerras? Onde está o romantismo disso?

Carlyle se estabeleceu como o arqui-inimigo do liberalismo - expressando um incansável e tempestuoso desprezo por Smith e seus discípulos. E o que deveria substituir o liberalismo? Que ideologia? Não importava, desde que fosse uma manifestação da definição de Carlyle para "grandeza".

3 - Nada é mais grandioso do que o Estado

Claro que não há grandeza maior do que a do chefe de Estado.

O Comandante sobre os homens; ele a cujas vontades nossa vontade deve se subordinar e a quem devemos nos submeter com lealdade e alegria, será reconhecido como o mais importante dos Grandes Homens. Ele é praticamente uma reunião, para nós, de todas as várias figuras do heroísmo; pastor, professor, tudo quanto possa haver de dignidade espiritual ou terrena num homem se personifica aqui, para nos comandar, para nos dar lições práticas constantes, para nos dizer o tempo todo o que devemos fazer.

Por que o Estado? Porque dentro do Estado tudo o que poderia ser considerado imoral, ilegal, inconveniente e assustador pode se tornar abençoado como a lei, parte da política, virtude cívica e um avanço da história. O Estado batiza a imoralidade evidente com a água benta do consenso. E desse modo Napoleão Bonaparte é elogiado por Thomas Carlyle, assim como os chefes tribais da mitologia nórdica. A questão não é o que o "grande homem" faz com seu poder, e sim que ele o exercite acertada, autoritária e impiedosamente.

O exercício de tal poder necessariamente requer a primazia do Estado-nação, daí o protecionismo e os impulsos nacionalistas da mentalidade fascista.

Pense na época em que Carlyle escreveu. O poder estava em declínio e a humanidade no processo de descobrir algo incrível: quanto menos a sociedade é controlada de cima para baixo, mais as pessoas prosperam em seus empreendimentos particulares. A sociedade não precisa de administração; ela tem em si a capacidade de se auto-organizar, não por meio do exercício da vontade humana, mas pela ação de instituições adequadas. Esta é a visão do liberalismo.

O liberalismo sempre foi contra-intuitivo. Quanto menos ordenada a sociedade, mais ordem surge do nada. Quanto mais livres são as pessoas, mais felizes elas se tornam e mais sentido encontram na vida. Quanto menos poder é dado à classe governante, mais riqueza é gerada e distribuída entre todos. Quanto menos uma nação é orientada de acordo com um plano consciente, mais ela pode servir de modelo para a verdadeira grandeza.

Tais lições emergiram da revolução liberal dos dois séculos anteriores. Mas algumas pessoas (em geral acadêmicos e aspirantes a governantes) não gostaram disso. De um lado, os socialistas não tolerariam o que viam como a aparente desigualdade da sociedade mercantil emergente. De outro lado, os defensores do controle da classe dominante à moda antiga, como Carlyle e seus contemporâneos protofascistas, desejavam a restauração do despotismo pré-moderno e dedicaram seus textos a exaltar um tempo anterior ao aparecimento no mundo do ideal de liberdade universal.

4 - A CIÊNCIA SINISTRA

Uma das conquistas mais nobres da revolução liberal dos séculos XVIII e XIX – além da ideia do livre comércio – foi o movimento contra a escravidão e sua consequente abolição. Não surpreende que Carlyle fosse um dos principais oponentes do movimento abolicionista e um tipo absolutamente racista. Ele exaltava o domínio de uma raça sobre a outra e odiava sobretudo os economistas por defenderem os direitos universais e, portanto, por se oporem à escravidão.

Como David Levy demonstrou, a afirmação de que a economia era uma "ciência sinistra" foi exposta pela primeira vez por Carlyle em 1848, num ensaio no qual não brancos são considerados não humanos e dignos de serem assassinados. Os negros eram, para ele, *"gado de duas pernas"*, destinados à servidão para todo o sempre.

A objeção de Carlyle à economia como ciência era muito simples: ela se opunha à escravidão. A economia imaginava que a sociedade consistia de pessoas igualmente livres, uma sociedade sem senhores e escravos. A oferta e demanda, e não ditadores, governariam o mundo. Para ele, isso era uma ideia deplorável, um mundo sem "grandeza".

Os economistas eram os principais defensores da libertação humana de tal "grandeza". Eles entendiam, pelo estudo das forças do mercado e uma análise cuidadosa da realidade das fábricas e das estruturas de produção, que a riqueza era gerada por pequenas ações de homens e mulheres trabalhando em interesse próprio. Portanto, concluíram os economistas, as pessoas deveriam ser livres do despotismo. Elas deveriam ser livres para acumular riqueza. Deveriam perseguir seus próprios interesses como quisessem. Deveriam ser deixadas em paz.

Carlyle considerava nojenta toda a visão de mundo capitalista. Seu ódio prenunciou o fascismo do século XX, sobretudo sua oposição ao capitalismo liberal, aos direitos universais e ao progresso.

5 - O PROFETA DO FASCISMO

Quando se entende o que o capitalismo significou para a humanidade – liberdade universal e o direcionamento dos recursos naturais em serviço do homem comum –, não surpreende que haja intelectuais reacionários se opondo a ele. Há em essência duas escolas de pensamento que se opõem ao que o capitalismo significa para o mundo: os socialistas e os defensores do poder puro que mais tarde passaram a ser chamados de fascistas. No linguajar de hoje, aqui temos a esquerda e a direita, ambas se opondo à liberdade simples.

Carlyle apareceu na época certa para representar a variedade reacionária. Sua oposição à emancipação e seus textos sobre raças emergiriam poucas décadas mais tarde, na ideologia eugenista completa que mais tarde acabaria por influenciar as experiências fascistas do século XX. Há uma linha direta, que se prolonga por poucas décadas, entre o anticapitalismo veemente de Carlyle e os guetos e câmaras de gás do Estado totalitário alemão.

Os neofascistas de hoje compreendem e admiram seu progenitor do século XIX? É improvável. A linha que une Thomas Carlyle a Benito Mussolini, Francisco Franco e Donald Trump se perdeu para as pessoas incapazes de ver além da mais recente crise política. Nenhum entre dez mil ativistas europeus e norte-americanos de extrema direita que se manifestam a favor de aspirantes a homens fortes tem ideia de sua herança intelectual.

E eles deveriam ter uma ideia disso. Afinal, temos muito a aprender com a história da ascensão do fascismo no século XX (e é uma desgraça que eles se recusem a aprender).

Mas ninguém deve subestimar a persistência de uma ideia e sua capacidade de atravessar o tempo, levando a consequências imprevisíveis, mas ainda marcadas no tecido da estrutura ideológica. Se você celebra o poder em si, considera a imoralidade um ideal cívico e acredita que a história não é senão a brutalidade dos grandes homens poderosos, isso acaba por ter consequências inconscientes que podem não ter sido intencionais mas ainda assim nasceram da falta de uma oposição consciente.

Com o passar do tempo, esquerda e direita mudaram, se fundiram, divergiram e instalaram uma porta giratória entre os dois campos, discordando quanto aos fins, mas concordando no essencial. Elas teriam se oposto ao liberalismo do século XIX e sua convicção de que a sociedade deveria ser deixada em paz. Fossem chamados de socialistas ou fascistas, o tema era o mesmo. A sociedade deve ser planejada de cima para baixo. Um grande homem - inteligente, poderoso e com muitos recursos à sua disposição - deve liderar. Em algum momento em meados do século XX, ficou difícil diferenciá-los, exceto por seu estilo cultural e grupos de interesse. Ainda assim, esquerda e direita mantiveram suas formas distintas. Se Karl Marx foi o fundador da esquerda socialista, Thomas Carlyle foi seu antípoda à direita.

6 - Hitler e Carlyle

Em seus últimos dias, derrotado e cercado apenas pelos mais leais em seu *bunker*, Adolf Hitler buscou consolo na literatura que mais admirava. De acordo com muitos biógrafos, passou-se a seguinte cena: Hitler se virou para Goebbels, seu assistente de confiança, e pediu um último livro. As palavras que ele quis ouvir antes da morte foram as da biografia do monarca prussiano Frederico (1712-1786), *o Grande*, escrita por Thomas Carlyle. Assim o próprio Carlyle escreveu um animado epitáfio para um dos "grandes" homens que tanto celebrou em vida: sozinho, desgraçado e morto.

CAPÍTULO 19
O RESSENTIDO BARÃO DO FASCISMO DO SÉCULO XX

A história do fascismo vai desde o começo do século XIX até o nosso tempo: de Johann Gottlieb Fichte a Georg Wilhelm Friedrich Hegel, Thomas Carlyle, Friedrich List, John Ruskin, Oswald Spengler, Madison Grant, Othmar Spann, Giovanni Gentile, Carl Schmitt e por fim (pule meio século) milhares de marionetes criadores de *meme* no *Twitter*. Estes pensadores estão unidos em seu ódio ao capitalismo e, também, em sua oposição ao comunismo, o que é a característica identitária da chamada extrema direita.

As coisas nunca foram mais confusas neste campo do que durante o período entreguerras, principalmente entre intelectuais (ou pseudointelectuais) que defendiam movimentos políticos que tendiam à violência e à centralização estatal. Os principais pensadores nessa tradição foram praticamente esquecidos, até seu renascimento relativamente recente na política europeia e norte-americana. Eles tinham características ideológicas inequívocas e consistentes. Eram socialistas (e nacionalistas) que desprezavam o capitalismo como uma anomia decadente, mas também se manifestavam contra o comunismo, com o argumento de que ele era universalista demais e tirava a identidade das pessoas.

A extrema esquerda e a extrema direita há muito têm em comum a ideia da harmonia social como um ideal ilusório criado pela tradição liberal. Enquanto os marxistas dividem a sociedade por classe, os fascistas a dividem por religião, raça, idioma, geografia e linhagem. Eles defendiam a política dos homens fortes, usavam pseudociência e ocultismo e jamais se cansavam de prever o fim da civilização. Acima de tudo, desprezavam o liberalismo burguês, provavelmente mais ainda do que odiavam o comunismo.

Quem era o mais estranho entre eles? A competição é acirrada. Seria Francis Parker Yockey (1917-1960), o esquerdista norte-americano que se tornou defensor fervoroso de Adolf Hitler e cuja "obra-prima" delirante, *Imperium*, inspirou várias gerações de antissemitas ferrenhos? Ou talvez George Lincoln Rockwell, fundador do partido nazista norte-americano, que acreditava que uma ditadura era a única forma de salvar os Estados Unidos dos judeus e de não brancos que habitavam o país?

1 - O BARÃO

Meu voto é para o mais excêntrico de todos (o que é um feito e tanto) e talvez o mais interessante: o barão de monóculo Giulio Cesare Andrea Evola, mais conhecido como Julius Evola. Sempre cauteloso quanto à sua origem e educação, seus seguidores acreditavam que ele vinha de uma linhagem aristocrata siciliana, um nobre da vida real que proporcionava uma fonte inesgotável de sabedoria. Benito Mussolini, assim como muitas autoridades do partido nazista - até o próprio *Führer* - foram atraídos pela estranha mistura de apocalipticismo dialético, misoginia, antissemitismo e anseio por uma guerra mundial que restaurasse a era dourada da classe guerreira.

Claro que ler as obras dele - algo que não recomendo para os corações fracos - é um passeio por uma mente que passou várias vezes por um liquidificador de bobagens perversas, da primeira à última página. Seu pensamento contém todos os clichês fascistas, mas ele os leva a um outro patamar de falsa erudição e delírio filosófico.

2 - QUEM FOI EVOLA?

Giulio Cesare Andrea Evola nasceu em Roma, no dia 19 de maio de 1898, e estudou engenharia brevemente na faculdade antes de concluir que a carreira era burguesa demais para ele; ele não queria credenciais convencionais. Como muitos da sua geração, sua vida foi interrompida pela Primeira Guerra Mundial, que desencadeou um niilismo sangrento por toda a Europa, especialmente entre os de inclinação artística.

Depois da guerra, Evola se lançou na arte e na filosofia, mergulhando no antiliberalismo e anticatolicismo radicais. Nisso ele não era muito diferente de tantos nobres menores da sua época. Alienado pela democracia e roubado da posição social pela velocidade da vida moderna, e nada disposto a ter um emprego normal, ele recorreu à política reacionária, num desejo de arruinar o mundo moderno e devolvê-lo a uma espécie de antigo despotismo masculino imaginário.

3 – O demônio

Julius Evola chamou a atenção do público com sua primeira grande obra, *Imperialismo pagano* [*Imperialismo Pagão*], de 1928, um ataque à Igreja Católica, sob o argumento de que o papa e os bispos, como formas de poder, haviam substituído uma fonte mais legítima de autoridade moral e jurídica do Estado imperial, que ele, como todos da tradição hegeliana de direita, acreditava ser a autoridade fundamental da trajetória histórica. Para ele (de novo previsivelmente), o cristianismo era feminista, igualitário, humanitário, fraco e excessivamente pró-paz, e por isso a Igreja tinha de ser destruída para a civilização ser salva.

A Igreja Católica ficou horrorizada com o ataque – o Vaticano o chamava de "satã italiano" –, e o livro se tornou tema de debate nos círculos intelectuais nos quais fascistas e comunistas travavam uma batalha por toda a Europa. Entre os participantes estava Giovanni Battista Enrico Antonio Maria Montini (1897-1978), o homem que mais tarde viraria o papa Paulo VI – que comandou o Concílio Vaticano II, no início da década de 1960 –, que talvez acreditasse que a única forma de proteger a Europa do fascismo violento fosse uma guinada à esquerda.

4 – Coração das trevas

Como todos os intelectuais fascistas do entreguerras, Julius Evola escreveu muito sobre o tema racial, e, levando em conta o contexto da época, suas visões eram ligeiramente mais liberais do que, por exemplo, a doutrina nazista. Ele acreditava que a pessoa humana era composta por biologia, mente e espírito, então a pessoa podia ser biologicamente judia, mas ter uma mente ariana, então ela não era completamente intolerável. O fato de Evola ser considerado um herege pelos nazistas mais ferrenhos mostra tudo o que você precisa saber sobre a época e as ideias estranhas que circulavam nos círculos intelectuais europeus.

Durante a consolidação do poder de Benito Mussolini na Itália, Julius Evola se tornou seu maior defensor e admirador e acabou por exaltar os elementos mais reacionários/totalitários da política europeia da época. Isso culminou em sua "obra-prima", intitulada *Rivolta contro il mondo moderno* [*Revolta Contra o Mundo Moderno*][24], de 1934. Este livro se tornou um importante tratado dos movimentos reacionários na Itália, Espanha e Alemanha, sendo considerado, juntamente com *Mein Kampf* [*Minha Luta*][25], de Adolf Hitler, como uma justificativa ideológica para a guerra e a matança.

O que o livro diz? Sem surpresas, ele é completamente hegeliano, propondo uma "Era Dourada" de pureza racial e organização política perfeita que foi interrompida pelo advento do liberalismo e prevendo que o declínio da sociedade terminará com uma revolta em defesa do Estado liderado por um homem forte que nos levará a uma nova era de ordem perfeita. Claro que o livro é completamente estatista e racista, opondo-se a todas as melhorias no padrão de vida desde o Iluminismo. Trata-se de um ataque violento à liberdade humana.

Eu usaria citações aqui, mas a maioria delas não faz sentido. De qualquer modo, você é livre para ler uma amostra ou

---

[24] Em português a obra está disponível na seguinte edição: EVOLA, Julius. *Revolta Contra o Mundo Moderno*. Trad. José Colaço Barreiros. Lisboa: Publicações Dom Quixote, 1989. (N. E.)

[25] A publicação do livro está proibida no Brasil por intermédio de mandado judicial, mas diversas edições podem ser encontradas facilmente em formato eletrônico. (N. E.)

o livro todo. Sua conclusão política central é uma defesa da "instituição da ordem de cima para baixo".

> A própria noção de "direito natural" é apenas ficção, e o uso antitradicional e subversivo disso é bem documentado. Não existe essa coisa de uma natureza que é "boa" em si e na qual direitos inalienáveis do indivíduo, direitos que devem ser iguais e aplicáveis a todos os seres humanos, se originam e se baseiam. Mesmo quando a substância étnica parece de alguma forma "bem definida" [...] Estas formas... não têm valor espiritual em si mesmas a não ser que participem de uma ordem mais elevada, como quando são incorporadas a um Estado ou organização tradicional análoga, elas primeiramente consagradas como algo superior.

Citar os textos de Julius Evola é sempre difícil por causa de seu obscurantismo educado, mas espero que os leitores entendam o básico.

5 - O PROBLEMA DAS MULHERES

Nesse tratado, Julius Evola apresenta sua posição quanto ao sexo feminino, que ele revisitaria ao longo de sua extensa carreira literária. Evola não apenas rejeitava quaisquer direitos humanos para metade da raça humana identificada como mulheres; ele acreditava que a capacidade biológica de ter filhos determina uma situação de escravidão permanente das mulheres. Sua visão do lugar mais adequado da mulher é representada pelo harém durante a vida e a pira funerária depois da morte do seu senhor.

Não é possível, escreveu ele, para uma sociedade que concede a "todos os seres humanos" coisas como "dignidade" e "direitos", "preservar alguma ideia de relação correta entre os dois sexos". Ele explica isso numa passagem estranhamente clara:

> Numa sociedade que não entende a figura do asceta e do guerreiro; na qual as mãos dos aristocratas parecem mais adequadas a segurar raquetes e coqueteleiras do que espadas e cetros; na qual o arquétipo do homem viril é representado pelo boxeador ou astro do cinema, quando não pelo chorão representado pelo intelectual, o professor universitário, o marionete narcisista do artista ou o banqueiro ocupado e ganhador de dinheiro sujo e o político – em tal sociedade era só uma questão de tempo até que as mulheres se levantassem e clamassem para si uma "personalidade" e uma "liberdade" de acordo com o sentido anarquista e individualista geralmente associado a estas palavras.

De acordo com Evola, a emancipação das mulheres no século XIX (era do liberalismo), combinada com a prosperidade de todos os demais, levou a um caos demográfico intolerável. Para ele, os nascimentos deveriam ser regulados, obrigatórios entre as raças superiores (e isso inclui o estupro como imperativo moral), mas proibidos entre as raças inferiores. Se o Estado não se envolvesse, a humanidade estaria condenada (uma afirmação comum a todos os eugenistas de sua geração), desde que continuássemos a tolerar coisas como liberdade e direitos humanos.

> Não é de admirar que as raças superiores estejam morrendo diante da inequívoca lógica do individualismo que, sobretudo nas chamadas "classes mais altas" contemporâneas, fez com que as pessoas perdessem toda a vontade de procriar. Sem falar em outros fatores degenerativos relacionados à mecanização e à vida social urbanizada e sobretudo a uma civilização que não mais respeita a saúde e as limitações criativas criadas pelas castas e pelas tradições de linhagem sanguínea. Portanto, a proliferação se concentra nas classes sociais mais baixas e nas raças inferiores, nas quais o impulso animalesco é mais forte do que qualquer cálculo racional e reflexão. Os efeitos inevitáveis são uma seleção reversa e a ascensão e ataque de elementos inferiores contra os quais a "raça" das castas e povos superiores, agora exaustos e derrotados, não pode fazer muita coisa como elemento espiritualmente dominante.

Evola termina seu tratado de 1934 com um rascunho sedento de sangue do holocausto e a criação do novo homem:

> Isso é tudo o que podemos dizer sobre certa categoria de homens diante da concretização do tempo, uma categoria que, por conta de sua própria natureza, deve ser minoritária. Este caminho perigoso pode ser trilhado. É um teste real. Para que ele seja levado a termo, são necessárias as seguintes condições: todas as pontes devem ser interrompidas, não se deve dar apoio nem permitir lucros; além disso, a única saída deve estar à frente. É típico da vocação heroica enfrentar as maiores ondas sabendo que há dois destinos à frente: o dos que morrerão com a dissolução do mundo moderno e

o dos que se perceberão no curso principal e majestoso da nova corrente.

O surto literário seguinte de Julius Evola, ao longo da década de 1930 até a Segunda Guerra Mundial, incluiu reconstruções da história pré-moderna nas quais, sempre que um mercador vencia os senhores da guerra ou que o comércio e a harmonia substituíam os estupros e saques, Evola se desespera. A humanidade perdeu seu amor pelo derramamento de sangue e horror e, portanto, a própria essência da vida!

Você lê essas coisas e tudo se torna absolutamente previsível. A liberdade, em todas as suas formas, é a inimiga; ódio, violência tribal, ditadura, amor mitológico à mentira são a aspiração filosófica da raça superior. Embora os livros de Evola tenham sido publicados aos montes nos anos anteriores à guerra, todos eram uma variação do mesmo tema.

6 - Flerte com os nazistas

À medida que o partido nazista ganhou espaço na política alemã, Julius Evola se embeveceu, depositando toda a sua esperança e sonhos na grande causa e se tornando um propagandista em tempo integral na Alemanha. Ele falava em nome do Terceiro *Reich* e virou amigo de Heinrich Himmler (1900-1945), o oficial nazista responsável pela construção dos campos de extermínio. Seus serviços eram tão requisitados que Evola acabou por se tornar o principal intelectual dos círculos nazistas, um verdadeiro ativista de uma causa que lhe dava cobertura ideológica para crimes, ao mesmo tempo exaltando todos os aspectos da guerra e do regime de Adolf Hitler como a maior esperança para a humanidade. Ele chegou até mesmo a levar Benito

Mussolini ao esconderijo do *Führer* durante a guerra. Evidentemente, a morte de inocentes não era apenas normal para ele, como também concretizava o que ele acreditava que deveria acontecer.

Evola se tornou tão devoto da violência e da morte que criou o hábito de caminhar pela breve República Social de Mussolini, contemplando o sentido espiritual das bombas; durante esse tempo, foi atingido por um estilhaço que o deixou paralisado. Sua deficiência só aumentou sua mística depois da guerra; nesse período, ele exaltou as milícias violentas que defendiam a utopia fascista mesmo depois da vitória aliada. Evola acabou por escapar impune depois da guerra, provavelmente entediando o júri com sua ladainha filosófica, espertamente.

Os textos de seus últimos anos demonstravam que ele jamais abandonou a fé na revolução fascista. Seu livro de 1974, *Il fascismo visto valla destra* [*O Fascismo Visto pela Direita*], tira o peso de algumas de suas visões estranhas sobre sexo e raça, mas reitera o tema central: estatismo como um substituto do liberalismo clássico.

> O verdadeiro Estado será orientado contra o capitalismo e o comunismo. Em seu centro estará o princípio da autoridade e um símbolo transcendente de soberania. [...] O Estado é o elemento central que precede a nação, o povo e a sociedade. O Estado - e com o Estado tudo o que é apropriadamente constituído como ordem e realidade política - se define essencialmente com base numa ideia, não por fatores naturalistas e contrafactuais.

7 – Paraíso perdido

O barão Evola não estava sozinho em suas opiniões em meio à sua classe. No fim do século XIX, havia vários nobres menores que se sentiam excluídos na era da democracia, perdidos no mundo, brilhantes e privilegiados, mas incapazes de ter uma educação convencional e muito menos um emprego normal. A Primeira Guerra arruinou a linhagem moral desses homens, e muitos se voltaram para o niilismo, com raiva diante de seu sofrimento pessoal. Eles também eram os mais inteligentes e sabiam disso.

O que fazer? Para onde ir? Basicamente, muitos desses nobres se transformaram em algo como a personagem Coringa no filme *Batman: O Cavaleiro das Trevas*, de 2008; pessoas que queriam ver o mundo pegar fogo. Eles desprezavam o mundo que conheciam. Mas Benito Mussolini era uma esperança. Adolf Hitler era a esperança. O homem forte determinado, o uso de força para mudar a história, os campos de extermínio e as câmaras de gás: estas eram as esperanças. Estas mentes marginalizadas não podiam lutar, mas podiam pensar, dar aulas e escrever. Eles escreveram tratados sobre o porquê de os assassinatos em massa serem uma fonte de vida. Passaram de anjos da Velha Europa a demônios da Nova Europa, como o Vaticano disse de Julius Evola. E hoje? Seu legado continua, trágica e horrivelmente.

Então me permita ser claro: não sou impassível diante do sofrimento pessoal desses homens. Todos têm um motivo para ser como são. Mas o fato é que eles usaram seus privilégios para o mal e são cúmplices disso.

8 – O ENCANTO DO GNOSTICISMO

Por que as pessoas se sentem atraídas pelas ideias de tais pensadores? Por que as obras de Evola foram recentemente traduzidas e estão vendendo de novo? Por que existe um *site Juliusevola.com*?

Você pode dizer que é isso que acontece quando a esquerda vai longe demais; ela cria uma direita radical como imagem espelhada. Pode ser uma explicação. Mais importante, contudo, é que o filósofo Eric Voegelin (1901-1985) tem razão: isso tem a ver com a atração de um ensinamento secreto, o grande apelo gnóstico, que nasce de uma desconfiança inicial do aprendizado e sabedoria convencionais e leva à busca por uma visão de mundo perdida e suprimida.

Indivíduos como o barão Evola sentem uma atração especial por essas pessoas em razão de sua suposta linhagem aristocrata; isso indica a alienação do aristocrata quanto à corrupção vigente e sinaliza a possível revelação de alguma verdade oculta, escondida por uma grande mente. Melhor ainda quando pessoas assim escrevem tratados de mil páginas que reconstroem a história da humanidade em termos de imensa incorreção política, pondo a culpa pela perda da grandeza em invasores, marginais, na feminização, quase sempre em judeus, ou em alguma outra reviravolta artificial que afasta a humanidade de seu destino orgânico de ser guiada por homens poderosos (e os leitores de tais livros se imaginam entre os homens poderosos).

Parece haver um prazer secreto em estudar tais obras sombrias, como um pecado contra uma sociedade corrupta e descartável. Para os seguidores destes pensadores, o fato de os livros não fazerem sentido não importa. O que importa é que o autor representa o isolamento, a exclusão, a condenação, e que suas obras são suprimidas pelas elites. É a própria rejeição desse tipo de pensamento pelo *establishment* que serve como fonte do poder entre as pessoas seduzidas pelo gnosticismo.

9 - Evola vive

Toda ideologia reacionária - toda visão de vida que contém em si um profundo ressentimento contra a libertação da humanidade da depravação e barbárie - tem uma visão de um passado idealizado, uma teoria sobre seu declínio e queda e um plano de restauração que é necessariamente violento. Os movimentos fascistas do entreguerras se transformaram em isca para todos estes ativistas na Europa.

O pomposo e ridículo barão Giulio Cesare Andrea Evola, cujas obras, até hoje, atraem pseudointelectuais alienados e autoritários ao redor do mundo, está vivo graças às traduções de seus livros para ao menos cinco idiomas. Seu pensamento - como os textos ocultistas medievais - provavelmente atrairá autodidatas ressentidos e amargurados de todo o mundo nas próximas décadas. Tanto Steve Bannon quanto Milo Yiannopoulos mencionaram Evola como uma inspiração.

E a maior ironia de todas: as ideias de Julius Evola só estão acessíveis hoje por causa da tecnologia - e dos ideais por trás da tecnologia - a que ele dedicou a vida a se opor. Ludwig von Mises tem a última palavra: *"o fascismo não é, como se vangloriavam os fascistas, 'uma nova forma de vida'; é um caminho velho rumo à destruição e à morte"*.

CAPÍTULO 20
LUTAMOS PARA NOS SENTIR VIVOS

"**S**ó estou aqui pela violência". Foi o que li no cartaz de um homem em Nova Orleans que protestava contra a decisão da cidade de remover alguns mármores em homenagem aos confederados.

Esta parece ser uma tendência crescente ao redor do país. Um palestrante polêmico está vindo ao campus? Então vamos atrapalhar ou atrapalhar os atrapalhadores. Está havendo uma manifestação pró ou contra Donald Trump? Vamos lá ver se conseguimos trocar uns socos. Que lado devemos escolher? Isso é importante, mas não tanto quanto o apelo do conflito em si. O conflito, e até a violência, faz com que nos sintamos vivos.

Virtualmente, todos já fomos tragados para dentro de batalhas acaloradas em todas as plataformas, nas quais diferenças de opinião evoluem rapidamente para insultos, maldades e bloqueios. O *Twitter* se transformou no Paraíso dos provocadores que demonizam, ameaçam e juram vingança aos outros. Todo intelectual público hoje em dia enfrenta algum tipo de importunação.

O desejo por conflito não é somente um problema norte-americano. Ele afeta todos os países europeus, onde grupos políticos vão para os seus cantos e saem de lá já dando socos.

1 - CLUBE DA LUTA

Às vezes um filme está tão à frente do seu tempo que nos esquecemos do quanto ele antecipou. Não estou tão triste assim por ter esperado até 2017 para assistir ao clássico *Fight Club* [*Clube da Luta*], de 1999. Não conhecia a história e não tinha expectativas, muito menos qualquer ideia da trama. Esta é a melhor forma de assistir a um filme. Ele fez comigo exatamente o que deve ser feito: me levou numa longa jornada do mundano ao absurdo inacreditável.

O filme é uma criação do lendário cineasta David Fincher, baseado no livro homônimo[26] do romancista e jornalista Chuck Palahniuk. Ele começa com o ator Edward Norton como o narrador contido, o ator Brad Pitt no papel do guru durão Tyler Durden, e a atriz Helena Bonham Carter como a desgrenhada, mas bela, Marla Singer. A trama se desenvolve em três atos distintos, mas o principal envolve a criação de um clube para os meninos trocarem socos sem motivo algum, só porque isso os faz se sentir bem.

Eles se reúnem em determinado lugar, na hora combinada, e começam a trocar socos até que uma pessoa diz

---

[26] O romance está disponível em língua portuguesa na seguinte edição: PALAHNIUK, Chuck. *Clube da Luta*. Trad. Cassius Medauar. São Paulo: LeYa, 2012. (N. E.)

"chega". Não tem a ver com raiva. Não tem a ver nem com vitória. Tem a ver com descobrir algo sobre si mesmo: a dor que você sente e a dor que você é capaz de provocar, que de alguma forma é mais real do que qualquer coisa em sua vida. A dor nos conecta a algo primitivo que perdemos durante o processo de apostar e embelezar nossas vidas, ao mesmo tempo que nos afasta de nossa tendência evolutiva de lutar.

Como espectadores, ficamos horrorizados, mas a defesa da prática é também convincente. Uma das principais críticas ao filme quando ele estreou foi a de que a ideia toda era convincente demais. Os críticos não tinham dúvidas quanto à qualidade do filme, mas ficaram temerosos de que a narrativa criasse clubes semelhantes ao redor do mundo.

Lembre-se: isso foi em 1999. Não havia extrema direita ou antifascistas. Estado Islâmico, Donald Trump, Bernie Sanders e a ascensão da cultura virtual ultratóxica não estavam no horizonte. A estagnação econômica dos jovens homens brancos só ganhou força depois de 2008. O clichê cultural da classe média procurando sentido e cada vez mais cansada de apenas consumir é algo mais do nosso tempo do que do século passado. E a sensação geral de crescimento econômico lento levando a um ambiente de violência ainda não tinha surgido. A cena final com os prédios desabando antevê o atentado terrorista em 11 de Setembro de 2001.

A relação com o nosso tempo é óbvia, com as crescentes batalhas de rua entre esquerda e direita, cujas vitórias não decidem nada, mas fazem os participantes sentirem que são importantes. Na verdade, o filme estava mesmo muito à frente do seu tempo.

2 - Prevendo o futuro

Este filme é assombroso em relação a quanto do futuro conseguiu antecipar. Produzido no fim do segundo milênio, ele parece antever uma volta do brutalismo no terceiro milênio. Apesar de contar a história de poucas pessoas, lentamente se transformando na história de gangues e violência, ele serve como uma alegoria visionária da ascensão de novas formas de política no século XXI.

Clube da Luta começa com um quê de comédia leve. Um jovem com um emprego burocrático se ocupa de encher seu apartamento com móveis Ikea e definir seu estilo de vida com escolhas cuidadosas de cristais. Ele tem de viajar frequentemente a trabalho, e isso já se tornou uma rotina. Nada especialmente interessante ou significativo acontece. Ele desenvolveu insônia e busca uma cura para o problema, mas nada parece dar certo.

Certo dia, durante um voo, nosso narrador encontra Tyler Durden, que parece ser a pessoa mais interessante que ele conheceu em anos. Eles se reúnem novamente mais tarde e o narrador fica na casa de Tyler, que se revela como uma espécie de mansão dilapidada. Brincando, Tyler insiste para que seu novo amigo lhe dê um soco. Ele bate e Tyler revida. Dá-se início a uma briga, mas, em vez de virarem inimigos, eles descobrem uma fonte de amizade. Aquilo faz com que os dois sintam que estão vivendo plenamente. "Largue seu emprego. Comece uma luta. Prove que está vivo", diz Tyler. "Se você não reclamar para si sua humanidade, acabará virando uma estatística".

3 - O ARGUMENTO

O Clube da Luta cresce, e, em algum momento, Tyler explica a história por trás.

> Cara, vejo no Clube da Luta os homens mais fortes e inteligentes que já viveram. Vejo todo esse potencial e vejo desperdício. Droga, toda uma geração de frentistas, garçons; escravos da burocracia. A publicidade nos fez desejar carros e roupas, trabalhar no que odiamos para poder comprar coisas de que não precisamos. Somos os filhos do meio da história, cara. Sem propósito ou lugar. Não temos grandes guerras. Não temos a Grande Depressão. Nossa grande guerra é uma guerra espiritual... Nossa Grande Depressão é nossas vidas. Todos fomos criados assistindo à televisão, para acreditar que um dia seremos todos milionários e astros do cinema e do *rock*. Mas não seremos nada disso. E aos poucos estamos aprendendo isso. E estamos com raiva, furiosos mesmo.

Lutamos porque não temos objetivo de vida, não temos lugar. Para encontrá-los, o Clube da Luta deixa de lado todas as coisas que as pessoas associam ao comportamento civilizado e revela nossa masculinidade interior, nossa capacidade de sentir e provocar dor. Precisamos ver o sangue para acreditar de verdade na vida.

O filme exibe vários exemplos de ousadia heroica masculina. O elemento de gênero da filosofia subjacente é inescapável: opor civilização e masculinidade, como se a cooperação pacífica com os outros em busca de um benefício mútuo em empreitadas produtivas fosse uma atividade física e moralmente emasculante. Homens nasceram para lutar e mandar, não para fazer comércio e cooperar, pelo menos é o que diz a teoria.

Há um quê de verdade aqui. A luta, o conflito, a morte são a história prevalente da existência da humanidade, e ao longo desse tempo o domínio masculino e a subjugação feminina foram inquestionáveis. As mulheres, como gênero, só tiveram possibilidade de exercer os direitos humanos na era do *laissez-faire*, a *belle époque* de paz, novas tecnologias e realizações comerciais do século XIX, um tempo em que as brigas de sangue, os conflitos étnicos, as guerras raciais e religiosas estavam em declínio, enquanto a educação, a etiqueta e o respeito civilizado ao bem-estar alheio estavam em ascensão.

4 - O DRAMA PERDIDO E RECUPERADO

A ideia do Clube da Luta é reaver o drama, a motivação e a sensação de propósito perdidas, coisas que só podem ser vivenciadas por meio da violência, de acordo com inúmeros defensores da guerra, de Thomas Carlyle a Carl Schmitt. Depois do advento da Grande Depressão, a ascensão da ideologia fascista nos Estados Unidos e na Europa tinha a mesma ideia: conceitos efeminados como paz e liberdade não funcionam, então vamos tentar algo masculino, como poder e guerra. Por meio deles, podemos reaver a honra, descobrir o que é o heroísmo, reforçar nossos espíritos e encontrar o sentido da grandeza.

É mesmo isso o que a guerra faz? Ela pode ser associada ao heroísmo em casos individuais, mas a consequência principal é o surgimento de um terror impensável. Na verdade, como diz Christopher Hedges no clássico de 2002, *War Is the Force that Gives Us Meaning* [*Guerra é a Força que Nos*

Dá Sentido]: a guerra *"expõe a capacidade de cometer o mal que fervilha sob a superfície dentro de todos nós"*. Não é algo masculino, e sim animalesco; não civilizado, e sim bárbaro; não verdadeiro, e sim marcado pela mentira.

De certa forma, o Clube da Luta exibe a crítica mais forte ao liberalismo jamais feita, a ideia de que a paz, o comércio e a cooperação mútua, bem como a ordem social resultante da produção e do consumo, roubam as nossas vidas de seu drama e sentido. Isso só pode ser recuperado pela reafirmação do paradigma amigos/inimigos, e isso, por sua vez, só pode se fazer presente em nossas vidas por meio do conflito. O filme expõe essa crítica e então a destrói, ao revelá-la como uma patologia perigosa que nos ameaça a todos.

Faz sentido, então, que o Clube da Luta político atual, definido como direita e esquerda e aparentemente opondo lados opostos do espectro político, esteja absolutamente unido num ponto central: a contrariedade à ideia da paz e do comércio como pilares da ordem social. Quanto mais analisamos, mais percebemos que socialismo e fascismo, extrema direita e extrema esquerda, têm mais em comum do que gostariam de admitir.

Como no próprio Clube da Luta, o objetivo dos lados opostos no conflito político moderno é encontrar sentido por meio do conflito em si. Mas uma análise mais cuidadosa revela algo incrível: os lados opostos do conflito estão, na verdade, no mesmo time e podem até ser a mesma pessoa. Que diferença há de fato entre o hegeliano de direita e o hegeliano de esquerda?

A analogia da política estrangeira mostra os Estados Unidos dando apoio aos dois lados na Síria, bombardeando túneis construídos por norte-americanos no Afeganistão e fornecendo armas aos dois lados em guerras civis ao redor do mundo. O que parece ser dois lados, de perto, se revela como um lado unido no amor pelo conflito em si. Como explicar o desejo da administração Donald Trump de mais uma vez intensificar a guerra no Afeganistão, uma guerra sem fim no horizonte e, neste sentido, o modelo de guerra para todas as causas que desistiram da crença na civilização?

5 - MAS E QUANTO AO DRAMA?

E quanto à crítica em si? A sociedade livre está realmente isenta do drama? Uma visão contrária vem de *Atlas Shrugged* [*A Revolta de Atlas*][27], de Ayn Rand (1905-1982), livro que se afasta da estética do iluminismo escocês e se aproxima de um espírito mais nietzschiano quanto à iniciativa. Ele fala de descoberta, concorrência, realização, a tragédia da perda e a euforia do triunfo, tudo no contexto da troca mercantil.

Para mim, esta é a maior e mais épica realização do livro. Ele mostra que todas as supostas honras e glórias da guerra na verdade podem ser conquistadas por meio do comércio. A iniciativa privada, de acordo com Rand, é o Clube da Luta sem violência e sangue, mas com toda a empolgação, ousadia e dramaticidade. Não se trata de um livro para todos os gostos, mas ele consegue responder eficientemente a crítica aos mercados de que eles embrutecem e castram o espírito humano.

O mais incrível é que os heróis de Rand mantêm sua moralidade e motivação mesmo diante de grandes adversidades. Eles rejeitam a violência por princípio e lutam por sua liberdade e direitos usando a mente e a capacidade de

---
[27] Em português o romance está disponível na seguinte edição: RAND, Ayn. *A Revolta de Atlas*. Trad. de Paulo Britto. São Paulo: Arqueiro, 2012. (N. E.)

produção heroica, não a destruição. Eles não entram em becos para trocar socos a fim de encontrar sentido na vida. Ao contrário, defendem os direitos humanos e as realizações pessoais, mesmo em meio a uma economia em declínio, com os direitos sob ataque, com os burocratas governando.

Ninguém pode dizer que a essa história falta drama. Pelo contrário, Rand encontra o drama na luta pela liberdade, a paz, a propriedade e o capitalismo. Quanto à escolha pela violência, ela é o caminho dos perdedores, daqueles que perderam a confiança na própria capacidade de competir, criar e agregar valor a um grande projeto de vida. De forma reveladora, o verdadeiro herói de Rand no livro é uma mulher, fato que destrói a narrativa da vida mercantil como algo castrador. A violência é, na verdade, um ato de desespero da capacidade de alguém de se realizar como ser humano.

Como os que acreditam nestes ideais liberais podem resistir à mentalidade do Clube da Luta hoje? Assim como os personagens heroicos de Rand, deveríamos ser opositores conscientes das guerras do nosso tempo, sejam elas quentes ou frias, na política ou na rua, grandes ou pequenas. Não temos lugar nessa luta. Enquanto eles se espancam, vamos avançar para criar um mundo civilizado, inclusivo, pacífico e livre. Esta é a verdadeira luta heroica, e uma forma plena e sã de se sentir vivo.

PARTE V

O FUTURO

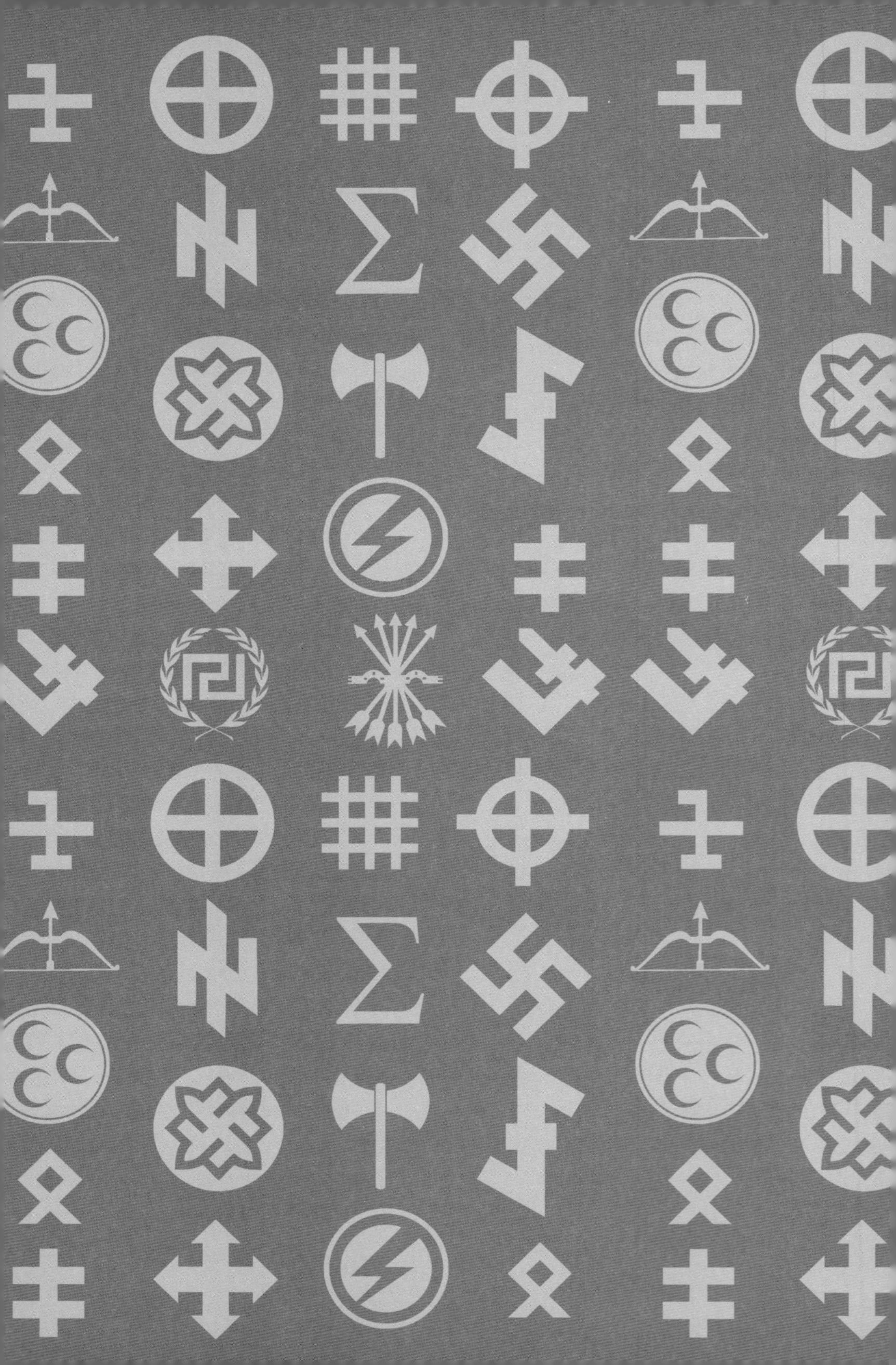

CAPÍTULO 21
O OCIDENTE É UMA IDEIA PORTÁTIL, NÃO SANGUE E SOLO

Nem todos os que saem por aí celebrando as conquistas do Ocidente e reclamando de sua destruição são realmente amigos da liberdade. Sabemos disso há pelo menos um século, quando o aclamado historiador alemão Oswald Spengler publicou em 1919 seu tomo magistral *Der Untergang des Abendlandes* [*O Declínio do Ocidente*].

O livro se prolonga por oitocentas páginas, falando da grandeza das artes, ciências, literatura e riqueza ocidentais, mas esta não é a tese dele. O objetivo do tratado era dar um alerta: o Ocidente deve ser tribalizado sob um novo cesarismo, e rápido, antes que outras tribos poderosas ganhem a batalha pelo controle.

As ideologias do liberalismo e socialismo estão mortas, escreveu Spengler, assim como a economia monetária, que é fraca e frágil demais para entrar na batalha pelo controle da história. Uma nova forma de ditadura, apoiada por uma visão consciente e a vontade de políticos liderando os povos, era necessária para viver a vida em todo o seu potencial.

O enorme livro de Spengler recebeu elogios do público, mas o que ele antevia? Olhe a Europa do entreguerras e você entenderá.

1 - O discurso na Polônia

O livro me veio à mente por causa do discurso de Donald Trump na Polônia, que em momentos foi belo e inspirador, mas em outros estranhamente ameaçador. Foram necessários alguns dias, mas aos poucos as pessoas entenderam que o discurso escrito pelo conselheiro político Stephen Miller era mais do que um recital dos clichês políticos de sempre. Era uma proposta de mudar a filosofia de governo dos Estados Unidos profundamente e alertar para a identidade única e a missão do que ele repetidamente chamou de "O Ocidente" – um termo que não tinha ressonância política há décadas.

O Ocidente, como dito no discurso, não é apenas uma ideia, e sim um povo, uma nação em si, unida por grandes realizações, incluindo vitórias em grandes guerras. Por exemplo, o discurso falou do heroísmo notável dos que resistiram ao nazismo no levante de Varsóvia em 1943, e foi além ao celebrar a resistência mais recente à ocupação soviética.

Ele contou essa história de uma forma maravilhosa, inspirando a multidão a aplaudir e a gritar sem parar.

O discurso buscava forjar uma solidariedade – e até mesmo uma identidade – entre a Polônia e os Estados Unidos como uma coisa distinta chamada "Ocidente", que Trump descreveu da seguinte forma:

> Não há nada como nossa comunidade de nações. O mundo nunca conheceu algo como nossa comunidade de nações. Escrevemos sinfonias. Buscamos a

inovação. Celebramos nossos heróis do passado, cultivamos nossas tradições e costumes eternos e sempre buscamos explorar e descobrir novas fronteiras. Recompensamos a inteligência. Lutamos pela excelência e adoramos obras de arte inspiradoras em homenagem a Deus. Respeitamos a lei e protegemos o direito à liberdade de expressão. Damos poder às mulheres como pilares de nossa sociedade e nosso sucesso. Temos a fé e a família, não o governo e a burocracia, como o centro de nossas vidas. E debatemos tudo. Desafiamos tudo. Queremos saber tudo para que possamos nos conhecer melhor.

Escrevi contra muitas das diretrizes e comportamentos de Trump, mas estas palavras são emocionantes e verdadeiras (tanto quanto o livro de Spengler), e já estava na hora de alguém dizer isso nesta geração. Mas note o que há de diferente na formulação do texto. Ele sofre ao dizer que tais características pertencem a certa "comunidade de nações", um povo específico unido em certo estilo de vida.

Ao contrário de seus antecessores, ele se recusou a descrever estas coisas como marcas registradas do ideal humano, um desejo universal, e preferiu se ater a um povo em particular - não às ideias do povo (ideias podem ser transportadas para qualquer lugar), e sim algo marcado em determinado público-alvo.

2 - Dois inimigos

Donald Trump alertou que o Ocidente estava sob ameaça de dois inimigos: o Estado burocrático e a invasão de uma ideologia estranha (o islamismo radical). Para lutar contra essas duas ameaças, prescreveu uma nova consciência do caráter único da tradição ocidental.

A questão fundamental do nosso tempo é se o Ocidente sobreviverá. Confiamos em nossos valores para defendê-los a qualquer custo? Respeitamos nossos cidadãos o bastante para proteger nossas fronteiras? Temos o desejo e a coragem para preservar nossa civilização daqueles que a subverteriam e destruiriam?

Isso é muita coisa em que se pensar! Trump está propondo uma ameaça existencial que só pode ser enfrentada por uma consciência identitária. E ao que leva essa consciência? A uma disposição de defender, a uma coragem de lutar, a um desejo de sobreviver. E pelo quê? Por um estilo de vida que afeta um espectro limitado da experiência humana. Não é universal.

Esta não é apenas a minha interpretação. David French, da *National Review*, inteligentemente compara o discurso de Donald Trump com o de Barack Obama, e observa: Trump *"restringe valores que outros presidentes consideravam universais ao contexto ocidental e rejeita claramente um universalismo e uma equivalência moral"*.

O artigo de French parece representar muitas opiniões do lado direito do espectro político, no qual as pessoas estão cansadas de sentir como se precisassem pedir desculpas pelas conquistas do Ocidente e preferem se orgulhar dele. Como diz French, Trump se dá o trabalho de apontar essas realizações na história dentro da experiência específica de um povo em particular, associado a uma visão judaico-cristã.

Ainda assim, há diferenças entre celebrar a liberdade e se envolver num chauvinismo cultural bruto. Há uma diferença enorme entre dizer que a liberdade nasce de certas instituições (*"o primordial"*, dizia Ludwig von Mises, é *"a ideia de liberdade do Estado"*) e dizer que ela se baseia em laços de sangue e solo.

3 – Onde está a liberdade?

A visão "sangue e solo" do que engrandece a civilização é negada por nossos próprios olhos. O mundo hoje mostra o sucesso da liberdade e dos direitos em várias culturas e entre muitos povos ao redor do mundo. Os mercados existem em todo o planeta. Assim como os direitos humanos e a lei. Assim como sinfonias, grande arquitetura, inovação, liberdade de expressão e arte. Onde quer que as pessoas sejam livres do Estado, elas prosperam.

A prova está no Índice de Liberdade Econômica. Entre os países mais livres estão Hong Kong, Cingapura, Austrália, Ilhas Maurício, Emirados Árabes Unidos e Chile, dispersos pelo mundo e incluindo várias raças. O que eles têm em comum não é o sangue, a religião, a geografia ou o idioma, e sim algo primordial: a liberdade.

Uma coisa é observar que o que chamamos de Ocidente foi a primeira "coisa" a desenvolver completamente ideias liberais. Isso torna a ideia do Ocidente uma questão de documentação histórica e um fato inquestionável. Outra coisa totalmente diferente é dizer que o Ocidente pertence a certo povo por conta de... do quê? Este é o aspecto velado do discurso de Trump. O que ele quer dizer? Talvez seja a religião, a geografia, os grandes líderes, o idioma ou... a raça?

4 - Ouvindo alertas

O prospecto do discurso de Trump era na verdade uma camuflagem para um plano mais sombrio criado por Peter Beinart para declarar que o discurso não era nada mais do que um exercício de paranoia política e racial. O Ocidente claramente não é uma designação geográfica, já que *"a Polônia está mais no oriente do que o Marrocos. A França está mais no oriente do que o Haiti. A Austrália está mais no oriente do que o Egito. Ainda assim, Polônia, França e Austrália são considerados parte do Ocidente. Marrocos, Haiti e Egito, não"*.
Se não se trata de geografia, o que é?

A Polônia é um país etnicamente homogêneo. Então, quando o presidente polonês diz que ser ocidental é algo que está na essência da identidade nacional, ele define a Polônia como um país diferente das nações a leste e sul. Os Estados Unidos são racial, étnica e religiosamente heterogêneos. Então, quando Trump diz que ser ocidental é algo que está na essência da identidade nacional, ele está, em parte, definindo os Estados Unidos como um país diferente de uma parcela de seu próprio povo. Ele não está falando como presidente de todos os Estados Unidos. Ele está falando como chefe de uma tribo.

Antes de rejeitar as afirmações de Beinart como tiradas de um esquerdista explorador do conflito racial, pense que a proposta de Trump do Ocidente como um povo e uma experiência, e não como uma ideia, representa um afastamento importante das velhas ideias liberais. Especificamente, o discurso distorce os ideais iluministas que associamos a pensadores como John Locke (1632-1704), David Hume (1711-1776),

Adam Smith e Thomas Jefferson, enxergando-os através das lentes de uma tradição de pensamento que se opõe a tais ideais. O que ele está mesmo propondo aqui é outra forma de identidade política que rejeita o universalismo.

5 - O PROBLEMA COM O UNIVERSALISMO

Sem dúvida, a causa dos direitos universais tem sido usada como desculpa para violar estes mesmos direitos. Quando Condoleezza Rice disse que a liberdade e a democracia são de todos, ela estava justificando o tipo de governo pelo qual as administrações de George W. Bush e de Bill Clinton ficaram conhecidas. Essa política não leva à liberdade de fato, muito menos à democracia, e sim ao caos que vemos nas nações arrasadas pela guerra no Oriente Médio. O universalismo desse tipo leva ao imperialismo.

Este tipo de universalismo é errado. Ele sustenta que, como todos têm direitos humanos, a nação mais poderosa deve estendê-lo a todos, mesmo à custa dos direitos humanos daqueles considerados como "dano colateral". A crítica a essa visão também está correta. A liberdade nasce de um firmamento cultural, aos poucos, como uma extensão do coração das pessoas. Ela não pode ser imposta à bala, seja por neoliberais de tendência à esquerda, seja por neoconservadores de tendência à direita.

Muitas pessoas que defendem as ideias de Donald Trump hoje em dia identificaram esse problema com a política universalista. Mas elas estão escolhendo o substituto correto? Tem de haver alguma alternativa ao imperialismo "universalista" que não o protecionismo, isolacionismo, chauvinismo cultural e supremacia religiosa-racial.

6 - A VERDADEIRA ALTERNATIVA LIBERAL

O fato é que há, sim, uma alternativa. Ela já foi chamada de liberalismo e hoje é chamada de liberalismo clássico, ou libertarianismo. A respeito desse problema, a doutrina pode ser resumida da seguinte forma: direitos universais, aplicados localmente. Ela observa que o desejo pela liberdade é um ideal universal, mas alerta contra qualquer tentativa governamental de usar a força, à custa da liberdade, para impô-la.

Com Alexis de Tocqueville (1805-1859), o liberalismo clássico presta deferência às tradições culturais e ao folclore de um povo, reconhecendo que há inúmeras formas de os direitos universais se concretizarem numa experiência humana de verdade. Ele é tolerante e respeita todas essas formas. Nos textos de Ludwig von Mises, esse liberalismo se realiza na limitação do poder estatal, na liberdade de expressão e movimento de todos os indivíduos, no livre comércio e na paz e harmonia entre povos e nações.

Esse tipo de liberalismo não recorre a nenhuma visão sombria hegeliana da história na forma expressa por Oswald Spengler há um século. Um novo cesarismo não salvará o Ocidente, mas o afastará de sua característica mais definidora: liberdade do indivíduo em relação ao Estado.

7 - Os NEOMODERADOS

O que isso tem a ver com aqueles que dentre nós não defendem a visão de Trump ou desprezam tal visão? Talvez estejamos numa posição invejável.

Jimmy Wales, da Wikipédia, fez um breve comentário na FEEcon que ficou na minha cabeça. Ele estuda há muito a obra de F. A. Hayek e é um sólido libertário. Ele disse que, ultimamente, se sente menos estridente do que antes, e por um único motivo. A direita e a esquerda se tornaram cada vez mais radicais, irracionais, autocentradas e injuriosas em suas lealdades tribais, e é exatamente isso o que a sua liderança quer. Trata-se de duas tribos lutando pelo espólio de um sistema corrupto e fracassado. Nessa guerra, não há vencedores.

Isso pôs Wales e muitos de nós na implausível posição de nos sentirmos como moderados. Somos capazes de discutir com qualquer pessoa racional sem comprometermos nossos princípios. Um libertário pode ser a pessoa mais radicalmente moderada do lugar.

O caminho é esquecer o desejo por um grandioso e decisivo conflito tribal e seguir rumo a um sistema de paz, prosperidade e harmonia social para todos. Não se trata de sangue e solo. Trata-se de buscar a felicidade que é direito de todos os povos.

A mensagem de que a liberdade universal não precisa de um líder tribal poderoso nunca chamou tanto a atenção nem foi tão necessária.

CAPÍTULO 22
A ECONOMIA DE ESQUERDA NÃO SE COMPARA AO RESSENTIMENTO DA EXTREMA DIREITA

A liderança dos democratas e sua base intelectual esquerdista se sentem insuportavelmente arrogantes hoje em dia. Eles pensam o seguinte: a Era Trump vai inspirar um contra-ataque. Donald Trump vai cometer erros terríveis, desestabilizará a renda e o acesso à saúde e fará o poder social pender em favor dos ricos, e tudo isso deixará as pessoas furiosas.

Então a esquerda terá as cartas nas mãos. E eles vão dizer: eu avisei. E vão se valer de apelos populistas para levar a cabo seu próprio plano de grandeza, indo mais para a esquerda do que Barack Obama jamais iria. Eles vão dar enormes garantias de renda, aumentar a regulamentação econômica, inchar o Estado de bem-estar social, prover acesso universal à saúde, travar uma batalha contra ricos como Trump e governar para sempre, *saecula saeculorum*, amém.

Eles deveriam repensar isso. Provavelmente não vai dar certo.

Foi justamente numa reação a tais políticas, e por causa do complexo ressentimento de classe e raça por elas gerado, que os movimentos de extrema direita ganharam força na Europa e nos Estados Unidos. O povo não se arrepende de dar as costas para as políticas social-democratas. Ao contrário, o apego às economias atreladas a governos inchados perpetuará o controle da extrema direita aqui e no exterior. A esquerda tem de repensar, e logo, e isso significa levantar perguntas fundamentais sobre suas ortodoxias econômicas.

1 - AUTOCRÍTICA

Não acredite só em mim. Essa análise na verdade vem de um artigo do *site* de centro-esquerda *Vox*, intitulado "Why Left-Wing Economics Is Not the Answer to Right-Wing Populism?" [Por que a Economia de Esquerda não é uma Resposta ao Populismo de Direita?]. Tenha em mente que ele foi escrito por amigos da esquerda, e eles estão fazendo um alerta sério: não há sinal algum de que uma guinada à esquerda tenha alguma chance de sucesso.

> O problema é que os dados sugerem que países com estados de bem-estar social mais robustos tendem a ter movimentos de extrema direita mais fortes. Dar aos eleitores brancos níveis mais altos de segurança econômica não ameniza o medo que eles têm de temas raciais e da imigração - ou, mais precisamente, não ameniza o bastante. Para alguns, isso lhes dá liberdade de se preocuparem menos com o bolso e mais com

quem está se mudando para o bairro ou competindo pelos empregos [...].

A verdade inconveniente é que a falta de um Estado de bem-estar social ao estilo europeu nos Estados Unidos deixa muitos norte-americanos brancos ressentidos. E muitos eleitores brancos acreditam que programas sociais em geral beneficiam não brancos. Assim, eles se opõem a tais programas com mais fervor do que qualquer grupo eleitoral semelhante na Europa.

Neste contexto, uma guinada econômica à esquerda não dará aos democratas uma bala de prata para ser usada contra o ressentimento racial que motiva o sucesso de Trump. Isso pode na verdade acabar dando a Trump uma arma ainda maior. Se os democratas realmente querem deter populistas de direita como Trump, eles precisam de uma estratégia que enfraqueça os verdadeiros propulsores desse apelo populista - e isso significa se ater a outras coisas além da economia.

Eu corrigiria a última frase: isso significa que eles devem resolver o problema com uma boa economia ou estarão condenados a dar continuidade à marginalização. O texto da *Vox* afirma que, desde a Segunda Guerra Mundial, a maioria dos países europeus adotou o mesmo modelo de social-democracia: Estados de bem-estar social generosos, mercados regulados, impostos altos, educação universal e saúde socializada. O auge dos partidos políticos que defendiam tal visão foi na década de 1970.

A ECONOMIA DE ESQUERDA NÃO SE COMPARA AO RESSENTIMENTO

A DECADÊNCIA DOS PARTIDOS SOCIAL-DEMOCRATAS

Porcentagem de votos nos partidos social-democratas nos dezoito países da Europa ocidental

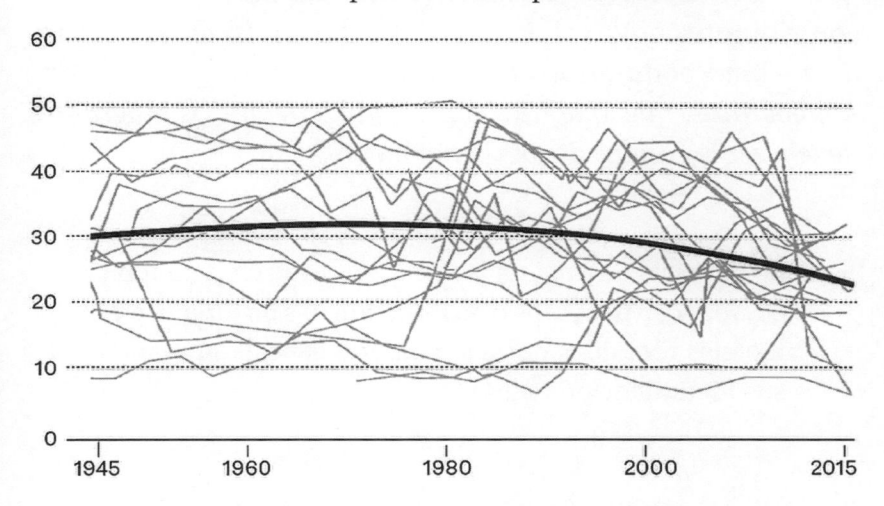

Estimativa polinômios fracionados

FONTE: Simon Hix, London School of Economics, e Giacomo Benedetto, Universidade de Londres

Todos vêm perdendo apoio desde então. A revolta direitista – não um golpe contra as políticas dos Estados inchados, e sim uma aplicação mais nacionalista destas mesmas políticas – teve início na França, no final dos anos 1970, e se propagou para a Áustria nos anos 1980, e o movimento ganhou força desde o fim da Guerra Fria até o novo milênio. Ela agora agita a Europa, desde a França até a Holanda.

Um estudo de Simon Hix e Giacomo Benedetto acompanhou o apoio à social-democracia em dezoito países, de 1945 a 2016. Eles verificaram uma forte queda no seu desempenho nas urnas.

Não há motivo para pensar que isso mudará. A ascensão da direita representa um repúdio a essas políticas, não totalmente, mas de uma forma específica: a percepção de que os beneficiados pertencem a uma tribo diferente da dos contribuintes. A *Vox* chama isso de *"chauvinismo assistencialista - uma plataforma econômica semelhante à dos sociais-democratas, mas que traz em si a ideia de que os imigrantes devem ser excluídos de tais benefícios"*.

A *Vox* resume:

> Se os sociais-democratas veem seu futuro como uma competição por votos com os populistas de direita, então eles têm duas opções: perder a eleição ou perder sua identidade progressista.

2 - O "PARADOXO DA SOCIAL-DEMOCRACIA"

É um conselho difícil. Num nível mais profundo, significa se reconciliar com o maior segredo dos círculos esquerdistas, ainda dito aos sussurros entre os acadêmicos. Este segredo precisa vir à tona agora. E é o seguinte: os dois maiores valores para a esquerda, a diversidade e o estatismo assistencialista, são uma mistura instável e eleitoralmente incompatível.

O problema é que a disposição de cobrar impostos a fim de que uma burocracia governamental dê apoio a pessoas com as quais você se identifica de alguma forma se baseia num instinto tribal. Você pode não adorar isso, mas, aceita porquê de alguma forma se identifica com as pessoas que recebem a assistência. Seja o que Deus quiser! Mas, quanto menos você se identifica pessoalmente com os que recebem a ajuda, menos solidário passa a ser e menos disposição terá de pagar.

A ECONOMIA DE ESQUERDA NÃO SE COMPARA AO RESSENTIMENTO

Trata-se de uma análise fascinante, porque a ética do Estado do bem-estar social finge ser benevolente com os grupos marginalizados. Na prática, ele só funciona ostentando e se alimentando das políticas identitárias. Quanto maior o Estado assistencialista, mais os contribuintes exigem que ele beneficie pessoas como os próprios contribuintes.

Quanto mais diversa a sociedade, menor a probabilidade de você sentir que sua tribo está ganhando esse jogo de redistribuição. Você agora está vulnerável à manipulação política. O primeiro demagogo a aparecer e dizer "olhe o que os perdedores estão ganhando à sua custa" vence o jogo. É uma mensagem extremamente poderosa, que se utiliza de uma profunda sensação de injustiça. A diversidade se torna o proverbial peso que quebra o lombo do cavalo assistencialista.

E como se dá essa quebra? Ela se parece exatamente com o que vemos ao redor do mundo desenvolvido: a ascensão do nacionalismo, o autoritarismo do Estado policial, o recrudescimento de sentimentos e movimentos raciais, políticas protecionistas, centralização do poder nas mãos de pessoas que não se solidarizam com religiões, raças e grupos idiomáticos minoritários.

Na prática, essa dinâmica política pode ter efeitos realmente nefastos. Estados assistencialistas como os que nasceram desde a Segunda Guerra Mundial são politicamente estáveis somente nas sociedades incompatíveis com o tipo de mundo que a esquerda quer e o tipo de povo que a esquerda acredita que deveríamos ser. Isso é um problema sério para eles. Isso os obriga a enfrentar um grande problema na sua visão política.

3 - A ESQUERDA NÃO TEM RESPOSTA

Parece não haver como contornar esse problema. A social-democracia criou as condições que estão levando à ascensão de movimentos políticos reacionários que tiram a esquerda do poder. As próprias instituições de esquerda são facilmente tomadas pelos movimentos que rejeitam os valores igualitários e usam essas instituições para punir as pessoas que as construíram.

À medida que escrevo estas palavras, lembro-me de que F. A. Hayek na verdade alertou para esse problema em seu livro *O Caminho da Servidão*, de 1944. Ele previa que as políticas social-democratas, apesar de baseadas numa visão humanitária, acabariam por alimentar os movimentos políticos autoritários. Ele alertou o mundo na época, mas só agora os pensadores de esquerda estão percebendo essa verdade e que têm diante de si um grave problema.

E tenha em mente que isso não tem a ver apenas com o paradoxo demográfico. As raízes são mais profundas e remontam a um problema que existe há pelo menos um século, isto é, os movimentos de esquerda têm uma grave deficiência quando se trata da visão econômica. Sua desconfiança do livre-mercado é tão profunda que eles não conseguem aceitar o fracasso óbvio dos Estados reguladores e assistencialistas que criaram. Ou, mais precisamente: a despeito de seus fracassos, eles não conseguem encontrar uma solução que repudie seus impulsos anticapitalistas básicos.

Pense no óbvio.

- Eles dizem amar os pobres e a classe média. Mas, quando empresas privadas aparecem para dar comida, roupas e aparelhos eletrônicos para pessoas comuns, por meio de grandes cadeias, a esquerda grita

A ECONOMIA DE ESQUERDA NÃO SE COMPARA AO RESSENTIMENTO

e as denuncia. Em vez de celebrar as grandes lojas de departamentos, as redes de *fast-food* e a ampla disponibilidade da tecnologia digital – que está mesmo realizando o velho sonho de acesso universal –, eles as condenam, regulam e tentam arruiná-las.
- Eles dizem defender os trabalhadores, mas seus impostos, obrigações, pisos salariais e restrições criaram um mercado de trabalho no qual é difícil entrar, restrito, sem mobilidade e que saqueia o trabalhador de seu salário justo.
- Eles dizem defender a democracia, mas criam sistemas que proíbem as pessoas comuns de serem a força motriz para o uso social dos recursos.
- Eles querem educação e saúde universal, mas criam sistemas que são caros, ineficientes e negam ao cidadão comum o direito à escolha.
- Eles tentam fomentar a guerra de classes contra os ricos, sem reconhecer que muitas pessoas comuns na verdade admiram os ricos, querem ser como eles e precisam de um sistema cheio de oportunidades para ajudá-las a alcançar estes sonhos.

Em resumo, os ideais igualitários e democráticos da esquerda vão contra sua recusa em admirar a economia e o papel do mercado na realização desses ideais.

Ao dizer isso, não estou apenas tentando marcar pontos ideológicos. O que há aqui é mesmo uma tragédia. Desde pelo menos os anos 1930, se não antes, os progressistas de esquerda decidiram abandonar seus ideais do século XIX a fim de adotar os meios estatistas de organização social. Seu ódio ao capitalismo é maior do que o seu amor pelos direitos e liberdades, e agora eles estão imobilizados pelos resultados:

suas próprias instituições estão sendo capturadas por interesses hostis aos seus ideais.

4 - Acompanhando o progresso

E, a esta altura, não há como voltar atrás. Eles não podem ganhar. Eles estão perdendo o controle. E não há sinal de que isso irá mudar, a menos que haja alguma mudança ideológica drástica. E essa mudança tem de acontecer, porque a causa da liberdade em si está em perigo. Ela está sendo tirada da vida pública num conflito entre direita e esquerda.

Precisamos de todos em ação para continuar acompanhando o progresso.

Como se daria tal mudança? Há três caminhos, não necessariamente excludentes.

1) Os sociais-democratas precisam deixar de ser hostis à livre iniciativa, melhorar seu conhecimento econômico e defender a desregulamentação, os cortes de impostos e a privatização como meio de alcançar a paz, a prosperidade, a tolerância e o acesso universal à abundância material.
2) A direita "linha dura" precisa se livrar de seu pendor para o Estado policial, restrições à migração e assistencialismo de classe média e adotar uma visão consistente da liberdade humana que inclua a tolerância pela diversidade e um reconhecimento de que o comércio global é totalmente compatível com o orgulho nacional.
3) Precisamos de um movimento novo e consciente que se dedique a uma forma clássica de liberalismo, aplicado ao século XXI. Um movimento assim

deveria celebrar a livre iniciativa, o comércio e a paz, e reconhecer que a mágica da liberdade se revela em sua capacidade de criar harmonia da diversidade, laços culturais das associações espontâneas e prosperidade da criatividade dos indivíduos numa ordem social aberta. Um movimento assim precisa se afastar do conflito entre direita e esquerda e adotar a liberdade como a terceira via e a luz num mundo em trevas.

Por mais implausível que pareça, a terceira via me parece a mais viável. De várias formas, estamos em 1946 novamente, uma época que implora pela presença de um movimento apaixonado, dedicado e moralmente forte para salvar a liberdade de seus inimigos. Um movimento liberal de verdade deve não apenas corrigir os vários erros da esquerda e da direita, como também apontar o caminho para um futuro próspero e pacífico.

CAPÍTULO 23

ABRA OS OLHOS: A SOCIAL-DEMOCRACIA ESTÁ EM COLAPSO

Sinal dos tempos: *1984*, de George Orwell, se tornou um sucesso de vendas novamente[28]. Eis aqui um livro marcado por sua visão sombria do Estado, juntamente com um desespero sincero quanto ao que fazer sobre isso.

Estranhamente, essa visão é compartilhada hoje pela direita, esquerda e até por pessoas que não se veem como leais a estes opostos. O fiasco que acontece em Washington, D.C. parece insolúvel e o inevitável já está acontecendo hoje, assim como aconteceu com os presidentes que precederam Donald Trump: a percepção de que um homem novo não resolverá o problema.

Agora chega a crise real da social-democracia. Ela tem sido construída há décadas e, com a ascensão dos partidos

---
[28] A obra está disponível em português na seguinte edição: ORWELL, George. *1984*. Trad. Alexandre Hubner e Heloisa Jahn; posf. Erich Fromm, Bem Pimlott e Thomas Pynchon. São Paulo: Companhia das Letras, 2009. (N. E.)

extremistas na Europa e os primeiros sinais de conflitos latentes e às vezes confrontos políticos violentos nos Estados Unidos, a realidade faz cada vez mais parte de nossas vidas. Os tempos atuais clamam por um novo capítulo na vida pública e uma mudança completa na relação entre indivíduo e Estado e entre sociedade e instituições governamentais.

1 – As origens do problema

Num discurso para universitários, fiz a pergunta: quem conhece o termo "social-democracia"? Duas mãos, entre mais de cem, foram levantadas. Isso é triste. A resposta curta é que a social-democracia é o que temos agora e o que todos amam odiar. Não é constitucionalismo, liberalismo, socialismo ou conservadorismo. É o controle ilimitado das autoproclamadas elites que acham que sabem administrar nossas vidas melhor do que nós mesmos.

Para explicar as origens disso, ao fim da Segunda Guerra Mundial, as elites intelectual e política dos Estados Unidos defendiam a ideia de que a ideologia estava morta. A afirmação clássica que resume essa visão é o título de um livro publicado no ano de 1960: *The End of Ideology* [*O Fim da Ideologia*][29], do sociólogo Daniel Bell (1919-2011). O autor, que se descrevia como *"socialista na economia, liberal na política e conservador na cultura"*, dizia que todas as visões políticas *"de olhos arregalados"* tinham acabado. Estas seriam substituídas por um sistema de controle dos especialistas que todos adorariam eternamente.

---

[29] Atualmente esgotada, a edição em língua portuguesa é a seguinte: BELL, Daniel. *O Fim da Ideologia*. Trad. Sérgio Bath. Brasília: Editora da Universidade de Brasília, 1978. (N. E.)

Claro que o mais radical sistema de "fim da ideologia" é a liberdade. O liberalismo genuíno (que provavelmente não deveria ser classificado como ideologia) não requer uma concordância universal sobre um sistema de administração pública. Ele tolera grandes diferenças de opinião sobre religião, cultura, normas comportamentais, tradições e ética pessoal, e admite todas as formas de expressão, escrita, associação e movimento. O comércio, produzindo e promovendo trocas em direção a uma vida melhor, se torna a força vital. Ele só pede que as pessoas – incluindo o Estado – não violem direitos humanos básicos.

Mas este não é o fim da ideologia que Bell e sua geração tentaram fabricar. O que eles queriam era o que hoje se chama "Estado gerencial". Especialistas teriam o poder e a autoridade de construir e supervisionar projetos estatais em larga escala. Esses projetos abrangeriam todas as esferas da vida. Eles construiriam um Estado de bem-estar social do berço ao túmulo, um aparato regulatório para tornar todos os produtos e serviços perfeitos, leis trabalhistas para criar o equilíbrio perfeito entre capital e trabalho, enormes programas de infraestrutura para inspirar o povo (estradas! espaço! represas!), uma vida macroeconômica bem-ajustada com magos keynesianos no comando, um regime de política externa de poderes ilimitados e um banco central como financiador de últimos recursos.

O que Bell e sua geração propunham não era exatamente o fim da ideologia. Era a codificação de uma ideologia chamada social-democracia. Não era socialismo, comunismo ou fascismo. Era um Estado gigantesco e invasivo, administrado pelas elites burocráticas, abençoado por intelectuais e acobertado pelo direito universal ao voto. Claro que nada pode ser realmente opressor se acontece dentro dos limites da democracia.

2 - Uma breve paz

A coisa toda se revelou um castelo de areia. Poucos anos depois do lançamento do livro, a ideologia voltou rugindo, principalmente numa reação ao endurecimento da vida pública, ao recrutamento da Guerra do Vietnã e à diminuição gradual das expectativas econômicas da classe média. O movimento estudantil se revoltou e ganhou força numa reação às tentativas violentas de suprimi-lo. A tecnologia deu origem a novas formas de liberdade que eram inconsistentes com a estrutura estática e oficiosa da administração pública. O consenso político se desfez e a presidência - supostamente uma instituição sacrossanta no pós-guerra - levou um golpe duro com a renúncia do presidente Richard Nixon (1913-1994). O governo não detinha mais a superioridade moral.

Tudo o que parecia manter o velho consenso social-democrata do pós-guerra era a Guerra Fria em si. Claro que deveríamos deixar as diferenças de lado enquanto nosso país enfrentasse uma ameaça existencial do comunismo soviético. E essa ideia adiou o descontentamento das massas. Numa reviravolta surpreendente e completamente inesperada, a Guerra Fria terminou em 1989 e assim teve início uma nova tentativa de impor a era pós-ideológica, nem que fosse para preservar o que as elites trabalharam tanto para construir.

Essa tentativa também teve a sua afirmação definitiva em um livro: *The End of History* [*O Fim da História*][30], de Francis Fukuyama, lançado em 1992. Fukuyama escreveu:

---

[30] Em português o livro está disponível na seguinte edição: FUKUYAMA, Francis. *O Fim da História e o Último Homem*. Tradução Aulydes Soares Rodrigues. Rio de Janeiro, Rocco, 1992. (N. E.)

O que estamos testemunhando talvez não seja apenas o fim da Guerra Fria ou de um período específico da história do pós-guerra, mas o fim da história como tal: isto é, o fim da evolução ideológica da humanidade e da universalização da democracia liberal ocidental como última forma de governo humano.

Isso era Bell 2.0 e não durou muito. Ao longo dos últimos 25 anos, todas as instituições da social-democracia caíram em descrédito, tanto à direita quanto à esquerda, até mesmo quando a classe média começou a enfrentar uma realidade econômica sombria: o progresso numa geração não era mais uma parte confiável do sonho norte-americano. A última vez que um programa governamental pareceu dar certo foi no pouso na Lua. Depois disso, o governo se tornou apenas o símbolo de um fardo insuportável e ineficiente. Grandes movimentos ideológicos de protesto começaram a surgir em todos os cantos da vida pública norte-americana: Tea Party, Occupy Wall Street, Black Lives Matter, Bernie Sanders, Donald Trump e tudo o que apareceu depois.

3 - O PROBLEMA ESSENCIAL

Hoje, todos os intelectuais se preocupam com a fratura da vida civil norte-americana. Eles expressam o seu temor e se perguntam o que deu errado. Na verdade, a resposta é mais simples do que parece. Toda instituição neste contexto – que se tornou mais inchado e arrogante com o tempo – se revelou frouxa num ou noutro sentido. Os especialistas não sabiam o que estavam fazendo, e essa percepção é compartilhada entre as pessoas que deveriam ter ficado felizes com a criação dessas instituições.

ABRA OS OLHOS: A SOCIAL-DEMOCRACIA ESTÁ EM COLAPSO

Todos os programas caíram numa das três categorias do fracasso.

1) *Financeiramente insustentável.* Muitas formas de assistencialismo só deram certo porque empenhavam o presente em relação ao futuro. O problema desse modelo é que o futuro uma hora chega. Pense na Previdência Social. Ela funcionava enquanto uns poucos nos grupos mais velhos podiam saquear os muitos nos grupos mais jovens. E uma hora a demografia mudou, de modo que havia muitos recebendo e poucos pagando. Agora os jovens sabem que pagarão por toda a vida pelo que será um horrível retorno sobre o investimento. O mesmo serve para o Medicare, o Medicaid e outras formas falsas de "seguridade" criadas pelo governo. O Estado de bem-estar social fracassou, se tornando uma forma de vida, e não uma ajuda temporária. Programas de subsídio como os de habitação ou empréstimos estudantis criam bolhas insustentáveis e provocam medo e pânico.
2) *Extremamente ineficiente.* Todas as formas de intervenção governamental supõem um mundo imutável e se põem a fixar instituições num certo modo de operação. As escolas públicas ainda hoje operam como nos anos 1950, apesar do aparecimento espetacular de um novo sistema de informação global que transformou o modo como vemos e adquirimos informação. As regulações antitruste lidam com a organização industrial de anos atrás, mesmo com o progresso do mercado; quando o governo dá a sua opinião, a questão já é irrelevante. E você pode aplicar a mesma crítica a vários programas:

leis trabalhistas, regulamentação da comunicação, aprovação de medicamentos e regulamentações do setor médico, e assim por diante. O custo aumenta, enquanto os serviços e resultados só pioram.

3) *Moralmente injusto*. O socorro governamental depois da crise financeira de 2008 foi indefensável para o cidadão comum de todos os partidos. Como você pode justificar o uso dos poderes do governo federal para dar bilhões e trilhões para as elites bem-relacionadas que foram as perpetradoras da crise? O capitalismo deve ter a ver com lucros e prejuízos, não lucros privados e prejuízos socializados. A injustiça disso gera confusão, mas não é nem de longe o cerne do problema. Como é possível roubar 40% da renda do norte-americano médio e financiar programas que são ou extremamente ineficientes ou financeiramente insustentáveis ou simplesmente errados? Como um governo pode esperar administrar um amplo programa de espionagem que viola qualquer expectativa de privacidade por parte dos cidadãos? Há ainda o problema das guerras que duram décadas e deixam apenas um rastro de destruição e milícias terroristas.

Tudo isso pode permanecer verdadeiro sem que se crie uma situação revolucionária. O que cria a reviravolta na qual a social-democracia se transforma em outra coisa? O que substitui um paradigma fracassado por outro? A resposta está num problema ainda mais profundo da social-democracia. Você pode deduzir de que se trata pelo seguinte comentário de F. A. Hayek, feito em 1939: *"O governo por concordância só é possível contanto que não se exija que aja em áreas diversas daquelas nas quais podemos concordar plenamente"*.

4 - Chega de concordância

Exatamente. Todas as instituições públicas politicamente estáveis - ainda que sejam ineficientes, gerem resultados de baixa qualidade ou não cumpram as exigências mais básicas da moralidade - devem no mínimo supor certos níveis de concordância pública que gerem um consenso. Você talvez consiga ver isso em países menores com populações homogêneas, mas isso se torna cada vez menos viável em grandes países com populações diversificadas.

A diversidade de opiniões e o governo inchado criam instituições politicamente instáveis porque os grupos majoritários começam a entrar em conflito com os grupos minoritários quanto ao funcionamento mais adequado do governo. Sob este sistema, algum grupo sempre se sente usado. Algum grupo está sempre se sentindo excluído e explorado pelos outros. E isso gera grandes tensões nos dois principais ideais da social-democracia: o controle governamental e os serviços públicos acessíveis a todos.

Criamos todo um maquinário de instituições públicas que supõem a presença da concordância que as elites se acharam capazes de criar nos anos 1950, mas que desde então desapareceu. Agora vivemos num ambiente político dividido entre amigos e inimigos, que cada vez mais são definidos por classe, raça, identidade de gênero e idioma. Em outras palavras, se o objetivo da social-democracia era criar um Estado de contentamento público e de confiança em que as elites cuidariam de todas as coisas, o resultado foi justamente o oposto. As pessoas estão mais descontentes do que nunca.

F. A. Hayek nos alertou para isso em 1944: quando acordos são rompidos diante de serviços públicos inviáveis, homens fortes aparecem para o resgate. Na verdade, argumentei anteriormente que a arrogância dos sociais-democratas de hoje não faz nenhum sentido. Trump ganhou por um motivo: a velha ordem provavelmente não vai voltar. Agora os sociais--democratas enfrentam um dilema: ou se livram de seus ideais multiculturais e mantêm sua adorável união nacional ou se livram do apego ao controle por uma elite administrativa.

Algo tem que ceder. E é isso. Movimentos políticos perigosos e assustadores estão surgindo em todo o mundo ocidental, nascidos de estranhos impulsos ideológicos e desejosos de novas formas de comando e controle. O que quer que venha deles, terá pouco a ver com o antes exaltado consenso do pós-guerra e muito menos com a liberdade.

O conselheiro presidencial Steve Bannon é uma figura sombria, a exemplo de um personagem de George Orwell, mas é inteligente o suficiente para ver o que a esquerda não vê. Ele diz querer usar os anos da administração de Donald Trump para *"desconstruir o Estado administrativo"*. Note que ele não diz "desmantelar", muito menos "abolir"; ele quer usá-lo para propósitos diferentes, para criar um novo coletivo nacional sob um executivo mais poderoso.

As instituições criadas por sociais-democratas arrogantes, paternalistas e urbanos estão sendo cooptadas por interesses e valores com os quais esses sociais-democratas discordam profundamente. É melhor eles irem se acostumando. Isso é só o começo.

Os partidários da nova ordem podem travar uma batalha inútil pela restauração. Ou podem se unir aos liberais clássicos a fim de defender a única solução para a crise do nosso tempo: a liberdade. Estes são os campos de batalha ideológica do futuro: não esquerda x direita, e sim liberdade x todas as formas de controle governamental.

CAPÍTULO 24
A IMPLOSÃO DO PARTIDO REPUBLICANO E O RENASCIMENTO DO LIBERALISMO (CLÁSSICO)

Acabei de voltar de um evento histórico, a convenção de indicação do Libertarian Party [Partido Libertário]. Fiz um discurso, mas não fui como delegado nem declarei apoio a nenhum candidato. Foi emocionante, clamoroso, controverso, divertido, sério e, no fim das contas, um evento em ebulição cheio de dramaticidade e discussões intensas.

Presenciei a última convenção, em 2014, e a diferença entre os dois eventos foi palpável. O que tornou esta convenção histórica, e não a anterior? Os grandes acontecimentos deste ano dentro dos dois maiores partidos criaram uma oportunidade sem precedentes. Essa sensação era facilmente perceptível. Não se tratava de um clube, nem de uma reunião social, nem de um encontro temático sobre a liberdade.

Trata-se de um partido político. E isso é importante. A tomada do Partido Republicano por Donald Trump e o poder entrincheirado da máquina dos Clinton com os democratas deixaram as pessoas que procuram por liberdade em relação ao poder sem nenhum lugar para ir dentro do sistema. Isso abre a possibilidade para uma voz nova e clara ser ouvida dentro da política nacional, uma voz que aponte o caminho não rumo a um aumento no controle governamental, e sim rumo à causa da liberdade humana.

O que me impressiona, contudo, é como a importância de tudo isso foi ignorada pela maioria dos analistas e delegados na convenção. Apesar da fatídica sensação de responsabilidade, eles discutiram ideologia, teoria, personalidade e estratégia *ad infinitum*. Mas encontrei umas poucas pessoas que entenderam o significado do que estava acontecendo.

O que temos aqui é uma nova era na política norte-americana: um movimento genuinamente liberal (no sentido clássico) está nascendo nos Estados Unidos como alternativa à estrutura profundamente corrupta e ideologicamente perigosa dominada por dois partidos com tendências inexoravelmente socialistas e fascistas.

Em termos políticos, estamos vivendo o entreguerras de novo: camisas pretas contra vermelhas. Exceto por um detalhe: agora há uma saída. Este novo movimento tem uma mensagem claríssima: chega, vamos ser livres. A liberdade dá certo; o poder governamental, não. O surgimento de um partido nacional que defende a liberdade talvez seja necessário, mas obviamente não basta. Trata-se de um sinal da ascensão de um movimento intelectual, cultural e social maior e potencialmente transformador que oferece uma terceira via que vai além da direita e da esquerda.

A IMPLOSÃO DO PARTIDO REPUBLICANO

1 - Trabalhista, *TORY* e liberal

Pense em como a política se desenvolveu na maior parte das democracias ao longo dos últimos 150 anos. Havia três campos de atuação maiores (partidos), que podemos chamar de trabalhista, *tory* e liberal. Os nomes dos dois primeiros mudaram (esquerda, direita, socialista, fascista, democrata, republicano, conservador, "pseudoliberal"), mas os temas são os mesmos. A terceira força é conhecida em boa parte do mundo como "liberal", exceto nos Estados Unidos, onde hoje em dia é chamada de libertarianismo.

Os trabalhistas surgiram em oposição ao livre mercado, a partir da convicção de que a riqueza estava sendo equivocadamente distribuída para o "capital" e à custa do trabalho. O partido inclui sindicatos, adeptos do Estado de bem-estar social, sociais-democratas e até comunistas. Ele defende impostos mais altos, mais controle regulatório e restrições ao comércio. Com o tempo, passou a representar as burocracias públicas e, por fim, a personificar todo o ressentimento contra a livre iniciativa que se possa imaginar.

Os *tories* representavam um tipo diferente de classe dominante: os grandes bancos, empresas, aristocracia, a herança racial prevalente e os ricos em geral. Mais tarde eles passaram a incluir os grupos interessados numa política estrangeira imperial. Este partido tinha um conjunto diferente de reclamações contra a liberdade comercial. A liberdade também se afasta da tradição. Ela recompensa as pessoas erradas e ameaça os monopólios. Os *tories* defendiam um tipo próprio de controle governamental para restringir os "excessos" da liberdade.

O que *tories* e trabalhistas tinham em comum era um desejo de deter o *laissez-faire* com base na convicção de que a sociedade precisa de um plano imposto de cima para baixo, pelos sábios e pelas pessoas de espírito público com poder para governar. Na história norte-americana, esses partidos tiveram nomes diferentes, mas todos os conhecem hoje como Partido Democrata e Partido Republicano. Eles trocaram de lugar várias vezes, mas sempre avançaram rumo ao mesmo objetivo: um Estado ainda maior e com cada vez menos liberdade.

2 - O Partido Liberal

E quem são os liberais? A ideia liberal nasceu na alta Idade Média e no Renascimento, com o aumento da liberdade mercantil e a consequente prosperidade. Tudo começou com a percepção de que a liberdade religiosa é possível e não precisa provocar o caos na sociedade. A ideia da liberdade se prolongou durante o Iluminismo a fim de incluir a liberdade de expressão e imprensa, o direito à propriedade e o comércio exterior. No século XVIII, ela acabou por incluir o amor pela paz e um desejo por direitos humanos universais.

O liberalismo amadureceu no século XIX e suas realizações foram muitas: mobilidade social para toda a população, novas tecnologias de libertação, fim da escravidão, aumento dos direitos das mulheres, aumento da renda e do padrão de vida, aumento da população. Sua manifestação econômica era o capitalismo, o maior gerador de riqueza para as massas já descoberto. A mensagem do liberalismo era clara e empolgante: todos os seres humanos têm direitos que não podem ser violados pelo Estado, e, deste modo, a sociedade pode se gerenciar sozinha, sem controle autoritário.

Foi um belo período, cheio de otimismo. Mas o liberalismo tinha seus inimigos à esquerda e à direita. As nuvens pesadas se formaram e o desastre aconteceu no século XX. O liberalismo sofreu um terrível golpe com a Primeira Guerra Mundial e com os controles governamentais que apareceram com o conflito. Ao longo de uma década, na maior parte do mundo desenvolvido, vimos vitórias arrasadoras contra a liberdade, todas forjadas por forças trabalhistas e *tories*: leis trabalhistas, imposto de renda, centralização bancária, regulamentação dos produtos, segregação racial, zoneamento, controle sobre os matrimônios e a imprensa, proibições, e imperialismo como um hábito nacional.

Antes mesmo de a Grande Depressão dar início a experimentos inéditos de planejamento central e controle econômico, o liberalismo tinha praticamente desaparecido da política, da academia e da cultura popular.

Ludwig von Mises escrevia em Viena na época e tentou explicar uma última vez a filosofia liberal. Seu livro *Liberalismus* [*Liberalismo*], de 1927, ainda é um enunciado para o futuro. Ele disse que, naquele momento da história, todos os partidos políticos representavam uma força de convencimento de um segmento qualquer da população. Só o liberalismo, que não tinha partido, representava o interesse comum de todos. Mas, levando em conta o tamanho e a abrangência do governo, até ele duvidava que veria em vida a volta do liberalismo, e infelizmente ele estava certo.

3 - A DIÁSPORA LIBERAL

Dada esta situação, para onde foram os liberais? Eles estavam sem lar quando estourou a Segunda Guerra Mundial. Depois dela, foram praticamente excluídos da política nacional, das prioridades legislativas e da cultura de massa, sem falar na academia. Assim, os poucos que restaram se puseram a escrever, a publicar e a se envolver em atividades educacionais independentes, organizações civis e *think tanks*.

Um belo exemplo disso foi a criação da Foundation for Economic Education (FEE) em 1946, por Leonard E. Read (1898-1983). Ele via a necessidade de dar voz ao liberalismo e fez da FEE a sua casa. Ele preferia o termo liberalismo, mas, infelizmente, o termo foi cooptado pelos trabalhistas e a esquerda.

Read foi o primeiro, depois da guerra, a sugerir o termo "libertarianismo" e, mais tarde, acabou por rejeitar todos os rótulos em favor do que chamava de "filosofia da liberdade".

No início da década de 1970, o movimento cresceu ao ponto em que ele tentou criar seu próprio partido político. Ficou óbvio que, com Richard Nixon no controle do Partido Republicano, o liberalismo não tinha voz. O nome "liberal" ainda estava em uso, então o novo partido foi batizado de Partido Libertário. A despeito de algumas pequenas vitórias, ele nunca pegou como uma concorrência viável aos dois grandes partidos.

4 – A UNIÃO DE *TORIES* E LIBERAIS

Ainda assim, o movimento liberal cresceu sob a influência da FEE e da Mont Pelerin Society, entre várias outras iniciativas. O nome dos líderes intelectuais destas iniciativas são hoje nomes consagrados entre os libertários: Ludwig von Mises, F. A. Hayek, Murray N. Rothbard, Ayn Rand, Rose Wilder Lane (1886-1968), entre outros.

Na década de 1980, nos Estados Unidos e no Reino Unido, os *tories* foram liderados por dois indivíduos que adotaram a retórica liberal: Ronald Reagan (1911-2004) e Margaret Thatcher (1925-2013). Nas plataformas dos dois, vimos uma fusão das preocupações com a liberdade individual (com foco na liberdade econômica) com as tradicionais preocupações dos *tories* quanto à segurança nacional e restrições às liberdades civis.

Essa conjunção de interesses gerou alguns resultados incríveis como desregulamentação, redução de impostos, diminuição da impressão de moeda e liberdade mercantil. Os resultados foram ótimos em comparação com o mal-estar da década anterior. A economia cresceu. As inovações tecnológicas aumentaram a uma velocidade sem precedentes. Essas foram conquistas não dos tóris dentro das administrações, e sim de seus setores liberais, que impediram o inchaço do governo e apoiaram a iniciativa privada, dando vazão, assim, à criatividade humana em todo o mundo desenvolvido e inspirando um renascimento mundial do liberalismo.

Em tempos recentes, a causa do liberalismo acabou por ficar manchada com essa parceria. No geral, ela foi benéfica, mas conturbada. A mensagem da liberdade se misturou a outras preocupações fundamentais à ideologia *tory*: guerra, monopólios, manipulação financeira, proibicionismo e controle social. Até hoje, este é um problema sério para o Partido Liberal. Ficamos com a má reputação das políticas dos *tories*, apesar de tecnicamente não termos responsabilidade por elas.

5 - O DIVÓRCIO *TORY*-LIBERAL NO SÉCULO XXI

Demorou um tempo, mas as tensões finalmente transbordaram em 2015 e, por fim, com a aparente indicação de Donald Trump, na primavera de 2016. Trump, representando a velha ideologia *tory* sem as virtudes do liberalismo, reafirmou o estatismo bruto da política do entreguerras. Seus pilares são conhecidos de todos de certa geração: mercantilismo, restrição à migração, beligerância, censura e proibição, ao ponto de elogiar os campos de internação e exaltar uma visão pré-iluminista da religião e da sociedade.

Isso foi tão decisivo quanto horrível: o espírito liberal finalmente foi expulso do Partido Republicano. Não havia mais espaço (e qualquer um que diga o contrário não está analisando a realidade). Isso representa um repúdio ao reaganismo, ao thatcherismo e à coalizão que levou o mundo a uma recuperação. Você só precisa comparar os discursos dos simpatizantes de Reagan sobre economia e imigração com os de Trump. Há um abismo entre eles.

A destruição dessa coalizão é o evento político mais importante do nosso tempo. É um fato. É decisivo. E isso mudará tudo num futuro próximo.

6 - O LIBERALISMO SE DEFINE

Quando tudo parece perdido, você olha em volta e vê algo lindo. Por 45 anos, ativistas têm se esforçado para manter vivo o partido de nome estranho. E ele vive! Está nas urnas em todos os estados. Tem uma plataforma completa e bem-desenvolvida. Está pronto para a ação.

Nos últimos seis meses, algumas pessoas incríveis se apresentaram, prontas para serem indicadas para os principais cargos. Os resultados não foram muito animadores, mas ainda assim são extraordinários num sentido mais amplo. O partido rejeitou os extremos de ambos os lados e votou por indicar dois ex-governadores como "vitrines", dois homens que falam com simplicidade e clareza sobre a liberdade em todas as suas formas.

A IMPLOSÃO DO PARTIDO REPUBLICANO

As pessoas podem reclamar de uma ou outra coisa em particular. Mas ninguém discorda que Gary Johnson e William Weld representam o espírito liberal que hoje chamamos de libertário. A diferença em relação a republicanos e democratas é inequívoca. O Partido Libertário não é de esquerda ou de direita, nem trabalhista nem *tory*, e sim uma terceira opção: liberalismo no sentido clássico. Este é o *ethos* do partido e a mensagem de seus candidatos ao povo norte-americano e ao mundo. Trata-se de uma lufada de ar fresco.

Em outras palavras, os que acreditam na liberdade estão onde precisavam estar. É um espaço que aceita todos, como deveria ser. O partido inclui tantas variedades de liberalismo quanto há pessoas que querem ser livres.

E, por favor, lembre-se: não se trata apenas de política. Na verdade, a política é o de menos. O Partido Libertário (e eu queria que ele se chamasse Partido Liberal) está finalmente a postos para ser a voz política de um movimento de resistência cultural, social e empresarial à esquerda (trabalhistas, democratas) e direita (*tories*, republicanos). A tomada do Partido Republicano por nacionalistas/protecionistas/autoritários antiliberais foi a gota d'água.

Não, a história não acaba com essa eleição. Alguém poderia dizer que é só o começo, agora que finalmente temos uma alternativa, pela primeira vez em nossas vidas.

As pessoas costumam dizer que os Estados Unidos têm um sistema bipartidário. As pessoas sempre acreditam que o *status quo* durará para sempre. A verdade é que o *status quo* sempre dura até que de repente acaba.

Os tempos estão mudando. O liberalismo está de volta.

CAPÍTULO 25
RESGATE A PALAVRA "LIBERAL"

Eu gostaria de resgatar uma velha campanha para trazer de volta a palavra "liberal" para a causa da liberdade humana. Mas talvez isso seja ambicioso demais. Talvez baste que cada um de nós façamos a nossa parte para não continuar cedendo essa linda palavra aos inimigos da liberdade. Ela não pertence a eles. Pertence a nós.

Esta não é uma discussão tediosa quanto a definições; trata-se da identificação adequada de uma magnífica tradição intelectual. O liberalismo tem a ver com a liberdade e seu progresso gradual ao longo dos últimos quinhentos anos. Não se trata de controle estatal. No ano que vem, estou determinado a fazer com que ao menos a minha linguagem reflita essa realidade.

Sim, sei que é uma campanha antiga. Uma causa defendida por F. A. Hayek, Leonard Read, Frank Chodorov (1887-1966), John T. Flynn (1882-1964), Milton Friedman e vários outros.

Para mim, o melhor caso é o de Ludwig von Mises. Em 1927, ele escreveu um livro chamado *Liberalismus*

[*Liberalismo*]³¹. Foi uma tentativa de remodelar e atualizar as bases intelectuais de todo o movimento liberal. Até onde ele entendia, isso ainda não tinha sido feito. Escreveu:

> A grandiosidade do período entre as guerras napoleônicas e a Primeira Guerra Mundial, consistiu precisamente do fato de que o ideal social pelo qual os mais eminentes homens lutavam era o livre comércio num mundo pacífico de nações livres. Aquela foi uma era de melhoras sem precedentes no padrão de vida de uma população que aumentava rapidamente. Foi a era do liberalismo.

Mas, quando a edição em inglês do livro foi lançada, em 1962, ele temia que a palavra "liberal" tivesse se perdido. O livro foi lançado sob o título *The Free and Prosperous Commonwealth* [*A Livre e Próspera Comunidade de Nações*]. Pouco depois, Mises mudou de ideia mais uma vez. Ele decidiu não abdicar da palavra, não porque fosse arrogante ou beligerante ou não entendesse que o idioma evolui. Ele decidiu que não se podia desistir do termo. Escreveu ele em 1966:

> Este uso é imperativo, porque simplesmente não há outro termo disponível para expressar o grande movimento intelectual e político que adotou a livre iniciativa e a economia de mercado em lugar de métodos de produção pré-capitalistas; o governo constitucional

---

³¹ No segundo semestre de 2019 a LVM Editora lançará uma nova edição da obra, que atualmente se encontra disponível na seguinte versão: MISES, Ludwig von. *Liberalismo: Segundo a Tradição Clássica*. Apres. Louis M. Spadaro; pref. Thomas Woods; trad. Haydn Coutinho Pimenta. São Paulo: Instituto Ludwig von Mises Brasil, 2ª ed., 2010. (N. E.)

representativo em lugar do absolutismo dos reis e oligarquias; e a liberdade de todos os indivíduos em lugar da escravidão, da servidão e de outras formas de cativeiro.

Isso não resume tudo maravilhosamente bem? A maior convicção do liberalismo é a de que a sociedade tem em si a capacidade de se autogerir. A ordem social se organiza sozinha. Não precisamos de senhores e escravos. A sociedade não precisa ser hierarquicamente organizada. Todos podem ter a mesma liberdade. Esta era uma ideia radical, e ela gerou o melhor da modernidade como a conhecemos.

O liberalismo garantia a propriedade privada. Ele acabou com a escravidão. Trouxe igualdade de liberdade para as mulheres. Pôs um fim às guerras de conquista. Rompeu o sistema de classes e castas. Deu-nos a liberdade de expressão. Deteve a perseguição religiosa. Propiciou oportunidades econômicas a todos. Desaprovou moralmente despotismos de todos os tipos.

Ele deixou o consumidor encarregado da produção. Trouxe educação, cultura, lazer e até luxo para as massas de homens e mulheres. Prolongou as vidas, diminuiu a mortalidade infantil, aumentou a renda, acabou com pragas e a fome e acionou o motor da inventividade que deu aos homens a capacidade de viajar, se comunicar e cooperar como nunca antes e como uma única família humana. Ele trouxe paz.

Foi isso o que o liberalismo fez! Como podemos abdicar dessa palavra? Não podemos. E não vamos.

É por conta das grandes realizações do liberalismo que o termo em si se tornou um prêmio. Começamos a perder a palavra há cerca de cem anos, quando os partidários do poder estatal começaram a usar a justificativa da "liberalização" para impor sua plataforma.

Aos poucos, o "liberalismo" passou a expressar o uso de políticas públicas para criar oportunidades e melhorar o mundo, com a melhor das intenções. Os objetivos dos estatistas eram os mesmos do liberalismo, mas os meios que eles usavam para alcançá-los eram completamente antiéticos e até perigosos para os ideais liberais.

O problema se intensificou depois da crise de 1929. De repente, a economia de mercado em si estava sob escrutínio, e autoproclamados liberais foram obrigados a fazer uma escolha. A maioria escolheu a alternativa errada, e o liberalismo se uniu ao governo e ao estatismo corporativo. Quando o *New Deal* chegou ao fim, estava tudo acabado. A palavra tinha sido roubada e passou a significar o oposto da ideia original.

No pós-guerra, criou-se um novo termo para descrever as pessoas que se opunham à agenda política desses novos pseudoliberais. A palavra era "conservador", um termo infeliz que literalmente não significa nada além de "preservar", um impulso que gera desejos reacionários. Dentro dessa coisa nova chamada "conservadorismo", os liberais de verdade deveriam encontrar um lar ao lado de belicistas, proibicionistas, religiosos autoritários e fascistas culturais.

Foi uma mistura ruim.

Passados muitos anos, esta nossa forma de liberalismo permanece intacta. Ela combina arrogância cultural com o amor pelos meios estatistas e uma devoção à imposição da religião cívica a qualquer custo. E, sim, isso pode ser muito irritante. Por isso é que a palavra "liberalismo" costuma ser pronunciada com desprezo, como você bem sabe se alguma vez assistiu à *Fox News* ou Rush Limbaugh ou Glenn Beck. E, com frequência, os ataques da direita ao liberalismo são merecidos. Mas o que a direita oferece como alternativa? Não liberdade, e sim algum novo tipo de controle partidário.

Levando em conta todas essas confusões, por que não tentar novamente resgatar a palavra "liberalismo"? Mais uma vez, não se trata de uma discussão quanto à definição da palavra, mas quanto à melhor forma de criar uma grande sociedade. O objetivo da vida política é aumentar o grau de liberdade no mundo ou aumentar o controle e planejar de forma centralizada nossas vidas econômica e cultural? Esta é a grande questão.

A outra vantagem de usar a palavra "liberalismo" adequadamente é que ela nos dá a oportunidade de evocar nomes como Thomas Jefferson, Adam Smith, Frédéric Bastiat, Lysander Spooner (1808-1887), Benjamin Tucker (1854-1939), Albert Jay Nock (1870-1945) e Rose Wilder Lane, além de outros da tradição moderna, como Ayn Rand, Ludwig von Mises, Murray Rothbard e F. A. Hayek, sem falar em dezenas de milhares de pessoas que anseiam por liberdade hoje na academia, nos negócios, nas análises políticas e na vida pública em geral. O simples fato de usar o velho termo da forma adequada propicia uma oportunidade de esclarecimento.

É bem verdade que o liberalismo à moda antiga tinha seus problemas. Tenho minhas próprias ressalvas às posições dos antigos liberais, entre elas certa ingenuidade quanto à democracia, uma tolerância grande demais ao mítico "Estado vigilante" e uma predileção latente pelo colonialismo.

O mais importante é que o liberalismo genuíno continuou aprendendo e crescendo e agora encontrou uma personificação mais consistente no que se costuma estranhamente chamar de "libertarianismo" ou "anarquismo de mercado", termos que são considerados uma extensão do antigo projeto intelectual liberal.

Ainda assim, até mesmo libertários e anarcocapitalistas precisam se apegar ao velho termo, do contrário suas identidades se tornam neologismos sem raízes e sem um sentido histórico mais amplo. Qualquer projeto intelectual sem relação com a história está condenado a se transformar numa seita idiossincrática.

Vamos falar a verdade. O liberalismo verdadeiro vive. Mais do que nunca. Ele só precisa ser batizado. É algo que todos podemos fazer.

ANEXO

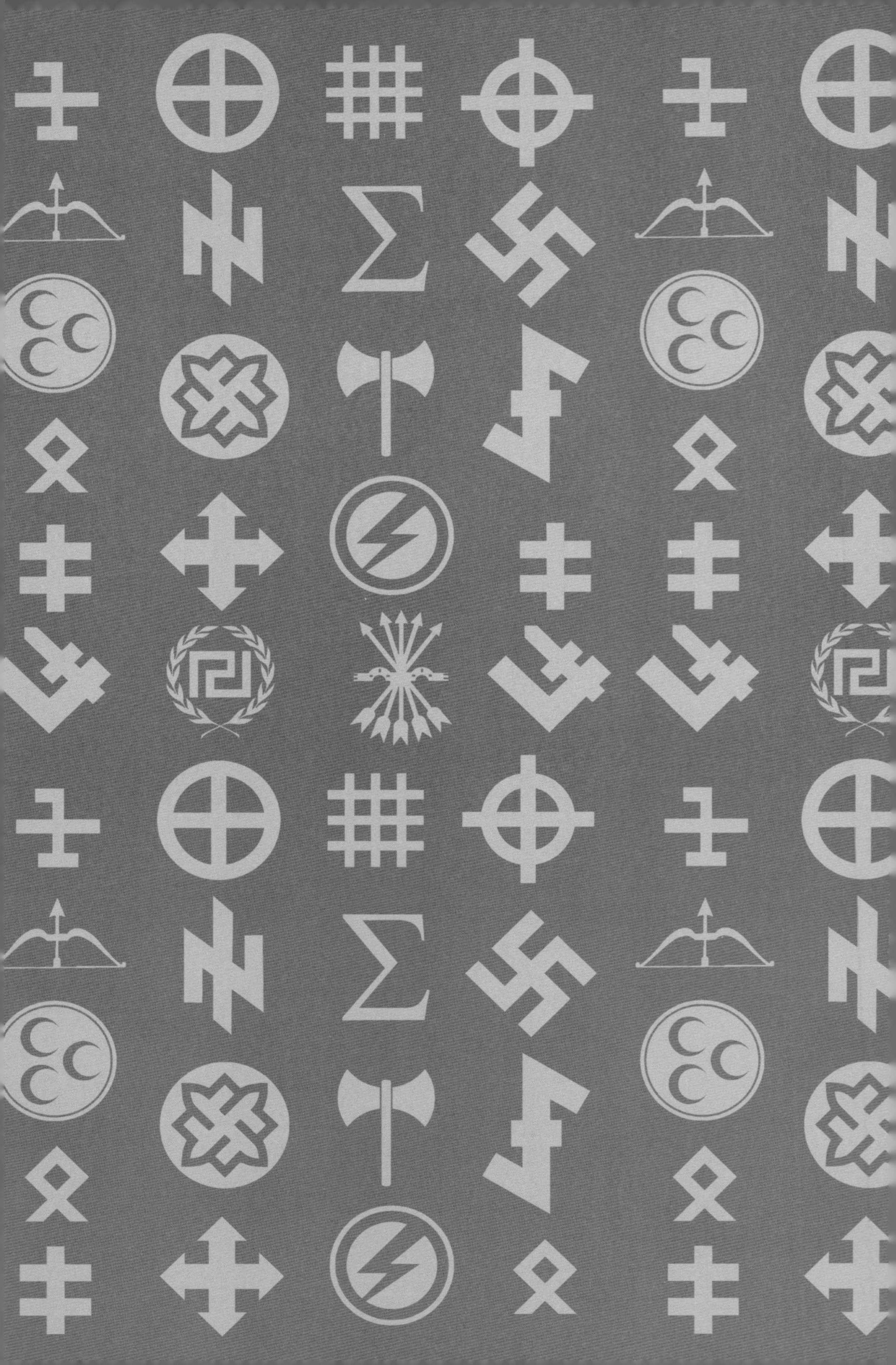

BIBLIOGRAFIA E NOTAS BIOGRÁFICAS

A rápida e violenta ascensão da extrema direita na Europa continental, no Reino Unido e nos Estados Unidos pegou muitas pessoas de surpresa. Posso falar por mim mesmo a esse respeito. Minha educação e leituras me prepararam bem para compreender o estatismo de esquerda. Meus instintos se aperfeiçoaram. A ameaça da liberdade pela direita foi sempre uma abstração: algo que aconteceu na história, mas não tinha relevância no presente.

Eis o perigo de se considerar um intelectual competente. Sempre há mais por saber.

Em algum momento dos últimos anos, algo mudou. Foi impossível ignorar a ascensão do coletivismo de direita, um movimento que rejeita a liberdade e o individualismo em favor do estatismo e do tribalismo e que se apresenta como a única alternativa viável à esquerda. A guerra está travada e a vemos por todos os lados: nos *campi*, nas redes sociais e até nas ruas.

Em retrospecto, está claro que as raízes deste novo movimento são muito mais profundas do que, por exemplo, a campanha de Donald Trump. Há sinais que remontam ao início da década de 1990, e será necessária uma análise histórica séria para estudar todas as forças e influências que levaram a essa situação.

Mas isso é para mais tarde. Por enquanto, o mais importante é compreender melhor essa estranha ideologia e o que ela significa para a sociedade livre. Precisamos de mais do que imagens de manifestantes histéricos empunhando bandeiras nazistas. Precisamos entender as ideias por trás de tudo isso (e isso também vale para os que se sentem atraídos pela ideologia da extrema direita). Essas ideias precisam ser reais em nossas mentes, para que possam ser reconhecidas mesmo quando seus seguidores não estiverem fazendo saudações nazistas. Precisamos de um curso intensivo naquilo que acredito ser mais bem descrito como hegelianismo de direita. Precisamos conceitualizar suas raízes, história e significado.

1 - MISES, O ANTIFASCISTA

A mais importante obra sobre o coletivismo de direita é *Omnipotent Government* [*Governo Onipotente*], de Ludwig von Mises, lançado originalmente em 1944. O próprio autor, que se opôs ao socialismo durante toda a vida, foi obrigado a fugir de sua casa em Viena quando a ameaça nazista chegou. Ele fugiu para Genebra em 1934 e em 1940 foi para os Estados

Unidos, onde se pôs a trabalhar imediatamente, reconstruindo a história intelectual e o significado do que era chamado de fascismo e nazismo.

O livro foi lançado antes do final da guerra. Nele, Mises expõe o apelo econômico, político e cultural e as condições que levaram à ascensão nazista. Ele é muito franco ao lidar com temas como comércio, raça, integração dos mercados, judaísmo, discriminação, ressentimento de classe, imperialismo, controle demográfico e o liberalismo na essência do coletivismo de direita.

O que você aprende com esse livro: Mises educará seus instintos intelectuais para compreender o que talvez lhe pareça o caos ao seu redor. Você verá os padrões. Verá as conexões. Verá as trajetórias de pensamento e no que eles terminaram. Estranhamente, o resultado do livro é criar um efeito tranquilizador. Ele entende toda essa enorme confusão, e também exibe uma paixão incrível e poderosa que só pode vir de alguém com inteligência, clareza e experiência pessoal em relação ao problema.

2 - F. A. HAYEK, O ANTIFACISTA

Minha segunda escolha é o livro mais famoso que ninguém hoje lê. Ele foi lançado no mesmo ano do livro de Mises. Trata-se de *O Caminho da Servidão*, de F. A. Hayek. A interpretação comum da mensagem central do livro - a de que o estado de bem-estar social tem como consequência o socialismo - é completamente equivocada. O que Hayek argumenta é que o socialismo assume várias formas, estilos e tons (vermelho e marrom, ou esquerda e direita), e que quaisquer de suas variações resulta na perda da liberdade. Você pode acreditar que está lutando contra o fascismo e acabar com um Estado fascista, ou pode lutar contra o socialismo usando o fascismo e acabar com um Estado socialista autoritário. Hayek demonstra que estas são todas alternativas falsas, e que a única alternativa verdadeira e sustentável à ditadura é a sociedade livre.

Aqui novamente Hayek tinha um interesse profundo nas consequências dos grandes conflitos ideológicos da sua época, e as compreendeu muito bem. Ele também foi expulso de sua terra pela ameaça nazista e acabou morando em Londres, onde o cenário acadêmico era dominado pelo socialismo fabiano, com intelectuais que se viam como os grandes combatentes do fascismo. Hayek surpreendeu a todos ao alertá-los: o sistema que vocês querem para administrar a sociedade vai, na verdade, resultar na mesma coisa à qual vocês dizem se opor. Em outras palavras, o livro é tanto sobre os vermelhos quanto sobre os marrons e a ameaça que esse tipo de raciocínio representa para a Inglaterra e para os Estados Unidos.

Ao longo de sua argumentação, Hayek cria um tutorial básico sobre o funcionamento da liberdade, o que jamais deve significar "o governo dos intelectuais" ou "o governo de gestores sociais inteligentes"; ele se refere na verdade ao processo de descoberta que caracteriza as escolhas dos indivíduos na sociedade.

3 - John T. Flynn, o antifascista

Em 1944, também, foi publicado um dos melhores, mas menos lembrados, ataques ao fascismo já escritos: *As We Go Marching* [*Enquanto Marchamos*], de John T. Flynn. O autor foi um escritor e pensador que veio do movimento anti-*New Deal* da década 1930. Esta é a sua obra mais erudita, com uma biografia completa de Benito Mussolini e uma análise exuberante da ideologia fascista. Ele faz a melhor lista das características da política fascista que já li. A mensagem, no fim, fala de como todo Estado beligerante adota formas fascistas, com uma acusação específica direcionada contra Washington, D.C. De certa forma, sua mensagem é semelhante à de F. A. Hayek, embora mais tangível e focada.

Três anos após o lançamento desses três livros, o fundador da Foundation for Economic Education (FEE), Leonard Read, aproximou-se de Ludwig von Mises e lhe pediu para escrever um ensaio resumindo todas as coisas sobre política que Mises aprendera durante a vida. O manuscrito cresceu até se transformar num livro lançado em 1947: *Planned Chaos* [*Caos Planejado*]. Trata-se de uma obra-prima, um livro que vale a pena ser lido e relido ao longo de toda a sua vida.

Sem sucesso, empreendi grandes esforços na busca por outro ensaio do período que relacionasse os experimentos nazistas à eugenia norte-americana. Mises percebeu essa relação e a expôs em várias passagens memoráveis. Mais relevantes aqui são os trechos sobre o fascismo e o nazismo em particular. Em suma, ele explica que as raízes do terror estão num erro intelectual.

4 - A terrível história

E isso nos leva diretamente à história oculta do planejamento demográfico nos Estados Unidos. Não se pode compreender o hegelianismo de direita e suas implicações sem estudar essa história estranhamente oculta.

Por que ela é tão oculta e por que demoramos cem anos para finalmente lidar com o escândalo que foi o envolvimento de quase toda a classe intelectual norte-americana com a ideologia eugenista por várias décadas antes da Segunda Guerra Mundial? Acho que a razão é a vergonha pelo que aconteceu. Sobretudo os progressistas não querem falar disso.

A eugenia é uma consequência inevitável de qualquer forma de identitarismo que se atém a aspectos como raça e geografia, como faz a extrema direita (e o mesmo vale para a extrema esquerda!). Se você não consegue controlar a "anarquia da reprodução humana", está tudo perdido. De certa forma, o controle sobre a reprodução é a prioridade para qualquer forma de totalitarismo direitista. Isso significa que o racismo é uma ideologia e uma tática estatista de gerenciar a ordem social.

Sempre fico intrigado com jovens nas ruas gritando *slogans* racistas e usando bonés com os dizeres *"Make America Great Again"*, imaginando que são assim muito politicamente incorretos. Eles não têm ideia de que estão na verdade adotando as visões de toda a classe dominante norte-americana de um século atrás que criou o Estado que eles dizem odiar. Na verdade, a maioria dos norte-americanos não sabe nada dessa história e de como ela foi fundamental para a criação do Estado invasivo e onipresente que surgiu com a Era Progressista.

5 - Progressismo é racismo

O tutorial mais importante é o brilhante livro de Thomas Leonard, *Illiberal Reformers: Race, Eugenics, and American Economics in the Progressive Era* [*Reformistas Antiliberais: Raça, Eugenia e a Economia Norte-americana na Era Progressista*]. Este livro (cheio de notas de rodapé que irão mantê-lo ocupado por semanas) mostra como a ideologia eugenista corrompeu todas as ciências sociais nas primeiras duas décadas do século XX. De modo geral, nos livros e artigos dos profissionais da área, encontramos preocupações quanto ao suicídio racial, ao envenenamento da linhagem sanguínea nacional por inferiores e à necessidade de um planejamento estatal para que os seres humanos se reproduzissem tal como os animais. Isso é o que chamo de história oculta!

Agora você talvez diga: são progressistas, não direitistas! Verdade, e isso tem a ver com o argumento de F. A. Hayek de que vermelhos e marrons são expressões inevitáveis de facções de um mesmo movimento. O ponto central é que a palavra "progressista" está aqui completamente equivocada. Eles eram todos reacionários contra o direito ao *laissez--faire* no século XIX que levou a tais mudanças demográficas radicais. Uma das grandes ironias da história intelectual/política é como a esquerda e a direita se fundem numa única força opositora à sociedade livre.

O livro seguinte trata diretamente desse problema. Foi um dos meus livros de formação, porque respondeu a uma pergunta que há muito eu me fazia, sem resposta. A questão é esta: por que a sociedade livre foi derrubada com tanta rapidez e determinação, apesar de estarmos cercados de provas de seu sucesso? Por muito tempo isso foi um mistério para mim.

6 – Arrogância e estatismo

A resposta é dada pelo livro *The Intellectuals and the Masses* [*Os Intelectuais e as Massas*], de John Carey, que revela um lado desconhecido dos intelectuais das classes mais altas no Reino Unido. Eles desprezavam o livre mercado não porque ele não funcionava, mas justamente porque ele funcionava. O livre mercado estava deslocando a velha aristocracia, transformando as cidades, levando novos produtos de consumo às massas e transformando as relações de classe. E eles odiavam isso. Em outras palavras, a revolta contra o *laissez-faire* foi alimentada pela arrogância, e isso levou à solução mais extremada proposta em nome da eugenia: o extermínio dos inferiores.

Para entender como isso se desenvolveu nos Estados Unidos, analise as assustadoras e terríveis provas reunidas no livro *War Against the Weak* [*A Guerra Contra os Fracos*], de Edwin Black. Ele mostra como a eugenia foi fundamental para a política na Era Progressista. As leis de esterilização fizeram 60 mil vítimas, mas este foi só o começo. Toda a natureza e o propósito do regime mudou em direção a um planejamento social amplo, um movimento que é simplesmente impossível de entender se não entendermos que a eugenia e o racismo (e, inevitavelmente, a misoginia) são as suas forças motrizes.

Lançado em 2009, *Liberal Fascism* [*Fascismo de Esquerda*][32], de Jonah Goldberg, abrange praticamente a mesma coisa. É um livro incrível que continuará a render dividendos nas próximas décadas. Um ponto fraco, porém, é o desejo

---

[32] O livro foi lançado em português na seguinte edição: GOLDBERG, Jonah. *Fascismo de Esquerda: A História Secreta do Esquerdismo Americano*. Trad.: Maria Lucia de Oliveira. Rio de Janeiro: Record, 2009. (N. E.)

incessante do autor de pôr a culpa por tudo o que deu errado na "esquerda" e nos "liberais" (isso é que é equívoco!). A recusa de Goldberg em reconhecer a amplitude do movimento eugenista e suas várias expressões ideológicas - que tiveram motivação fundamentalmente conservadora - faz com que a obra pareça um ataque partidário. Se ele ao menos admitisse que a revolta contra o *laissez-faire* assumiu vários tons, o livro seria uma defesa muito mais poderosa da liberdade contra o estatismo em todas as formas.

O hegelianismo de direita, também, assume formas religiosas. Tudo começa com um pequeno grupo que acredita que sua religião foi insuportavelmente corrompida pela modernidade e que busca textos antigos como guias para reconstruir a crença de uma forma mais pura. As consequências ignoram a evolução orgânica da fé em questão a fim de adotar uma reconstrução racionalista.

Há aqui grandes líderes que constroem um movimento voltado para algum ato grandioso de restauração, envolvendo coerção e a invenção de uma defesa racional de todas as formas de imortalidade. Tais movimentos surgiram no século XX em várias expressões religiosas, como catolicismo, protestantismo, judaísmo, islamismo, bruxaria e ocultismo. O estranho guia aqui é *Against the Modern World: Traditionalism and the Secret Intellectual History of the Twentieth Century* [*Contra o Mundo Moderno: Tradicionalismo e a História Intelectual Secreta do Século XX*], de Mark Sedgwick.

Esta é a lista principal, os livros que revelam um mundo novo de investigação intelectual e lançam luz sobre o estado em que nos encontramos hoje. Melhor ainda é ler as obras originais desses pensadores, de Johann Gottlieb Fichte a Friedrich List, passando por John Ruskin, Madison Grant e Carl Schmitt, entre outros. O ódio ao liberalismo fica ainda mais evidente quando sentido em primeira mão. Esta é a melhor forma de entrar nas mentes desses homens e compreender (e, portanto, combater) a sua visão de mundo.

Defensores da liberdade precisam ter uma visão mais ampla das ameaças que enfrentamos e que requerem um estudo sério. Depois, o próximo passo é igualmente importante: desenvolver uma nova visão do tipo de pessoa que você quer se tornar a fim de dar a maior contribuição possível para a sociedade que queremos ver ao nosso redor.

* * *

Um dos meus projetos nos últimos três anos foi investigar a origem e a evolução das ideias que levaram aos ativistas de extrema direita de hoje em dia. Eles emergiram no cenário político de forma repentina e com uma ferocidade impressionante. Há quem pense que não representam nada além de uma mistura de ódio e racismo.

Isso é simples demais. Até mesmo o mais idiota dos movimentos políticos nasce de escravos de filósofos mortos. Mas quais? Sua visão de mundo é coerente ao ponto de podermos antever seus padrões e políticas?

Reconstruir a história dessa escola de pensamento não é fácil. Ela não costuma ser pensada nos termos de uma escola de pensamento, como pensamos no marxismo, por exemplo. Meio século se passou desde que ideias assim começaram a ganhar relevância.

7 – O QUE HÁ NUM NOME?

Do que chamamos essa escola de pensamento? Acompanhando Ludwig von Mises, prefiro a designação "hegelianismo de direita", mas há vários outros termos que se aplicam, entre os quais "fascismo", "nacional-socialismo", "coletivismo de direita" e assim por diante.

Estamos procurando aqui por uma distinta (e previsível) reunião de atitudes em relação ao indivíduo e ao Estado. A escola de pensamento é historicista, acreditando que a narrativa do tempo nos guia a uma espécie de Estado derradeiro. É nacionalista. É identitária: em geral tem a ver com raça, mas também com religião, gênero e inteligência. Ela acredita que o comércio deve buscar a identidade e a nação, não o interesse econômico. É também estatista: para concretizar sua visão do que a sociedade deveria fazer e como deveria se parecer é necessário violência.

Tal escola de pensamento não tem nada a ver com o liberalismo tradicional de John Locke ou de Adam Smith, nem com o conservadorismo de Edmund Burke (1729-1797) e de seus discípulos, ou o tradicionalismo de Joseph De Maistre (1753-1821) ou o realismo de Nicolau Maquiavel (1469-1527). Essa escola se afasta drasticamente desses modelos, aspirando a uma reconstrução completa do Estado e da sociedade, a fim de adequá-los à dramaticidade da vida. Assim, ela se assemelha bastante ao marxismo, só com uma sensação cultural diferente e peças ideológicas móveis.

Outra forma de pensar sobre essa lista: se você se sente tentado pela extrema direita, eis aqui sua árvore genealógica. Você gosta do que vê?

8 - ESCRAVOS DE FILÓSOFOS

Para escrever esta lista, segui as migalhas deixadas por Ludwig von Mises e por F. A. Hayek, bem como autores contemporâneos como Tom Palmer e Thomas Leonard. Eis a minha melhor tentativa de criar uma lista biográfica curta, baseada na influência de cada pessoa:

Johann Gottlieb Fichte (19 de maio de 1762 - 27 de janeiro de 1814). Estudou Teologia na Universidade de Jena, escreveu obras de caráter teológico como *Grundlagen des Naturrechts nach Prinzipien der Wissenschaftslehre* [*Fundamentos da Lei Natural de acordo com as Ciências*][33], de 1787, além de ter sido professor e reitor da Universidade Humboldt. Foi um opositor dedicado do liberalismo. Sua principal obra política é *Reden an die deutsche Nation* [*Discursos à Nação Germânica*], de 1808.

Georg Wilhelm Friedrich Hegel (27 de agosto de 1770 - 4 de novembro de 1831). Recebeu seu diploma de teólogo do Seminário Tübingen e lecionou filosofia em Jena, Heidelberg e na Universidade de Berlim. Seus seguidores se dividiram em ramos à direita e à esquerda que adotaram sua própria Teoria da História, que culminou numa ou noutra forma de estatismo antiliberal. Os seus

---

[33] A obra está disponível em língua portuguesa na seguinte edição: FICHTE, Johann Gottlieb. *Fundamento do Direito Natural segundo os Princípios da Doutrina da Ciência*. Trad. José Lamego. Lisboa: Fundação Calouste Gulbenkian, 2012. (N. E.)

trabalhos mais importantes são *Phänomenologie des Geistes* [*Fenomenologia do Espírito*]³⁴, de 1807; *Grundlinien der Philosophie des Rechts* [*Princípios da Filosofia do Direito*], de 1820; e *Vorlesungen über die Philosophie der Weltgeschichte* [*Conferências sobre a Filosofia da História*]³⁵, de 1837.

Friedrich List (6 de agosto de 1789 – 30 de novembro de 1846). Trabalhou como professor de administração na Universidade de Tübingen, mas foi expulso e se mudou para os Estados Unidos, onde se envolveu com a construção de ferrovias e defendeu um "sistema nacional" de economia, também chamado de "mercantilismo industrial". As suas teses econômicas foram defendidas no livro *Das Nationale System der Politischen Ökonomie* [*Sistema Nacional de Economia Política*], de 1841.

Thomas Carlyle (4 de dezembro de 1795 – 5 de fevereiro de 1881). Foi um filósofo escocês que escreveu livros como *On Heroes, Hero-Worship, and The Heroic in History* [*Sobre os Heróis, o Culto ao Herói e o Heroico na História*], de 1841, e *The French Revolution: A History* [*A*

---

³⁴ O trabalho foi lançado em português na seguinte edição: HEGEL, Georg Wilhelm Friedrich. *Fenomenologia do Espírito*. Trad. Paulo Meneses. Petrópolis: Vozes, 1992. (N. E.)

³⁵ Em língua portuguesa a obra está disponível na seguinte edição: HEGEL, Georg Wilhelm Friedrich. *Filosofia da História*. Trad. Maria Rodrigues e Hans Harden. Brasília: Editora UnB, 1999. (N. E.)

Revolução Francesa: uma História]³⁶, de 1837. Defendeu a escravidão e o governo ditatorial e cunhou o termo "ciência sinistra" para se referir à economia, sobretudo porque esta se opunha à escravidão.

John Ruskin (8 de fevereiro de 1819 - 20 de janeiro de 1900). Amigo de Thomas Carlyle, foi o principal crítico de arte inglês da Era Vitoriana. Ilustrador, patrono das artes e filantropo, tornou-se o primeiro professor de belas-artes da Universidade de Oxford e fundou a Guilda de São Jorge, opondo-se ao capitalismo mercantil e à produção em massa para o povo. Seu livro mais político é *Unto This Last* [*Rumo a Este Fim*], de 1862.

Houston Stewart Chamberlain (9 de setembro de 1855 - 9 de janeiro de 1927). Viajou pela Europa, se tornando um admirador de Richard Wagner e da cultura alemã. Foi um dos principais defensores de Adolf Hitler. Sustentou um antissemitismo violento e escreveu o livro *The Foundations of the Nineteenth Century* [*Os Fundamentos do Século XIX*], de 1899, que dava ênfase às raízes teutônicas da Europa.

---

³⁶ Atualmente esgotada, a obra foi publicada em português na seguinte edição: CARLYLE, Thomas. *História da Revolução Francesa*. Trad. Antônio Ruas. São Paulo: Melhoramentos, 1961. (N. E.)

BIBLIOGRAFIA E NOTAS BIOGRÁFICAS

Frederick Hoffman (2 de maio de 1865 - 1946). Nasceu na Alemanha, tornou-se estatístico nos Estados Unidos e escreveu *Race Traits and Tendencies of the American Negro* [*Características Raciais e Tendências do Negro Norte-americano*], caracterizando afro-americanos como inferiores em relação a outras raças e difamando, também, judeus e não caucasianos. A monografia foi publicada em 1896 pela Associação Econômica Norte-americana.

Madison Grant (9 de novembro de 1865 - 30 de maio de 1937). Formou-se pela Universidade Yale e, também, em Direito pela Universidade Columbia. Depois disso, seu interesse pela eugenia o levou a estudar a "história racial" da Europa e a escrever o *best-seller The Passing of the Great Race* [*A Morte da Grande Raça*]. Foi um importante ambientalista e defensor das florestas nacionalizadas, por estranhos motivos eugenistas.

Charles Davenport (1º de junho de 1866 - 18 de fevereiro de 1944). Professor de zoologia de Harvard, estudou eugenia, escreveu *Heredity in Relation to Eugenics* [*Hereditariedade em Relação à Eugenia*] e fundou o Escritório de Registros Eugenistas e a Federação Internacional de Organizações Eugenistas.

JEFFREY A. TUCKER

Foi um personagem importante na construção do Estado eugenista.

Henry H. Goddard (14 de agosto de 1866 - 18 de junho de 1957). Psicólogo, eugenista e diretor de pesquisas na Vineland Training School for Feeble-Minded Girls and Boys [Escola Vineland para Meninas e Meninos com Debilidade Mental]. Popularizou os estudos de QI e os transformou numa arma usada pelo Estado para estabelecer uma sociedade planejada, criando hierarquias determinadas e impostas por burocratas.

Edward A. Ross (12 de dezembro de 1866 - 22 de julho de 1951). Doutor pela Universidade Johns Hopkins, fez parte do corpo docente de Stanford e foi um dos fundadores da sociologia nos Estados Unidos. Autor de *Sin and Society* [*Pecado e Sociedade*], lançado em 1905, alertou para os efeitos disgênicos de se permitir o envolvimento das mulheres com o trabalho mercantil e propôs leis proibindo o labor feminino.

BIBLIOGRAFIA E NOTAS BIOGRÁFICAS

Robert DeCourcy Ward (29 de novembro de 1867 - 12 de novembro de 1931). Professor de meteorologia e climatologia em Harvard, cofundou a Liga de Restrição à Imigração, temendo os efeitos disgênicos do casamento inter-racial com eslavos, judeus e italianos. Sua influência foi fundamental para o fechamento das fronteiras em 1924, o que facilitou o massacre de milhões de pessoas na Europa.

Giovanni Gentile (30 de maio de 1875 - 15 de abril de 1944). Foi um filósofo neo-hegeliano que criou as bases intelectuais para o fascismo italiano e ajudou a escrever a obra *La dottrina del fascismo* [*Doutrina do Fascismo*], de 1932, com Benito Mussolini. Por um tempo, ele foi adorado pela imprensa norte-americana devido a sua visão e intelecto, particularmente em questões educacionais.

Lewis Terman (15 de janeiro de 1877 - 21 de dezembro de 1956). Foi um eugenista que se ateve ao estudo de crianças superdotadas, de acordo com a medida de QI. Doutor pela Universidade Clark, tornou-se membro da Fundação pelo Melhoramento da Humanidade, pró-eugenia, e foi presidente da Associação Norte-americana de Psicologia. Ele propôs a segregação, a esterilização forçada, controles migratórios, licenças de reprodução e uma sociedade planejada.

Oswald Spengler (29 de maio de 1880 - 8 de maio de 1936). Formado pela Universidade de Halle, na Alemanha, tornou-se professor, e em 1919 publicou *Der Untergang des Abendlandes* [*O Declínio do Ocidente*], sobre os ciclos históricos e as mudanças que explicavam a derrota alemã na Primeira Guerra Mundial. Ele defendia um novo autoritarismo tribal teutônico para combater o individualismo liberal.

Ezra Pound (30 de outubro de 1885 - 1º de novembro de 1972). Foi um poeta modernista expatriado dos Estados Unidos que se converteu ao nacional-socialismo, culpou a usura e o capitalismo internacional pela Primeira Guerra Mundial e apoiou Adolf Hitler e Benito Mussolini durante a Segunda Guerra Mundial. Homem brilhante, mas conturbado, Pound usou sua genialidade para escrever para jornais nazistas na Inglaterra antes e durante a guerra.

BIBLIOGRAFIA E NOTAS BIOGRÁFICAS

Carl Schmitt (11 de julho de 1888 - 7 de abril de 1985). Foi um jurista e teórico político nazista que escreveu várias obras contra o liberalismo clássico em defesa do exercício impiedoso do poder, entre as quais a mais importante é o livro *Der Begriff des Politischen* [*O Conceito do Político*], de 1932. Sua visão quanto ao papel do Estado é total. Ele admirava e celebrava o despotismo, a guerra e Adolf Hitler.

Charles Edward Coughlin (25 de outubro de 1891 - 27 de outubro de 1979). Foi um influente padre canadense-americano que apresentou um programa de rádio com trinta milhões de ouvintes na década de 1930. Ele desprezava o capitalismo, apoiou o *New Deal* e se envolveu tanto com o antissemitismo quanto com a doutrina nazista, tendo publicado traduções de alguns discursos de Joseph Goebbels como se fossem de sua própria autoria. Seu programa inspirou milhares de pessoas a protestar nas ruas contra os refugiados judeus.

Julius Evola (19 de maio de 1898 - 11 de junho de 1974). Foi um filósofo italiano radicalmente tradicionalista, focado nos estudos tanto da história e da religião, além de ser um grande defensor da violência. Ele foi admirado por Benito Mussolini e escreveu cartas de admiração para Adolf Hitler. Passou a vida defendendo a submissão das mulheres e o holocausto dos judeus.

Francis Parker Yockey (18 de setembro de 1917 - 16 de junho de 1960). Foi um advogado norte-americano e um nazista dedicado que escreveu *Imperium*, no qual defende uma base cultural e um caminho totalitário para a preservação da cultura ocidental contra a influência dos judeus. Ele dizia que a queda do Terceiro Reich era um problema temporário, e se matou na prisão, para onde fora levado por falsificar seu passaporte.

Willis Carto (17 de julho de 1926 - 2015). Foi profundamente influenciado por Yockey, atuando como um agitador da teoria e da prática nazistas/fascistas na imprensa norte-americana do pós-guerra e sendo o fundador de várias publicações e instituições que mantiveram a doutrina viva durante décadas. Ele, juntamente com alguns poucos nazistas dedicados, é a verdadeira ponte organizacional entre a teoria e prática nazistas do pré-guerra e do pós-guerra nos Estados Unidos.

      Estas são as principais personagens. E quanto à extrema direita atual? Os nomes são conhecidos, mas talvez ainda seja cedo demais para diferenciar os maus elementos que exercem influência dos que estão apenas acompanhando a massa. O que importa é que até mesmo eles desconhecem a profunda herança cultural de seu sistema de crenças, que, nos últimos duzentos anos, tem se posicionado contra tudo o que as pessoas reconheceriam como liberdade.

POSFÁCIO À EDIÇÃO BRASILEIRA

OS RISCOS DO COLETIVISMO MORAL

"O paradoxo trágico da via eleitoral para o autoritarismo é que os assassinos da democracia usam as próprias instituições da democracia - gradual, sutil e mesmo legalmente - para matá-la".
- Steven Levitsky & Daniel Ziblatt
Como as Democracias Morrem

No livro *Coletivismo de Direita: A Outra Ameaça à Liberdade*, Jeffrey A. Tucker fala da realidade, de fatos históricos e atualidades aferíveis por qualquer um. Lendo a obra, porém, não pude evitar alguns paralelos com conhecido item de ficção. Refiro-me a *The Handmaid's Tale*, série de televisão norte-americana baseada no livro homônimo da canadense Margaret Atwood, *O Conto da Aia*, de 1985, certamente uma das peças de arte mais badaladas (e bem premiadas) dos últimos anos. Sucesso de crítica produzida pelo serviço de *streaming Hulu*, a série trata de um mundo onde uma ditadura conservadora e profundamente religiosa controla a vida das pessoas. Sob a justificativa de criar um mundo melhor, o governo arranja os casamentos, define funções sociais, escolhe as profissões, determina horários e moradias, mata pessoas - principalmente, mata pessoas. Enfim, o governo controla a totalidade da existência de Gilead, um arroubo violento de Nova Jerusalém.

Não há bálsamo em Gilead. Todos sofrem vidas miseráveis, mas ninguém está em piores condições que as Aias, as *Handmaids* que nomeiam o seriado. Elas são mulheres ainda férteis que são escravizadas e estupradas por membros do alto escalão do governo, em um brutal esforço por manter alguma natalidade no país, uma vez que no mundo da série, quase todas as mulheres perderam a capacidade de ter filhos. Pelo bem do país, mulheres férteis são dominadas, estupradas e escravizadas. Seus corpos são de posse nacional. O governo as controla e as usa, pretensamente para a "glória de Deus".

Se é aterrador o mundo de *The Handmaid's Tale*, o que mais me assusta é que constantemente eu me flagro concordando com os vilões. À medida que o roteiro da série vai me apresentando quem são as pessoas realmente más, muitos dos valores que eles seguem são valores que eu sigo. Os vilões são pessoas cristãs assim como eu sou. Eles valorizam a Escritura assim como eu valorizo. Eles se opõem ao casamento *gay* assim como eu me oponho. Eles se opõem ao islamismo assim como eu me oponho. Eles defendem a vida doméstica como algo elevado para as mulheres assim como eu defendo. Eles se importam com a moral pública assim como eu. Eles dão centralidade à família assim como eu. Eles defendem a bênção da fecundidade assim como eu defendo.

É muito estranho se perceber na voz dos vilões. Mesmo assim, eu não quero o mundo de *The Handmaid's Tale*. Eu não quero usar meios violentos para que as pessoas sigam o que eu acredito. Nem de longe espero que meus valores sejam impostos por intermédio de coerção sobre ninguém. Eu não quero viver em uma ditadura de direita. Não tenho qualquer sonho com uma ditadura cristã. Eu não quero que meus ideais religiosos sejam usados contra a liberdade de outras pessoas.

O que que me separa, então - como um cristão, conservador e fundamentalista teológico -, daqueles que praticam vilipêndio contra a vida alheia no seriado? Se eu e os vilões do seriado temos os mesmos valores morais, qual valor moral que não é percebido na superfície das caracterizações televisivas me faz ter tanto asco ao ver gente usar os ideais que eu acredito para dominar outras pessoas?

É claro que a resposta passa por eu não acreditar que o cristianismo possa ser amalgamado com a esfera política de forma tão direta, nem que a fé na Bíblia dê base para opressão social e religiosa. Certamente envolve eu olhar para a revelação bíblica de forma completa, não de forma parcial, como fazem no seriado. A mensagem cristã de amor, de valor do homem, de misericórdia e benignidade, de sacrifício pessoal diante do próximo me separa de pessoas que têm alguns tópicos parecidos com os meus.

Mas talvez a resposta mais profunda esteja na minha visão dos limites da democracia.

1 - Os Limites do Deus que Falhou: Dos Excessos de Democracia

O termo "democracia" vem do grego δημοκρατία (*dēmokratía*), que significa literalmente "governo do povo". Vem da união das palavras "povo" (*dêmos*, δῆμος) e "poder (*krátos*, κράτος). Foi ainda antes de Cristo, no século V, que primeiro usaram essa terminologia para qualificar os sistemas políticos das cidades-estados gregas, e era uma das seis formas básicas de governo. Não existe até hoje forte consenso sobre como definir democracia, mas igualdade jurídica, liberdade política e Estado de Direito costumam ser identificados como características importantes de uma sociedade democrática.

Os debates atuais concernentes ao melhor tipo de organização civil e suas aplicações políticas costumam ser acirrados, mas a democracia ainda costuma levar a melhor. Como disse Winston Churchill (1874-1965) na *House of Commons* em 11 de novembro de 1947:

> Muitas formas de governo foram tentadas e serão tentadas neste mundo de pecado e infortúnio. Ninguém finge que a democracia é perfeita ou dotada de toda sabedoria [*all-wise*]. De fato, tem sido dito que a democracia é a pior forma de governo, exceto por todas as outras formas que foram tentadas de tempos em tempos[37].

Ou seja, para o antigo primeiro-ministro do Reino Unido, a democracia está debaixo do velho ditado *ruim com ela, pior sem ela*. Por mais que democracia seja ruim, é muito pior quando ela falta.

Mesmo assim, esse modelo continua caindo em um espiral de descrédito. É possível ouvir muitos zombando do estamento democrático, como utópico, inútil ou mesmo como uma divindade que falhou em seus propósitos iniciais. Esse é até o título de um livro famoso de Hans-Hermann Hoppe, *Democracy, The God That Failed* [Democracia, o Deus que Falhou], onde o autor trata a democracia como *"uma forma 'branda' - e*

---

[37] LANGWORTH, Richard (Ed.). *Churchill by Himself: The Definitive Collection of Quotations*. New York: PublicAffairs, 2008, p. 574.

especialmente insidiosa – de comunismo"[38], uma vez que a *"democracia (governo da maioria) é incompatível com a propriedade privada (propriedade particular e autonomia individual)"*[39]. Dessa forma, o *"governante democrático pode usar o aparato de Estado para a sua vantagem pessoal"*[40], usando os poderes que lhe foram conferidos pelo voto. Apesar de outras críticas de ordem variada, o desdém de Hoppe pela democracia está fundamentado em sua incompatibilidade com o autogerenciamento da vida. Nisto, Hoppe mostra bem o que tem levado tantos a desprezar a democracia como o melhor (ou o menos pior) modelo de governo para uma sociedade livre.

A mais dura verdade é que nos acostumamos com um tipo muito específico de organização democrática, a democracia totalitária – um tipo de democracia que não é nada mais do que uma ditadura da maioria, que impõe a vontade daqueles que tiveram mais poder de voto contra os que foram minoritários em cada eleição. Como cada ideólogo político deseja impor sua visão de organização social sobre todos, existe uma *libido dominandi* (vontade de poder) em cada eleitor, desejoso de que seu candidato transforme a realidade em algo melhor, ainda que isso signifique controlar ainda mais a vida de todos.

A democracia então acaba se convertendo em um instrumento para o vilipêndio da vida. Nós morremos de medo de quem vai ser o próximo candidato eleito à presidência porque sabemos que uma vez assumindo o posto, este homem terá o poder de escolher e dominar as nossas vidas privadas.

---

[38] HOPPE, Hans-Hermann. *Democracia, o Deus que Falhou: A Economia e a Política da Monarquia, da Democracia e da Ordem Natural*. São Paulo: Instituto Mises Brasil, 2014. p. 13.
[39] Idem. *Ibidem.*, p. 23.
[40] Idem. *Ibidem.*, p. 55.

Esse é um caso claro de excesso de democracia. Há uma antiga ideia, sem autoria definida, mas popularizada principalmente em 1923 pelo governador de Nova York, Alfred E. Smith (1873-1944), segundo a qual *"a cura para os males da democracia é mais democracia"*. É comum argumentar que a democracia é um tipo de organização civil que traz em si mesma todas as barreiras para suas doenças, como um corpo com forte sistema imunológico. Infelizmente, isto não poderia estar mais errado. Esse conceito já era criticado por Henry Louis Mencken (1880-1956), em 1926, no livro *Notes on Democracy* [*Notas sobre a Democracia*], mas foi Norberto Bobbio (1909-2004) em *Il futuro della democrazia* [*O Futuro da Democracia*] quem disse que na verdade nada ameaça mais matar a democracia que o excesso de democracia[41]. A democracia pode se converter em uma coisa completamente diferente dela mesma, quando se torna um instrumento para o vilipêndio da existência.

Isso é bem explicado pelo cientista político canadense David T. Koyzis em sua obra mais famosa, *Political Visions and Illusions: A Survey and Christian Critique of Contemporary Ideologies* [*Visões e Ilusões Políticas: Uma Análise e Crítica Cristã das Ideologias Contemporâneas*], onde condena que os adeptos da ideologia democrática têm buscado aplicar a democracia *"não somente às diversas instituições governamentais, mas também fora dos limites estruturais do corpo político, atingindo comunidades não estatais"*[42]. E assim as pessoas tentam democratizar as empresas, tentam democratizar a mídia, tentam democratizar as escolas, tentam democratizar os hospitais, tentam democratizar as igrejas, tentam democratizar a família. *"O problema dessa intromissão"*, diz o Koysis, *"é que a democracia, longe de*

---

[41] BOBBIO, Norberto. *O Futuro da Democracia: Uma Defesa das Regras do Jogo*. Rio de Janeiro: Paz e Terra, 1986.
[42] KOYZIS, David. *Visões e Ilusões Políticas: Uma Análise e Crítica Cristã das Ideologias Contemporâneas*. São Paulo: Vida Nova, 2014. p. 169.

ser uma panaceia para problemas como o abuso de poder, o autoritarismo e a corrupção, acaba causando a intrusão opressiva de uma massa social"[43]. Democratizar a vida, às vezes é só um jeito de aumentar o número de ditadores.

Eu não tenho interesse em usar o governo para controlar a vida de ninguém, eu não tenho interesse em votar em candidato que vai obrigar as pessoas a serem cristãs, que vai obrigar as mulheres a terem filhos, que vai obrigar as mulheres a viverem vidas domésticas como nos seriados. Mas eu quero candidatos que não me obriguem a nada, mas os candidatos dizem que eu sou um criminoso se minha empresa não seguir certas regulações. Proíbem-me de ensinar os meus filhos em casa, me proíbem de trabalhar se eu não tiver de acordo com predefinições governamentais. Se os políticos têm tanto poder sobre a nossa vida, não adianta ter *checks and balaces*, divisão de poderes, participação popular. A democracia será só mais um instrumento contra a nossa liberdade.

Se nós usamos a democracia para escolher quem vai ser o ditador da vez é como se os ratos estivessem escolhendo o gato para quem entregarão o próprio corpo. Uma vez que a democracia às vezes é só um instrumento para dominar a vida dos outros, então realmente não parece muito significativo a gente ter direito de voto. Somos reféns escolhendo quem será o sequestrador da vez.

2 - Em Busca da Democracia Cósmica: Dos Direitos Humanos

Pensamos constantemente na democracia como a panaceia que garantiria uma existência digna a todo homem.

---
[43] Idem. *Ibidem.*, p. 172.

Continuamos achando que é a democracia, pura e simplesmente, não importando muito suas configurações, que garante os direitos humanos básicos. Porém, isto não subsiste. Para Geanluca Lorenzon, autor do livro *Ciclos Fatais: Socialismo e Direitos Humanos*, não importa a forma específica com que um órgão governamental controlador toma as decisões e elabora o planejamento. O autor diz:

> Mesmo que haja um sistema que colete informações próximas ao dia-a-dia do indivíduo, que existam assembleias ou comitês "democráticos", que os líderes sejam eleitos por maiorias, ou ainda que a programação seja resultado de métricas elaboradas por gênios e computadores jamais vistos sobre a face da Terra.

O *"mero fato de que exista um órgão decisório que defina como as pessoas devem agir economicamente, desconsiderando sua autonomia, já configura a centralização"*. Por isso que *"ainda que momentaneamente exercida de maneira democrática"*, um ambiente de controle é um ambiente onde *"a agressão à ação humana econômica persistirá"*[44].

Na mesma linha, Ernst Troeltsch (1865-1923) mostra como essa relação indelével entre democracia e dignidade humana é um equívoco muito comum quando escreveu:

> Direitos do homem e democracia não coincidem [necessariamente] e, por isso mesmo, tampouco se podem explicar historicamente os primeiros com os segundos ou vice-versa. Os primeiros são possíveis sem democracia alguma, com um poder estatal que os reconheça

---

[44] LORENZON, Geanluca. *Ciclos Fatais: Socialismo e Direitos Humanos*. São Paulo: Instituto Ludwig von Mises Brasil, 2017. p. 24, 34.

e proteja, como, por outro lado, se pode ter uma democracia terrorista e fanática da igualdade ou vinculada a um dogma, sem nenhuma liberdade de consciência[45].

O que estes autores estão dizendo é que democracia e direitos humanos não são duas coisas que existem de forma simultânea necessariamente, ou que uma depende diretamente da outra. Você pode viver em um ambiente político totalmente democrático e ainda assim viver em um mundo de terror, de caos, de controle absoluto sobre a sua existência. Votar pelo direito de infringir a liberdade dos outros, ou mesmo contra nossa própria liberdade, não parece muito producente. E muitos tendem a acreditar que os ideias democráticos de igualdade levam necessariamente a um bom caminho.

É por isso que a democracia tende a fracassar quando abandona o ideal de igualdade formal para abraçar a utópica igualdade material. Milton Friedman (1912-2006) e Rose Friedman (1910-2009) já disseram:

> Uma sociedade que coloca a igualdade - no sentido de igualdade de resultados - antes da liberdade, acabará sem igualdade e sem liberdade. O uso da força para alcançar a igualdade destruirá a liberdade, e a força, introduzida para o bom propósito, acabará nas mãos das pessoas que a usam para promover seus próprios interesses[46].

---

[45] TROELTSCH, Ernst. *El protestantismo y el mundo moderno*. Mexico: Fondo de Cultura Econômica, 1967. p. 65.
[46] FRIEDMAN, Milton & FRIEDMAN, Rose. *Free to Choose*. New York: Harcourt Brace Jovanovich, 1980. p. 148.

No livro *The Quest for Cosmic Justice* [*A Busca pela Justiça Cósmica*][47], Thomas Sowell argumenta que quando nós desejamos igualdade material, ou seja, que o governo dê o mesmo para todo mundo, que o governo consiga criar igualdade de oportunidade para todas as pessoas, que o governo crie igualdade de renda, estamos tentando encontrar uma justiça cósmica que corrija todos os problemas da humanidade. E para isso você precisa tratar o governo como um tipo de Deus que controlaria toda a existência humana e que justiça de fato precisa ser aquela que busca igualdade formal e que garante a todos os homens um ambiente idôneo de justiça, em que todos são tratados de forma igual perante a lei, e que o mesmo cenário de oportunidades estaria aberto a todo mundo.

Para que a democracia não vire uma ditadura da maioria existe uma necessidade clara de um retorno aos ideais da liberdade que devem reger a vida social. Precisamos de uma democracia que não esteja disposta a eleger o algoz da vez, mas uma democracia que dê liberdade aos indivíduos.

Não existe democracia se não existir liberalismo. O fortalecimento da democracia, então, passa por uma busca de igualdade formal, em detrimento de uma tentativa de impor uma igualdade material, em um fortalecimento de uma liberdade econômica e um retorno mais firme aos ideais de um Estado de Direito. É inútil que nós tenhamos o direito de voto se aquele que receberá o voto está dotado de um poder de controlar toda a minha existência. *The Handmaid's Tale* mostra o perigo de pessoas no poder que querem fazer um mundo melhor, ainda que isso signifique destruir a vida de algumas pessoas. E que pelo bem maior e por uma nova sociedade, vale a pena destruir a liberdade individual.

---

[47] SOWELL, Thomas. *The Quest for Cosmic Justice*. New York: Free Press, 2002.

3 – A Ontologia do Coletivismo: Dos Conflitos de Liberdade

Um dos grandes desafios das ideologias coletivistas está na *ontologia* daquilo que é coletivo. Continuam acirrados os famosos conflitos entre as visões sociocêntricas da Escola Francesa, com Louis De Bonald (1754-1840), Auguste Comte (1798-1857) e Émile Durkheim (1858-1917), e o atomismo da Tradição Britânica, com Adam Smith (1723-1790), John Stuart Mill (1806-1873) e Herbert Spencer (1820-1903). O professor Alberto Oliva questiona, no livro *Conhecimento e Liberdade: Individualismo x Coletivismo*, que *"não há como deixar de reconhecer o quanto é difícil enfrentar a questão relativa ao tipo de* existência *que se pode justificadamente conferir a muitos dos sujeitos gramaticais dos enunciados típicos das ciências sociais"*. Suas perguntas permanecem sem respostas: *"Que tipo de existência se pode conferir a um coletivo? Pode-se dotá-lo de vida própria sem incidir em hipostasiação? Em que medida se justifica conceder-lhe uma identidade irredutível ao somatório das partes que o compõem?"*[48]. A difícil questão da *ontologia dos grupos* é uma barreira aos variados coletivismos.

Oliva condena que ao se estabelecer *"uma hierarquia entre os entes que fazem parte do Ser Social, dando-se* mais existência *a uns do que a outros, acaba-se definindo* o que determina o que *na cadeia global das relações humanas que constitui o mundo da vida social"*[49]. Isso significa que *"conceder* mais ser *a um tipo de entidade, possuidora da identidade de totalidade, acaba normalmente por conferir-lhe poder de*

---
[48] OLIVA, Alberto. *Conhecimento e Liberdade: Individualismo x Coletivismo*. Porto Alegre: EDIPUCRS, 2ª ed. rev. ampl., 1999. p. 22.
[49] Idem. *Ibidem.*, p. 25.

determinar causalmente o que são e o que fazem as partes". Os indivíduos que compõem os grupos acabam por serem menores que os grupos, e têm suas individualidades sacrificáveis em nome do todo, uma vez que esse conceito ontológico de *"ter mais ser do que"*, presente em um considerável número de teorias sociais, acaba por configurar *"em poder causal do Todo sobre as partes"*[50]. Oliva continua:

> Indivíduos são rotineiramente depreciados como fantoches de coletivos, como marionetes da História, por serem suas ações vistas como causalmente determinadas por imperativos posicionais decorrentes de sua inserção funcional no Sistema social concebido como totalidade. Incapazes de satisfazer a requisitos básicos de explicatividade, muitas teorias sociais têm partido da postulação de superioridade ontológica como forma de tentar legitimar uma inevitável direcionalidade do poder de determinação causal[51].

Grupos e coletivos, de fato, existem em nossas mentes, como meios de organização para a sociedade, mas não existem como *ontologias* superiores às pessoas que lhes compõem. *"Uma coisa é o coletivo ser percebido e vivenciado pelos indivíduos como a soma de suas ações"*, diz Oliva, *"outra bem diferente é despontar como uma entidade a eles transcendente"*[52]. De acordo com isso, o bem coletivo nunca deveria ser usado como desculpa para o sacrifício *do outro*. Podemos abrir mão de nossas liberdades visando algum bem maior,

---

[50] Idem. *Ibidem.*, p. 26.
[51] Idem. *Ibidem.*, p. 26.
[52] Idem. *Ibidem.*, p. 113-14.

certa benesse a determinado grupo, mas nunca pôr outra pessoa diante de qualquer cutelo visando a redenção social.

> O fato é que são gritantes as diferenças entre a defesa de um ideal de ordem social centrada no indivíduo, e no valor intocável de sua liberdade, e a visão que faz da coletividade uma entidade auto-subsistente capaz de perseguir metas mais importantes que os simples e fragmentários interesses dos indivíduos[53].

Essa *"concepção coletivista da vida social"*, Oliva continua, *"acaba inevitavelmente se comprometendo, ainda que involuntariamente, com a defesa de uma exacerbada concentração do poder enfeixado pelo Estado"*, o que empodera interesses de engenharia social, que buscam a uniformização das relações humanas, a *"homogeneização das condutas, baseada num modelo de justiça social considerado indefectível e facilmente implementável"*[54]. Por isso que em nome da existência substancial da entidade *todos*, *"tem-se tentado subordinar as metas e os interesses dos indivíduos às finalidades, pretensamente superiores, perseguidas pelos coletivos"*. O cerceamento da liberdade individual em seu pleno exercício surge como fruto da *"veneração quase-religiosa que a Totalidade inspira"*. O dr. Oliva diz ser *"evidente que uma vez definida a relação ontológica de subsunção das partes ao Todo abre-se caminho para a justificação de uma análoga relação política de submissão dos indivíduos aos coletivos"*[55]. Ele continua afirmando que:

---
[53] Idem. *Ibidem.*, p. 28.
[54] Idem. *Ibidem.*, p. 46, n12.
[55] Idem. *Ibidem.*, p. 52.

Uma das principais ameaças ao exercício da liberdade provém de concepções que tendem a caracterizar o coletivo como uma entidade auto-subsistente capaz de não só condicionar, do exterior, nossas ações como também de definir as necessidades, e os modos de satisfazê-las, de nossa existência associativa. A personificação de *todos* se estriba, num número expressivo de casos, em fabulações interpretativas o mais das vezes destituídas de qualquer valor explicativo e contribui para acalentar mitos sobre a ordem social que normalmente desembocam em autoritarismo/totalitarismo[56].

Em suas consequências práticas, *"o holismo descamba para variadas formas de ideologia coletivista que se transformam em real ameaça à liberdade"*. Assim, se as pessoas *"não se curvam aos imperativos da sociedade, ou da classe revolucionária"*, eles *"podem ser legitimamente constrangidos a acatá-los já que, assim se acredita, o que se faz em nome da coletividade lhes trará benefícios palpáveis com o passar do tempo"*[57]. *"Todos os ataques contra o individualismo"*, diz Oliva, *"deixam claro que o avanço da cidadania está sempre ameaçado por ideologias coletivistas – como o fascismo, o nazismo, o stalinismo – inspiradas nas metafísicas holistas que localizam nos todos a essência da vida social e moral"*[58]. O autor continua:

> A plena vigência da liberdade decorrerá, entre outros fatores, da dessubstancialização do social, da dissolução dos *todos* numa miríade de indivíduos diligentemente dedicados a uma interminável busca que lhes

---
[56] Idem. *Ibidem.*, p. 224.
[57] Idem. *Ibidem.*, p. 225.
[58] Idem. *Ibidem.*, p. 55.

permitirá conquistar muitas das coisas visadas, gerar outras não-pretendidas e guardar como desejos as que poderão um dia ser alcançadas caso não se suprima a liberdade em nome de obscuros objetos sociais chamados *todos*. Afinal, o que há, o que de fato existe somos nós e nossa obsessiva busca do sentido das coisas[59].

Então, se *"não se deve diminuir o espaço de liberdade (do pensar e agir) do indivíduo em nome de alguma pretensa entidade [social] supostamente situada acima de sua vida"*[60], o que justificaria que uma instituição como o governo civil interfira na liberdade de alguém? É apenas quando a liberdade entra em conflito com a liberdade que ela deve ser restringida para ser preservada. A liberdade não pode entrar em conflito consigo mesma, sob o risco de ser destruída. Desta forma, podemos conceber pelo menos duas limitações à liberdade do homem, de ordem externa e interna. A limitação externa consiste na liberdade de um ser limitada pela liberdade do outro. A limitação interna está na liberdade de um ser limitada pela própria liberdade. É o que diz John Stuart Mill em seu famoso postulado: *"O princípio da liberdade não pode exigir que [alguém] seja livre para não ser livre. Não é liberdade, ser permitido a alienar sua própria liberdade"*[61].

Uma democracia que eleja unicamente aqueles que vão lidar com os conflitos de liberdade, de forma que a ação governamental só se justifica quando o exercício da minha liberdade entra em conflito com o exercício da sua liberdade. Como disse Milton Friedman:

---
[59] Idem. *Ibidem.*, p. 230.
[60] Idem. *Ibidem.*, p. 230.
[61] MILL, John Stuart. *On Liberty*, V.V.II.

A necessidade de governo nesses aspectos surge porque a liberdade absoluta é impossível. Por mais atraente que seja a anarquia como filosofia, ela não é viável em um mundo de homens imperfeitos. As liberdades dos homens podem entrar em conflito e, quando o fazem, a liberdade de um homem deve ser limitada para preservar a de outro - como afirmou um juiz da Suprema Corte: "Minha liberdade de mover meu punho deve ser limitada pela proximidade de seu queixo".

O principal problema em decidir as atividades apropriadas do governo está em como resolver tais conflitos entre as liberdades de indivíduos diferentes[62].

Todos concordamos, por exemplo, que a liberdade de matar alguém deve ser restringida diante da liberdade de alguém de viver. O governo tem que impedir situações de assassinato, porque o assassinato é o abuso de uma liberdade sobre outra. O governo deve impedir o aborto, porque o aborto é o exercício de uma liberdade contra outra. Mas o governo não deve existir para nos proteger de nós mesmos, para punir crimes que não têm vítimas, para dizer como nós devemos viver nossa vida ou não.

4 - Conclusão: Do Cristianismo como Inimigo da Democracia

Ao contrário dos cenários de fantasia do seriado e de algumas falsificações históricas, o cristianismo sempre foi um baluarte de promoção de liberdade religiosa, de liberdade

---

[62] FRIEDMAN, Milton. *Capitalism and Freedom: 40th Anniversary Edition*. Chicago: The University of Chicago Press, 2002. p. 25-6.

moral e de liberdade de mercado. Marko Veković, professor assistente de religião e política na *Univerzitet u Beogradu*, na Sérvia, comenta que *"a função política da religião está produzindo consequências sociopolíticas que influenciam todos nós, quer acreditemos em Deus ou não"*, e o *"debate sobre democracia, democratização e sua conexão com a religião é um dos mais complexos neste campo"*[63]. O trabalho de Samuel P. Huntington (1927-2008), *The Third Wave: Democratization in the Late Twentieth Century* [*A Terceira Onda: A Democratização no Final do Século XX*], argumenta que as mudanças religiosas na Igreja Católica no Concílio Vaticano II tiveram grande influência no processo de democratização em muitos países. No capítulo "Religious Change" [Mudança Religiosa], Huntington argumenta que essa mudança dentro da Igreja Católica influenciou a terceira onda de democratização, à medida que a Igreja Católica se tornou uma força contra o autoritarismo e a ditadura[64].

Mesmo assim, foi o protestantismo que se destacou na promoção de um ambiente realmente democrático. Em sua obra *Christianity and Democracy* [*Cristianismo e Democracia*], o filósofo católico Jacques Maritain (1882-1973), diz que *"não coube a crentes inteiramente fiéis ao dogma católico, coube a alguns racionalistas proclamarem na França, os direitos do homem e do cidadão. Coube a alguns puritanos darem na América o último golpe à escravidão"*[65]. A democracia foi uma grande conquista

---

[63] VEKOVIĆ, Marko. "Political Functions of the Serbian Orthodox Church in the United States (1945-1991)". *In*: DONABED, Sargon George & QUEZADA-GRANT, Autumn (Ed.). *Decentering Discussions on Religion and State: Emerging Narratives, Challenging Perspectives*. London: Lexington Books, 2015. p. 179-80.
[64] HUNTINGTON, Samuel P. *The Third Wave: Democratization in the Late Twentieth Century*. Oklahoma: University of Oklahoma Press, 1991.
[65] MARITAIN, Jacques. *Cristianismo y Democracia*. Buenos Aires: Biblioteca Nueva, 1944. p. 44.

de homens que se deixaram guiar pelo livro sagrado. Daniel J. Elazar (1934-1999), no ensaio que introduz a versão brasileira do livro *Política* de Johannes Althusius (1563-1638), diz:

> A estrada para a democracia moderna começou com a Reforma Protestante no século XVI, em especial entre aqueles expoentes protestantes reformistas que desenvolveram uma teologia e uma política que remeteu o Ocidente de volta aos caminhos do autogoverno popular, com ênfase na liberdade e na igualdade[66].

Foi onde prosperaram maiorias ou fortes minorias protestantes que se instauraram os principais regimes liberais democráticos, sejam em repúblicas ou mesmo em monarquias parlamentares, como em Berna, em Bali e em Genebra a partir do século XVI, na Inglaterra a partir do século XVII, e posteriormente na Holanda, nos Estados Unidos e nos países nórdicos[67]. É por isso que para Alexis de Tocqueville (1805-1859), a sociedade norte-americana soube unir o espírito da religião ao espírito da liberdade. Ele diz em *De La Démocratie en Amérique* [*A Democracia na América*] que a liberdade tem como condição os costumes e as crenças, sendo dessa forma, a religião, um fator decisivo na formação desse tipo de costume e que esse foi o sucesso americano em manter as liberdades conquistadas. O protestantismo inglês e norte americano, orientou a moral religiosa para dar suporte social à democracia, através da conciliação do princípio da liberdade com o princípio da responsabilidade[68]. Nesta esteira,

---
[66] ALTHUSIUS. J. *Política*. Rio de Janeiro: Topbooks, 2003. p. 47.
[67] MAGALHÃES FILHO, Glauco Barreira. *A Reforma Protestante e o Estado de Direito*. São Paulo: Fonte Editorial, 2014. p. 217.
[68] Idem. *Ibidem.*, p. 217-18.

Louis Dumont (1911-1998) diz, em *Essais sur l'individualisme: Une perspective anthropologique sur l'idéologie moderne* [*O Individualismo: Uma Perspectiva Antropológica da Ideologia Moderna*], que a doutrina cristã teve destacado papel na emergência do individualismo[69]. Como comentou dr. Oliva:

> Na medida em que encarava a salvação do homem como resultado da intervenção supranatural, sem deixar, entretanto, de sublinhar que quem se salva é o indivíduo por ser [...] um agente moral por excelência. A atribuição de uma alma pessoal e imortal a cada homem criado por Deus foi passo decisivo em direção ao individualismo. Concebido como criado à imagem e semelhança do Ser Supremo, *Indivíduo* onipotente e onisciente, o homem passa a se ver como portador de identidade própria, irredutível às de seus semelhantes e à que lhe cabe ter como membro da sociedade na qual vive[70].

Também André Biéler (1914-2006), na obra *La force cachée des protestants* [*A Força Oculta dos Protestantes*], explica que o princípio protestante do sacerdócio universal de todos os crentes e do chamamento individual endereçado por Deus a cada indivíduo, criou um ambiente mais propício às liberdades individuais e ao ambiente de real democracia[71]. O regime democrático precisa ser salvo em voltar às raízes de moral pública e religiosa que lhe fortaleçam como no período pós-Reforma Protestante. Por mais que em *The Handmaid's Tale*,

---

[69] DUMONT, Louis. *O Individualismo: Uma Perspectiva Antropológica da Ideologia Moderna*. Rio de Janeiro: Editora Rocco, 1985. p. 36.
[70] OLIVA, Alberto. *Conhecimento e Liberdade. Op. cit.*, p. 54.
[71] BIÉLER, André. *A Força Oculta dos Protestantes*. São Paulo: Cultura Cristã, 1999. p. 51.

os ideais religiosos sejam usados para acabar com a liberdade das pessoas, a Reforma Protestante foi uma grande promotora de uma cultura de paz e liberdade dentro das nações.

    Agora, o mesmo não acontece com pessoas de outras matrizes religiosas. Não é isso que você encontra fora da sociedade ocidental, em países onde os califados dominam, o que você tem é a vida privada sendo tomada pelo poder do Estado. Eu quero continuar vivendo em um ambiente democrático, mas isso significa que os políticos precisam ter menos poder sobre as nossas vidas. E nisso, parece que *The Handmaid's Tale* está um pouco errado. Para garantir a nossa liberdade precisamos de mais cristianismo, e não de menos. Os que querem usar a religião para dominar a vida privada, não são aqueles que estão com a Bíblia na mão, mas são aqueles que carregam um outro livro. Às vezes, basta a própria constituição e você já é estuprado pelo governo. O livro *Coletivismo de Direita: A Outra Ameaça à Liberdade* de Jeffrey A. Tucker nos mostra muito bem como este perigo pode nos assolar pelas mais variadas vias.

Yago Martins
Professor residente no Seminário e Instituto Bíblico Maranata (SIBIMA) e apresentador do canal *Dois Dedos de Teologia*

ÍNDICE REMISSIVO E ONOMÁSTICO

1984, de George Orwell, 248

A

Academia de Artes e Ciências dos Estados Unidos, 110
ACLU (União Americana Pelas Liberdades Civis), 54
Against the Modern World: Traditionalism and the Secret Intellectual History of the Twentieth Century [Contra o Mundo Moderno: Tradicionalismo e a História Intelectual Secreta do Século XX], de Mark Sedgwick, 283
Alasca, 99
Alemanha de Weimar, 16
Alt-Right, 17
Althusius, Johannes (1563-1638), 316
Atwood, Margaret (1939-), 299
American Journal of Sociology, 152
American Labor Legislation Review, 142
American Meteorological Journal, 110
Amish, 97
Animal Farm [A Revolução dos Bichos], de George Orwell, 20
Arendt, Hannah (1906-1975), 179
Associação de Geógrafos Norte-americanos, 110
Associação Econômica Norte-americana, 115, 141, 149, 175, 289
Associação Norte-americana de Psicologia, 291
As We Go Marching [Enquanto Marchamos], de John T. Flynn, 76, 279
Atlanta, 69, 71
Atlas Shrugged [A Revolta de Atlas], de Ayn Rand, 225
Austrália, 233-34
Áustria, 241

319

B

Baixa Idade Média, 169
Bali, 316
Bane (personagem de *Batman*), 80
Banfield, Edward (1916-1999), 25
Bannon, Steve (1953-), 217, 256
Barroso, Ivo (1929-), 191
Bastiat, Claude-Frédéric (1901-1850), 165, 181, 193, 270
Beck, Glenn (1951-), 269
Begriff des Politischen, Der [*Conceito do Político, O*], de Carl Schmitt, 178, 293
Beinart, Peter (1971-), 234
Bell, Daniel (1919-2011), 249-50, 252
Benedetto, Giacomo (2000-), 241
Berna, 316
Beyoncé (1981-), 133
Bíblia, 177, 301, 318
Biéler, André (1914-2006), 317
Binet, Alfred (1857-1911), 129, 131
Black, Edwin (1950-), 113, 139, 282
Black Lives Matter, 252
Bobbio, Norberto (1909-2004), 304
Bonaparte, Napoleão (1769-1821), 173, 183, 200
Boot, Max (1969-), 83
Boston, 110, 124
Brandeis, Louis (1865-1941), 151
Brasil, 13, 17-18, 98, 191, 209
Breitbart News, 20
Buchanan, Pat (1938-), 87
Burke, Edmund (1729-1797), 285

C

Caminho da Servidão, O, de F. A. Hayek, 36, 84, 89, 92, 179, 244, 277
Campos, Paulo Mendes (1922-1991), 191
Carey, John (1934-), 114, 138, 177, 282
Carlyle, Thomas (1785-1881), 20, 46, 164, 168, 173, 185, 195-05, 223, 287-88
Carter, Helena Bonham (1966-), 219
Carto, Willis (1926-2015), 294
Castle, William (1914-1977), 113
Cato Institute, 21
Chamberlain, Houston Stewart (1855-1927), 46, 182, 186, 188, 288
Charlottesvile, 31, 43, 45-46, 50-53
Chicago, 110
Chile, 233
China, 78
Chinatown, 99
Chodorov, Frank (1887-1966), 266
Christianity and Democracy [*Cristianismo e Democracia*], de Jacques Maritain, 315
Churchill, Winston Leonard Spencer- (1874-1965), 302
Ciclos Fatais: Socialismo e Direitos Humanos, de Geanluca Lorenzon, 306
Cingapura, 233
Clark, John Bates (1847-1938), 114
Clayton, Jack (1921-1995), 176
Clinton, Hillary Diane Rodham (1947-), 53, 163, 235, 258
Clinton, Bill [William Jefferson (1946-)], 235, 258
Clube da Luta (filme), 219, 221
CNN (Cable News Network), 83
Colorado, 150
Commons, John R. (1862-1945), 114
Cômodo (161-192), 80
Comte, Auguste (1798-1857), 309

ÍNDICE REMISSIVO E ONOMÁSTICO

Conhecimento e Liberdade: Individualismo x Coletivismo, de Alberto Oliva, 309
Concílio Vaticano II, 208, 315
Conferência para o Melhoramento Racial de 1915, 115
Conto da Aia, O, de Margaret Atwood, 299
Coppola, Francis Ford (1939-), 176
Coughlin, Charles Edward (1891-1979), 172, 293
Cromwell, Oliver (1599-1658), 173
"Cruzar o Rubicão", 17
Cuomo, Chris (1970-), 83

D

Damon, Matt (1970-), 133
Darwin, Charles (1809-1882), 110, 174
Davenport, Charles (1866-1944), 46, 113, 175, 289
Davies, Steven (1986-), 174
Davis, Jefferson (1808-1889), 51
De Bonald, Louis (1754-1840), 309
De Maistre, Joseph (1753-1821), 285
Democracia, 23, 80, 96, 129, 170, 177, 179, 190, 207, 215, 235, 245, 250, 252, 259, 270, 299, 301-08, 313-17
Democracy, The God That Failed [*Democracia, o Deus que Falhou*], de Hans-Hermann Hoppe, 302
Démocratie en Amérique, De La [*Democracia na América, A*], de Alexis de Tocqueville, 316
Departamento de Registro Eugenista, 113
Descent of Man, and Selection in Relation to Sex, The [*Descendência do Homem e Seleção em Relação ao Sexo, A*], de Charles Darwin, 174
DiCaprio, Leonardo (1974-), 177
Divergente, 130
Douthat, Ross (1979-), 86-88
Dottrina del fascismo, La [*Doutrina do Fascismo*], de Benito Mussolini e Giovanni Gentile, 291
Dumont, Louis (1911-1998), 317
Durkheim, Émile (1858-1917), 309

E

Eco, Umberto (1932-2016), 86
Elazar, Daniel J. (1934-1999), 316
Eliot, T. S. [Thomas Stearns] (1888-1965), 114, 138, 182, 191-92
Ely, Richard T. (1854-1943), 114, 116, 149, 175
Emirados Árabes Unidos, 233
End of History, The [*Fim da História, O*], de Francis Fukuyama, 251
End of Ideology, The [*Fim da Ideologia, O*], de Daniel Bell, 249
Era Progressista, 109, 111,113, 123, 125, 280, 282
Era Vitoriana, 288
Escola Binet-Simon, 129
Escola Francesa, 309
Escritório de Registros Eugenistas, 289
Essais sur l'individualisme: Une perspective anthropologique sur l'idéologie moderne [*O Individualismo: Uma Perspectiva Antropológica da Ideologia Moderna*], de Louis Dumont, 317

Estação de Evolução Experimental, 175
Estado de bem-estar social, 238, 240, 250, 253, 259, 277
Estado Islâmico, 77, 220
Espanha, 89, 98, 172, 209
Eugenia, 34, 52, 109-10, 112-15, 123-24, 128-29, 131, 143-44, 150, 156, 275, 279-80, 282, 289, 291
Evola, Giulio Cesare Andrea (1898-1874), mais conhecido como Julius, 46-47, 206-17, 294

F

Faria, Idelma Ribeiro de (1914-2002), 191
Farrow, Mia (1945-), 177
Fascismo, 15, 19-21, 32-34, 37, 45, 55, 62, 76, 79-80, 82-87, 92, 168, 172, 176, 179, 188, 190, 195, 197, 202-03, 205, 208, 217, 224, 250, 277-79, 291, 312
Fascismo visto valla destra, Il [*O Fascismo Visto pela Direita*], de Julius Evola, 214
FDR, *ver* Franklin Delano Roosevelt
Federação Internacional de Organizações Eugenistas, 289
Federal Reserve (Fed), 60
Fichte, Johann Gottlieb (1762-1814), 46, 182-83, 205, 283, 286
Filipinas, 20
Fincher, David (1962), 219
Fitzgerald, F. Scott (1896-1940), 176
Fisher, Irving (1867-1947), 114-15
Flynn, John T. (1882-1964), 76, 266, 279
Foundation for Economic Education (FEE), 21, 36, 262, 279

Foundations of the Nineteenth Century, The [*Fundamentos do Século XIX, Os*], de Houston Stewart Chamberlain, 187, 288
Fox News, 269
França, 73, 128-29, 172, 183, 234, 241, 315
Franco, Francisco, (1892-1975), 77, 89, 203
Frederico (1712-1786), *o Grande*, rei da Prússia, 204
Free and Prosperous Commonwealth, The [*Livre e Próspera Comunidade de Nações, A*], de Ludwig von Mises, 267
Force Cachée des Protestants, La [*A Força Oculta dos Protestantes*], de André Biéler, 317
French, David (1969-), 232
French Revolution: A History, The [*Revolução Francesa: uma História, A*], de Thomas Carlyle, 287
Friedman, Milton (1912-2006), 21, 115, 266, 307, 313
Friedman, Rose (1910-1009), 307
Fukuyama, Francis (1952-), 251
Fundação para o Melhoramento Humano, 131
Futuro Della Democrazia, Il [*O Futuro da Democracia*], de Norberto Bobbio, 304

G

Galindo, Caetano W. (1973-), 191
Gates, Bill (1955-), 82
Genebra, 276, 316
Genetics and Eugenics [*Genética e Eugenia*], de William Castle, 113

ÍNDICE REMISSIVO E ONOMÁSTICO

Gentile, Giovanni (1875-1944), 46, 164, 182, 188-90, 205, 291
Geórgia, 69
Gilead, personagem de *The Handmade's Tale*, 300
Goddard, Henry H. (1866-1957), 129-30, 290
Goebbels, Joseph (1897-1945), 187-88, 204, 293
Goldberg, Jonah (1897-1945), 38, 282-83
Grant, Madison (1878-1950), 112, 164, 176-77, 205, 283, 289
Great Gatsby, The [*Grande Gatsby, O*], de F. Scott Fitzgerald, 176
Grimaldi (família), 22
Grundlagen des Naturrechts nach Prinzipien der Wissenschaftslehre [*Fundamentos da Lei Natural de acordo com as Ciências*], de Johann Glttlieb Fichte, 286
Grundlinien der Philosophie des Rechts [*Princípios da Filosofia do Direito*], de Georg Wilhelm Friedrich Hegel, 172, 287
Guerra Civil Espanhola, 20
Guerra Civil Norte-Americana, 71
Guerra Franco-Prussiana, 73, 128
Guerra Fria, 32, 37, 58, 179, 193, 241, 251-52
Guilda de São Jorge, 288

H

Handmaids, 300
Handmaid's Tale, The, 299-00, 308, 317-18
Hal, Prescott F. (1920-2002), 113
Hansson, Albin (1885-1946), 24
Harcourt, Brace & Company, 189

Hard Rock Café, 69
Havaí, 99
Hayek, F. A. [Friedrich August von] (1899-1992), 21, 36, 84-85, 89, 92-93, 135, 179, 236, 244, 254-55, 262, 266, 270, 277-79, 281, 285
Hedges, Christopher (1956-), 223
Hegel, Georg Wilhelm Friedrich (1770-1831), 20, 34, 164, 172, 183, 205, 286
Heredity in Relation to Eugenics [*Hereditariedade em Relação à Eugenia*], de Charles Davenport, 289
Heroes, Hero-Worship, and The Heroic in History, On [*Sobre os Heróis, o Culto ao Herói e o Heroico na História*], de Thomas Carlyle, 173, 196, 287
Himmler, Heinrich (1900-1945), 213
Hitler, Adolf (1889-1945), 46, 61, 77, 84, 89, 123, 125, 131, 173, 177, 186-88, 197, 204, 206, 209, 213, 215, 288, 292-94
Hix, Simon (1968-), 241
Hoffman, Frederick (1865-1946), 115, 175, 289
Holanda, 241, 316
Holcombe, Arthur N. (1884-1977), 114
Hollywood, 59-60
Holocausto, 46, 120-24, 199, 212, 294
Holmes Jr., Oliver Wendel (1841-1935), 112
Hong Kong, 233
Hoppe, Hans-Hermann (1949-), 302-03
Hooterswas, 69
Horwitz, Steve (1964-), 38
House Freedom Caucus, 101
House of Commons, 302

Hulu, 299
Hungria, 20
Huntington, Samuel P. (1927-2008), 315

I

Idade Média, 22, 169, 260
Igreja Católica, 208, 315
Ilhas Maurício, 233
Illiberal Reformers: Race, Eugenics, and American Economics in the Progressive Era [*Reformistas Antiliberais: Raça, Eugenia e a Economia Norte-americana na Era Progressista*], de Thomas Leonard, 114, 148, 281
Imperium, de Francis Parker Yockey, 206, 294
Índia, 77-78
Índice de Liberdade Econômica, 233
Inglaterra, 20, 149, 181, 185-87, 278, 292, 316
Instagram, 70
Intellectuals and the Masses, The [*Os Intelectuais e as Massas*], de John Carey, 113, 138, 282
Itália, 89, 113, 172, 209

J

Jefferson, Thomas (1743-1826), 31, 43, 235, 270
Jogos Vorazes, 130
Johnson, Gary, (1953-), 265
Journal of Economic Perspectives, 139
Julgamentos de Nuremberg, 178
Junqueira, Ivan (1934-2014), 191

K

Kelley, Florence (1859-1932), 152-53
King Jr., Martin Luther (1929-1968), 137, 145
Kinsella, Stephan (1965-), 38
Koysis, David T. (1955-), 304
Ku Klux Klan, 31, 51

L

Laissez-faire, 34, 115, 118, 138, 169, 174, 185, 197, 223, 259, 281-83
Lane, Rose Wilder (1886-1968), 21, 262, 270
Lawrence, D. H. [David Herbert] (1885-1930), 38, 114
Lee, Robert E. (1807-1870), 31, 45, 51
Lei Davis-Bacon, 144
Lei de Cota Emergencial de 1921, 110
Lei de Godwin, 84
Lei de Imigração de 1924, 110
Leis Jim Crow, 52
Leonard, Thomas C. (1955-2003), 38, 114-17, 131, 139-40, 148, 281, 285
"Letter from Birmingham Jail" [Carta da Penitenciária de Birmingham], de Martin Luther King Jr., 137
Levante de Varsóvia, 230
Levitsky, Steven (1968-), 299
Levy, David, (1948-), 201
Lewis, C. S. [Clive Staples] (1898-1963), 191
Liberal Fascism [*Fascismo de Esquerda*], de Jonah Goldberg, 282
Liberalismus [*Liberalismo*], de Ludwig von Mises, 261, 266

ÍNDICE REMISSIVO E ONOMÁSTICO

Libido dominandi, 303
Liga de Restrição à Imigração, 110, 113, 291
Liga pelas Oportunidades Iguais, 157-58
Limbaugh, Rush (1951-), 269
List, Friedrich (1789-1846), 46, 173, 205, 283, 287
Little Brazil, 99
Little Havana, 99
Londres, 110, 241, 278
Long, Huey (1893-1935), 19
Lorenc, Richard (1951-), 38
Lorenzon, Geanluca, 306
Luhrmann, Baz [Mark Anthony Luhrmann (1962-)], 177

M

Macaulay, Thomas Babington (1800-1859), 181
Maguire, Tobey [Tobias Vincent Maguire (1975-)], 177
Malásia, 78
Maquiavel [Niccolò di Bernardo dei Machiavelli (1469-1527)], 285
Maritain, Jacques (1934-1999), 315
Marx, Karl (1818-1883), 20, 33, 166, 182, 188, 193, 197, 204
McCloskey, Deirdre (1942-), 38
MacDonald, Andrew [William L. Pierce (1933-2002)], 47
Medicaid, 253
Medicare, 253
Medici (família), 22
Meeker, Royal (1873-1953), 142
Mein Kampf [*Minha Luta*], de Adolf Hitler, 47, 209
Mello, Thiago de (1926-), 191

Mencken, Henry Louis (1880-1956), *304*
Mill, John Stuart (1806-1873), 185, 198, 309, 313
Miller, Stephen (1985-), 230
Mises, Ludwig von (1881-1973), 34-35, 46, 62, 79, 96, 134, 166, 173, 178, 186, 217, 233, 236, 261-62, 266-67, 270, 276-77, 279, 284-85
Mississippi, 99
Mont Pelerin Society, 262
Mosley, Oswald (1896-1980), 104, 172
MSNBC, 20-21
Muller vs. Oregon, 150-51
Mulligan, Carey (1985-), 177
Muro de Berlim, 21
Museu do Holocausto, 121, 124
Mussolini, Benito Amilcare (1883-1945), 19, 37, 77, 89, 188, 203, 206, 209, 214-15, 279, 291-92, 294

N

NASCAR, 133
National Review, 232
Nationale System der Politischen Ökonomie, Das [*Sistema Nacional de Economia Política*], de Friedrich List, 173, 287
New Deal, 190, 269, 293
New York Times, 86, 96, 154, 157
NFL (National Football League), 133
Nixon, Richard (1913-1994), 251, 262
Nock, Albert Jay (1870-1945), 270
Noonan, John (1926-2017), 83
North American Review, 110
Norton, Edward (1969-), 219
Notes on Democracy [*Notas Sobre a Democracia*], de Henry Louis Mencken, 304

Nova Jersey, 99
Nova Jerusalém, 300
Nova Orleans, 218
Nova York, 110-11, 157, 304
Nova Zelândia, 98

O

Obamacare, 89, 101-02
Occupy Wall Street, 252
Oliva, Alberto (1950-), 309-12, 317
Olson, Wayne, 38
Omnipotent Government [*Governo Onipotente*], de Ludwig von Mises, 35, 79, 276
Orwell, George [Eric Arthur Blair (1903-1950)], 20, 159, 248, 256

P

Palahniuk, Chuck (1962-), 219
Palmer, Tom (1956-), 38, 285
Paulo VI, [Giovanni Battista Enrico Antonio Maria Montininterio (1897-1978)], 262º Papa da Igreja Católica, 208
Parecer Brandeis, 151
Passing of the Great Race, The [*Morte da Grande Raça, A*], de Madison Grant, 112, 176, 289
Patten, Simon (1852-1922), 114
Paul, Ron (1935-), 88
Perón, Juan Domingo (1895-1974), 19
Perot, Ross (1930-), 78, 87
Phänomenologie des Geistes [*Fenomenologia do Espírito*], de Georg Wilhelm Friedrich Hegel, 286
Phelps, Michael (1985-), 133-34
Pitt, Brad (1963-), 219

Planned Chaos [*Caos Planejado*], de Ludwig von Mises, 34, 79, 279
Política, de Johannes Althusius, 316
Political Visions and Illusions: A Survey and Christian Critique of Contemporary Ideologies [*Visões e Ilusões Políticas: Uma Análise e Crítica Cristã das Ideologias Contemporâneas*], de David. T. Koysis, 304
Populismo, 19
Portugal, 98
Pound, Ezra (1885-1972), 292
Primeira Guerra Mundial, 177, 187, 191, 207, 261, 267, 292
Principles of Economics [*Princípios da Economia*], de Frank Taussig, 143
Prússia, 20, 154-55
Putsch de Munique, 188

Q

Quest for Cosmic Justice, The [*A Busca pela Justiça Cósmica*], de Thomas Sowell, 308

R

Race Traits and Tendencies of the American Negro [*Características Raciais e Tendências do Negro Norte-americano*], de Frederick Hoffman, 115, 175, 289
Rand, Ayn [Alisa Zinovyevna Rosenbaum (1905-1982)], 225, 262, 270
Rand Corporation, 148

Read, Leonard E. (1898-1983), 36-37, 262, 266, 279
Reagan, Ronald (1911-2004), 61, 262, 264
Reconstrução, 52
Reden an die deutsche Nation [*Discursos à Nação Germânica*], de Johann Gottlieb Fichte, 183, 286
Redford, Robert (1936-), 177
Reed, Lawrence (1953-), 38
Reforma Protestante, 97, 316-18
Riforma dell'educazione, La [*Reforma da Educação, A*], de Giovanni Gentile, 189
Reino Unido, 98, 104, 114, 124, 141, 179-80, 186, 197, 262, 275, 282, 302
Renan, Ernst (1823-1892), 96-00
Rice, Condoleezza (1954-), 235
Rice, Laurie, 38
Rivolta contro il mondo moderno [*Revolta Contra o Mundo Moderno*], de Julius Evola, 209
Road to Serfdom, The ver *Caminho da Servidão, O*
Roma, 80, 187, 207
Rockwell, George Lincoln (1918-1967), 172, 206
Roosevelt, Franklin Delano (1882-1945), 82-83, 190
Rosenberg, Alfred (1893-1946), 188
Ross, Edward A. (1866-1951), 154-55, 290
Rothbard, Murray N. (1926-1995), 164, 262, 270
Rothschild (família), 22
Rousseau, Jean-Jacques (1712-1778), 19, 173
Rubio, Marco (1971-), 83
Ruskin, John (1819-1900), 46, 182, 185-86, 205, 283, 288
Rússia, 20, 131

S

Sanchez, Dan, 38
Sanders, Bernie (1941-), 56, 90-91, 93, 220, 252
San Francisco, 110
Schmitt, Carl (1888-1985), 33, 46, 164, 178, 205, 223, 283, 293
Schumpeter, Joseph (1883-1950), 115
Seager, Henry Rogers (1870-1930), 114, 141
Sedgwick, Mark (1960-), 283
Segunda Guerra Mundial, 45, 58, 76, 84, 102, 144, 175, 213, 240, 243, 249, 261, 280, 292
Seligman, Edwin R.A., (1861-1939), 114
Seminário Tübingen, 286
Sérvia, 315
Sherman, general William Tecumseh (1820-1891), 71
Simmel, Georg (1858-1918), 22
Sin and Society [*Pecado e Sociedade*], de Edward E. Ross, 154, 290
Smith, Adam (1723-1790), 20, 35, 105, 173, 185, 193, 198-99, 235, 270, 285, 309
Smith, Alfred E. (1873-1944), 304
Snapchat, 70
Social-democracia, 32, 240-42, 244, 248-50, 252, 254-55
Socialism and Social Reform [*Socialismo e Reforma Social*], de Richard T. Ely, 149
Sociedade Fabiana, socialismo fabiano, 140, 278
Sociedade Meteorológica Real de Londres, 110
Some Ethical Gains through Legislation [*Alguns Ganhos Éticos por*

Intermédio da Legislação], de Florence Kelley, 153
Sons of Confederate Veterans, 51
Sopranos, Os (série), 25
Sowell, Thomas (1930-), 308
Spann, Othmar (1878-1950), 164, 205
Spears, Britney (1981-), 133
Spencer, Herbert (1820-1903), 309
Spengler, Oswald (1880-1936), 46, 164, 177, 205, 229-31, 236, 292
Spode, Roderick (personagem fictício), 104
Spooner, Lysander (1808-1887), 270
Stalin, Josef Vassilovitch (1878-1953), 20, 37, 197
Suprema Corte dos Estados Unidos da América, 112, 150-52, 314

T

Taussig, Frank (1859-1940), 114, 142
Tea Party, 53, 252
Teisseire, Arnaud, 22
Terceiro Reich, 144, 213, 294
Terman, Lewis (1877-1956), 131, 291
Thatcher, Margaret (1925-2013), 262
Third Wave: Democratization in the Late Twentieth Century, The [Terceira Onda: A Democratização no Final do Século XX, A], de Samuel P. Huntington, 315
Tocqueville, Alexis-Charles-Henri Clérel de (1805-1859), 236, 316
Tradição Britânica, 309
Troeltsch, Ernst (1865-1923), 306
Trump, Donald J. (1946-), 17, 20-21, 35, 50, 53, 56, 68, 75-83, 85-88, 90, 95, 101-03, 105, 164, 203, 218, 220, 225, 230-36, 238, 240, 248, 252, 256, 258, 263-64, 276
Tucker, Benjamin (1854-1939), 270
Turner Diaries, The [Diário de Turner, O], de Andrew McDonald, 47
Twitter, 53, 163, 205, 218

U

Unite the Right, 31, 50, 53, 55
Universidade Clark, 291
Universidade Columbia, 141, 289
Universidade Johns Hopkins, 290
Universidade de Berlim, 286
Universidade de Halle, 292
Universidade de Harvard, 110, 124, 175, 289, 291
Universidade de Heidelberg, 286
Universidade de Humbolt, 286
Universidade de Jena, 286
Universidade de Londres, 241
Universidade de Oxford, 288
Universidade de Stanford, 131, 290
Universidade de Princeton, 124
Universidade de Tübingen, 287
Universidade de Yale, 124, 289
Univerzitet u Beogradu, 315
Untergang des Abendlandes, Der [Declínio do Ocidente, O], de Oswald Spengler, 177, 229, 292
Unto This Last [Rumo a Este Fim], de John Ruskin, 185, 288

V

Vaticano, 208, 215
Veković, Marko, 315
Viena, 261, 276

ÍNDICE REMISSIVO E ONOMÁSTICO

Vineland Training School for Feeble-Minded Girls and Boys [Escola Vineland para Meninas e Meninos com Debilidade Mental], 290
Virgínia, 31, 45, 50, 54, 59, 112
Voegelin, Eric (1901-1985), 216
Vorlesungen über die Philosophie der Weltgeschichte [*Conferências sobre a Filosofia da História*], de Georg Wilhelm Friedrich Hegel, 287
Vox, 239-40, 242

W

Wales, Jimmy (1966-), 236-37
Wallace, George (1919-1998), 87
Wall Street, 92, 252
Ward, Robert DeCourcy (1867-1931), 110-13, 291
War Against the Weak [*A Guerra Contra os Fracos*], de Edwin Black, 113, 139, 282
War Is the Force that Gives Us Meaning [*Guerra é a Força que Nos Dá Sentido*], de Christopher Hedges, 223
Warren, Elizabeth (1949-), 95
Webb, Sidney (1859-1947), 140-41
Weld, William (1945-), 265
Wells, H. G. [Herbert George] (1866-1946), 138
Westin (rede de hotéis), 69
Why I Left the Left [*Por que Abandonei a Esquerda*], organizada por Tom Garrison, 171
Wikipédia, 236
Wilson, Woodrow (1856-1924), 112, 142
Wodehouse, P. G. [Pelham Grenville] (1891-1975), 104

Y

Yiannopoulos, Milo (1984-), 217
Yockey, Francis Parker (1917-1960), 206, 294

Z

Ziblatt, Daniel (1972-), 299

Os objetivos principais do livro *A Bela Anarquia* de Jeffrey Tucker são: 1) chamar a atenção para a realidade que nos cerca, mas que dificilmente nos preocupamos em notar, muito menos de celebrar; 2) exortar a disposição de abraçar este novo mundo como um meio de melhorar nossas vidas independentemente do que as instituições anacrônicas de poder estatal desejem que façamos; 3) elucidar as causas e efeitos que criaram este novo mundo; e 4) estimular mais ainda as boas instituições que criaram esta bela anarquia. Esta obra cobre os usos das mídias sociais, a obsolescência do Estado-nação, o modo como o governo está destruindo o mundo físico, o papel do comércio na salvação da humanidade, as depredações da política monetária dos governos e o mal da guerra, bem como a mentira da segurança nacional e o papel das sociedades privadas como agentes de libertação.

A trajetória pessoal e o vasto conhecimento teórico que acumulou sobre as diferentes vertentes do liberalismo e de outras correntes políticas, bem como os estudos que realizou sobre o pensamento brasileiro e sobre a história pátria, colocam Antonio Paim na posição de ser o estudioso mais qualificado para escrever o presente trabalho, uma obra de referência sobre a temática. O livro *História do Liberalismo Brasileiro* é um relato completo do desenvolvimento desta corrente política e econômica em nosso país, desde o século XVIII até o presente. Nesta edição foram publicados, também, um prefácio de Alex Catharino, sobre a biografia intelectual de Antonio Paim, e um posfácio de Marcel van Hattem, no qual se discute a influência do pensamento liberal nos mais recentes acontecimentos políticos do Brasil.

Rumo a uma Sociedade Libertária apresenta em curtos e incisivos capítulos as questões polêmicas mais discutidas em nosso tempo sob o prisma dos fundamentos básicos do libertarianismo. Nesta coletânea de ensaios, o professor Walter Block discute com clareza e bom humor temas de política externa, de economia e de liberdades pessoais. Ao forçar o leitor a sair do lugar comum das análises políticas, econômicas e sociais, a lógica impecável do autor revela que os princípios econômicos da Escola Austríaca e o pensamento individualista libertário são os melhores veículos para compreender os problemas mundiais e conduzir em direção às soluções destes. A presente edição brasileira conta com um posfácio do youtuber Raphaël Lima, criador do canal Ideias Radicais. Os argumentos deste livro devem ser utilizados por todos que defendem uma sociedade fundada na liberdade individual e na propriedade privada.

Liberdade, Valores e Mercado são os princípios que orientam a LVM Editora na missão de publicar obras de renomados autores brasileiros e estrangeiros nas áreas de Filosofia, História, Ciências Sociais e Economia. Merecem destaque especial em nosso catálogo os títulos da Coleção von Mises, que será composta pelas obras completas, em língua portuguesa, do economista e filósofo austríaco Ludwig von Mises (1881-1973) em edições críticas, acrescidas de apresentações, prefácios e posfácios escritos por grandes especialistas brasileiros e estrangeiros no pensamento misesiano, além de notas de rodapé explicativas redigidas pelo editor. Tratam-se de livros indispensáveis para todos que desejam compreender melhor o pensamento liberal a partir da visão de um de seus maiores expoentes no século XX.

O Conflito de Interesses e Outros Ensaios é uma coletânea de quatro textos acadêmicos de Ludwig von Mises, publicados entre os anos de 1929 e 1945, mas ainda muito atuais. No primeiro ensaio é abordada a questão do conflito de interesses entre diferentes grupos sociais. O mito do fracasso do capitalismo é o tema do segundo. O terceiro discute o problema internacional do direito de imigração. No quarto e último trabalho é analisada a importância de Carl Menger e da Escola Austríaca de Economia. Além do prefácio original de Murray N. Rothbard, foram inclusos nesta edição um prefácio de Adriano Gianturco, uma introdução de Hans-Hermann Hoppe e um posfácio de Claudio A. Téllez-Zepeda. A obra é uma das melhores introduções ao pensamento misesiano nos campos da Sociologia, das Relações Internacionais e da História do Pensamento Econômico.

Caos Planejado foi lançado pela primeira vez em 1947. O título vem da descrição de Ludwig von Mises sobre a realidade do Intervencionismo e do Socialismo, tanto em suas variantes nacionalistas, representadas pelo Nazismo e pelo Fascismo, quanto pelo internacionalismo comunista. No lugar de criar uma sociedade ordenada, as tentativas de planejamento estatal têm gerado apenas o caos. A obra é um profundo ataque a todas as formas de controle governamental, totalitário ou democrático, que marcaram o panorama século XX. Nesta versão em português, além dos prefácios de Leonard E. Read e de Christopher Westley, elaborados, respectivamente, para as edições norte-americanas de 1961 e de 2015, foram inclusos uma apresentação de Richard M. Ebeling, um prefácio de Bruno Garschagen e um posfácio de Ralph Raico, que atualizam as análises misesianas.

Acompanhe a LVM Editora nas redes sociais

https://www.facebook.com/LVMeditora/

https://www.instagram.com/lvmeditora/

Esta obra foi composta pela Spress em Guardian TextEgyp (Texto) e Termina (Título) e impressa pela Rettec para a LVM Editora em abril de 2019